云南省应用基础研究计划青年项目：
"滇盐古道传统村落在多元文化影响下的产生、发展和嬗变（2016FD095）"阶段性成果

滇盐古道变迁与盐业聚落发展研究

李海燕　著

九州出版社
JIUZHOUPRESS

图书在版编目（CIP）数据

滇盐古道变迁与盐业聚落发展研究 / 李海燕著. --

北京：九州出版社，2020.7

ISBN 978-7-5108-9357-5

Ⅰ.①滇… Ⅱ.①李… Ⅲ.①盐业史-研究-云南

Ⅳ.①F426.82

中国版本图书馆 CIP 数据核字（2020）第 140661 号

滇盐古道变迁与盐业聚落发展研究

作　者	李海燕　著	
出版发行	九州出版社	
地　址	北京市西城区阜外大街甲 35 号（100037）	
发行电话	（010）68992190/3/5/6	
网　址	www.jiuzhoupress.com	
电子信箱	jiuzhou@ jiuzhoupress.com	
印　刷	北京九州迅驰传媒文化有限公司	
开　本	787 毫米×1092 毫米　16 开	
印　张	9.75	
字　数	240 千字	
版　次	2020 年 7 月第 1 版	
印　次	2020 年 7 月第 1 次印刷	
书　号	ISBN 978-7-5108-9357-5	
定　价	56.00 元	

前　言

道，自然也，往来通行的地方。《书·说命下》："若作和羹，尔惟盐梅。"道路并称，二字的基本意义都是由一地通往另一地的路径。道须由头脑分析、思考和探索，路则眼明辨别。盐道作为因运盐而兴的线状文化遗产，是层层积淀和动态关联的历史断面见证。古村落常指民国以前建村，保留了较大的历史沿革，即建筑环境、建筑风貌、村落选址未有大的变动，具有独特民俗民风，虽经历久远年代，但至今仍为人们服务的村落。2012 年，经传统村落保护和发展专家委员会第一次会议决定，将惯称"古村落"改为"传统村落"。四部委联合先后下发普查通知、评价体系和规划编制要求，用于指导传统村落保护发展，累计遴选收录 5 批，共 6799 个中国传统村落，云南累计收录 709 个。传统村落相比"历史文化镇村"较为全面的遗产保护体系、评定标准体系和法律保障体系，传统村落的保护尚处于探索性阶段。

从 1982 年开始，云南省各级历史文化名城（镇村街）共收录 80 个，中国少数民族村寨 247 个，加上中国传统村落，云南省各类极具代表性的传统聚落有 1036 个，是名副其实的传统聚落和聚落文化遗产大省。2017 年，党的十九大提出"乡村振兴战略"，2018 年中央 1 号文件命名为《中共中央国务院关于实施乡村振兴战略的意见》，中央农村工作领导小组办公室发布《国家乡村振兴战略规划（2018—2022 年）》，用于指导有序推进乡村振兴工作，提出应分类推进乡村发展，其中"特色保护类村庄"便是广义的传统村落，其振兴是一个长期而缓慢的过程，每个阶段都需有针对性的政策、资金、人才和法律责任等全方位综合推动。目前，传统聚落保护观念与技术手段尚处探索阶段，无论是聚落体系完整度、人居环境整治、开发性破坏和空心化等物质体系方面，还是聚落文化系统、生产生活体系、遗产价值体系和宗族缘系等非物质体系方面均需要开展专项的研究和制定相关的法律法规体系。

本书著写缘起于 2010 年在西南林业大学攻读城市规划与设计专业的硕士毕业论文"云龙县诺邓古村落聚落景观形态研究"，千年盐都诺邓古村的聚落文化伴随着我的研究历程。2017 年初，在云南省应用基础研究计划青年项目"滇盐古道传统村落在多元文化影响下的产生、发展和嬗变"的资助下，本人开始从文化线路视角对滇盐古道沿线的传统聚落进行深入研究，本书的主要成果也是课题研究成果的延伸和拓展。

滇盐古道是一条融合自西汉至今在滇云大地上生产生活文化、高山峡谷生态文化、传统农耕文化和区域商贸文化的文化线路集合体。"道"和"村"之间可以说是战略上"共生"、经济上"互补"、空间上"联动"、文化上"同源"的关系。著作把滇盐古道作为一个整体进行分析研究，从物质层面分析古道古村的形成、发展和衰退，把握聚落的发展脉络，重点分析因盐而生的整体聚落景观形态、建筑及聚落各构成要素，从而提取聚落形态特征，挖掘古村中主要构成元素即建筑所蕴藏的历史文化内涵，分析传统聚落的发展历程与发展现状，提出对古村落发展的可实施性策略。对滇盐古道古村落系统性的研究，以完善现今传统聚落的方法和理论，以点带面，使古村落得到保护与发展，又不会在保护、发展中失去传统特色。在当今多元文化的冲击下，为古村的发展寻找出路，完善云南古村聚落整体性环境的研究领域。

传统村落是人类长期适应、利用自然，与自然和谐共存的最好见证，它作为传统聚落的一种基本类型，真实地反映着人类生产、生活发展的漫长历程。在中国这样一个广袤、复杂的地域环境中，孕育着众多具有浓郁地方特色的古村落，这些古村落具有重要的认知价值、情感价值与使用价值。著作选取具有地域特色的滇盐古道古村作为研究主体，在有关古村文献资料和现状分析的基础上，分析滇盐古道变迁与空间分布特征、滇盐古道与历史聚落关系、滇盐古道聚落形态特征、滇盐古道聚落建筑形态特征、"诺邓：产盐聚落个案研究"，以及"文化线路"视角下滇盐古道聚落保护等内容，探求村落整体形态特征，并进一步探讨传统村落的主要构成要素，发掘古村的保护和开发潜力。同时，结合实地调查探讨传统村落发展的现状及所面临的问题，提出对古村落保护与开发的可实施性建议，使古村落真正发挥其独特价值，进一步对传统城市、历史文化名城保护和建筑营建思想与方法的发掘、借鉴和运用，具有重要的理论价值和实践意义。

最后要感谢每一位青睐本书、关注传统村落的朋友！从盐文化线路的角度展开研究只是冰山一角，系统的研究才刚刚开始。不知自己在这茫茫聚落变迁史中能迈向何方，亦不求旦夕惊变，只愿在孜孜学子中偶尝聚落之咸，立足三尺讲台，甘乳一生。再有新生者，龙孙绕凤池。

著者 2020 年春序于保山

目　录

第一章　背景、理论与方法

第一节　正本清源与以史为鉴

一、"正本清源"

2012 年，经传统村落保护和发展专家委员会第一次会议决定，将惯称"古村落"改为"传统村落"。四部委联合先后下发《关于开展传统村落调查的通知》《传统村落评价认定指标体系（试行）》《传统村落保护发展规划编制基本要求（试行）》，用于指导传统村落保护发展，至今，累计遴选收录 5 批，共 6799 个中国传统村落。[①] 这是自 2002 年《中华人民共和国文物保护法》明确提出"历史文化村镇"概念之后，对传统村落保护体系的完善。但相比"历史文化名村"较为全面的遗产保护体系、评定标准体系和法律保障体系，传统村落的保护工作（尚处于探索性阶段。云南省作为传统村落体系最为完善的地区之一，累计收录 709 个，占据省际首位，加上此前公布的国家、省级历史文化名城、名镇、名村和名街共 80 个，云南已成中国传统村镇遗存、保存最为完善的省份。云南的传统村落具有典型的高原山地、边疆民族及宗教文化等多元性特征，其保护与发展具有典型的示范效应。一方面，面对先辈在古村落的通史、断代史方面大量的、开创性的成就，以及在地域文化研究方面的不足，或有缺经纬（不是没有人做，但分散、不平衡）的现状；另一方面，又被云南叹为观止的村落数据所吸引，以及现代文化影响下"自大与自卑"的村落现象从理论到实践屡见不鲜，或"张冠李戴""移花接木"地模仿传统形式，或"亦步亦趋"地"拿来实践"的传统村落发展困惑。亦拾起"时间机器"，欲从"滇盐古道"这条多元文化交融的文化廊道上去探讨传统村落产生、发展和嬗变。

滇云历史上对地方社会、经济和文化发展有重要影响的古道或数三类：茶马古道、南方丝绸之路和滇盐古道。基于功能地位，"滇盐古道"既不同于注重国际交流的南方

---

① 王江，胡园园. 新时代的传统村落保护：政策举要、法制问题与对策 [J]. 江西理工大学学报，2018，39（02）.

丝绸之路，亦不趋于滇川藏省际商贸的茶马古道，是一条潜在历史文化积淀带：1. 因滇产盐环境、煎盐技术的特殊性和区域产销限制，构建了"盐道形成+村落发展"不可分割的滇云聚落有机格局网；2. 滇盐古道是少数民族文化传播的走廊，构建了 26 个民族文化交流史上"兼容并蓄、取长补短"的和谐共生体系；3. 滇云地处国家概念的边缘区域，长期游离于王制之外，时经移民垦殖、军事征讨、羁縻州治、土司制度、改土归流等强权开拓与民族纷争，滇盐古道自汉至今，一直为区域安疆固边之路，一直受多元文化的影响。新型城镇化和城乡一体化战略推进的新时期，从"文化线路"视角审视历史古道和遗存村落系统的演变发展不失为"美丽乡村"建设之路。

云南地区多样的社会、自然条件和特殊的发展经历造就了类型丰富、文化底蕴深厚、地域特色鲜明的聚居形态，然而目前对云南地区传统村落历史的本体、特征和规律究竟如何，还未有系统、深入的研究。著作意从"滇盐古道"变迁视角对云南地域传统村落的演变进行客观、透彻的研究，还村落历史的"本源"。

二、"以史为鉴"

目前，云南仍有近 0.4 亿（占全省总人口的 79%）农村人口，1.3 万个村委会（近十年来以每年 55 个递减），农村聚居依然是云南人口主要聚居形式。特别是民国以前建村，建筑环境、建筑风貌、村落选址未有大的变动，沉积着乡村发展文明的传统村落面临着生态环境急剧毁坏、经济持续衰退、文化遗产消失等多重压力和在经济的快速发展中纷纷湮灭的危险。研究云南传统村落的产生、发展、兴盛、衰亡过程，以及背后的社会、环境、人为因素，认识其特征及形成发展的客观规律，对于客观、准确、有预见性地分析当前传统村落发展，预测村落发展趋势，提高"美丽乡村"规划建设的前瞻性，实现村落规划建设与客观规律的同向复合，有重要的学术、使用意义。①

学术界以往对古代城市和历史文化名城的研究书籍很多，无论是建筑学领域还是古园林领域，大部分研究集中在都市、宫殿、陵墓和坛庙上，而对村镇聚落、民居等乡土历史文化的研究较少。随着城市化进程的加快和第三产业的迅速发展，以及学术界研究方法和研究理论的发展更新，学者们在对城市发展和历史文化名城研究的同时，开始关注村镇聚落形态特征和地域特性。

近年来，国内很多知名的建筑类高校，对古村落中民居进行了大量研究，并一直侧重民居建筑单体的研究，而对古村落及其演变的研究却较少。中国目前仍然保留着众多历史文化价值较高的古村落，特别是在交通不发达、经济滞后的偏僻山区，需要更多的学者深入调查分析，为随着经济发展而遭破坏的古村落提供更好的保护与发展的理论方法，并对古村落的保护与开发提出可实施性建议，实现传统与现代的对接。

随着古村落旅游业的开发，带动了二线城乡的繁荣，但有些已超过古村落自身的

---

① 李晓玲. 我县三个村社入选四川省传统村落名录 [N]. 遂宁日报，2017-04-11.

承受极限。过度开发使本来有益于地域性遗产保护和开发的旅游业、商业等活动失去了自身的价值，也在很大程度上给传统文化带来强大的冲击，造成了生态环境的破坏。

公元前 2 世纪，西汉年间云南已有产盐记载，"益州郡连然有盐官"至今已 2 千余年。云南各族人民对盐能够较早地发现、开发和利用，乃由于资源丰富、埋藏浅、分布广、多处有卤泉出露地表。据史书记载："盐之所产不同，解州之盐风水所结，宁夏之盐刮地得之，淮、浙之盐熬波，川、滇之盐汲井，闽、粤之盐积卤，淮南之盐煎，淮北之盐晒，山东之盐有煎有晒。"这段文字较全面地概括了各地产盐的方式，其中把川、滇两地的生产方式归纳为"汲井"一类，足见两地历来就同视为我国最主要的井矿盐产区。总体来说，滇盐主要产于大理、景东、安宁和楚雄地区，也是云南产盐的三大集聚地。

而伴随着产盐地的资源禀赋和空间分布特征，以"线"为特征的销盐脉络并将产盐、运盐和销盐的聚落联系在一起，形成整个滇盐聚落体系。总体来说，与销盐有关的主干盐道有蜀身毒道、闽盐古道、灵关道、五尺道和景东—楚雄古道五条，另加上百条支路，构成整个盐资源行销网。

"道"和"村"之间可以说是战略上"共生"、经济上"互补"、空间上"联动"、文化上"同源"的关系。著作把滇盐古道作为一个整体进行分析研究，从物质层面分析古道古村的形成、发展和衰退，把握聚落的发展脉络；重点分析因盐而生的整体聚落景观形态、建筑及聚落各构成要素，从而提取聚落形态特征；挖掘古村中主要构成元素即建筑所蕴藏的历史文化内涵；分析传统聚落的发展历程与发展现状，提出对古村落发展的可实施性策略。对滇盐古道古村落系统性的研究，以完善现今传统聚落的方法、理论。以点带面，使古村落得到保护与发展，又不会在保护、发展中失去传统特色，在当今多元文化的冲击下，为古村的发展寻找出路，完善云南古村聚落整体性环境的研究领域。

传统村落是人类长期适应、利用自然，与自然和谐共存的最好见证，它作为传统聚落的一种基本类型，真实的反映着人类生产、生活发展的漫长历程。在中国这样一个广袤、复杂的地域环境中，孕育着众多具有浓郁地方特色的古村落，这些古村落具有重要的认知价值、情感价值与使用价值。著作选取具有地域特色的滇盐古道古村作为研究主体，在有关古村文献资料和现状分析的基础上，分析滇盐古道变迁与空间分布特征、滇盐古道与历史聚落关系、滇盐古道聚落形态特征、滇盐古道聚落建筑形态特征以及"文化线路"视角下滇盐古道聚落保护等内容，探求村落整体形态特征，并进一步探讨传统村落的主要构成要素，发掘古村的保护和开发潜力。同时，结合实地调查探讨传统村落发展的现状及所面临的问题，提出对古村落保护与开发的可实施性建议，使古村落真正发挥其独特价值，进一步对传统城市、历史文化名城保护和建筑营建思想与方法的发掘、借鉴和运用，具有重要的理论价值和实践意义。

第二节　理论基础

一、聚落可持续发展理论

（一）可持续发展理论

自工业革命以来，社会生产力和科学技术得到了高速发展，在感受着前所未有的物质财富和舒适生活的同时，人类对大自然无限制的索取使人类为此付出了惨重代价，人口、资源、环境等成为全球性迫切关注的问题。在这样的背景下，1987 年，世界环境与发展委员会（WCED）在《我们的共同未来》中首先提出了"可持续发展"的概念。可持续发展是一种注重长远发展的经济增长模式，即："可持续发展就是既要满足当代人的需要，又不对后代人满足他们自身的需求能力构成危害的发展。"1992 年联合国环境与发展大会的《21 世纪议程》发表"全球携手，求得可持续发展"的宣言，正式提出了可持续发展的战略。可持续发展思想的实质是可持续与发展并重，实现环境、经济和社会三者的健康存在和持久发展，从根本上改善和提高人类的生活质量。村落是一个包含了社会、生态、文化和村落形态等诸多层面的综合体。而传统村落作为一个复杂的综合系统，运用可持续发展理论的思想研究它，是保证村落的建设发展，为古村生态环境的更新与保护开发提供有效建议，使古村能够健康、持续、科学地发展。

（二）人居环境理论

人居环境是人类聚居生活的地方，与人类生存活动密切相关的地表空间，它是人类在大自然中赖以生存的基地，人类利用自然、改造自然的主要场所。按照对人类生存活动的功能作用和影响程度的高低，在空间构成上，人居环境可以分为生态绿地系统和人工建筑系统两大部分。[①] 吴良镛先生把人居环境界定为五个基本前提、五大系统和五大层次，五个基本前提：人居环境以"人"为核心；以大自然为基础；人居环境是人类与大自然之间发生联系和作用的中介；人居环境的内容是复杂的；人创造了人居环境，人居环境反过来影响人的行为，五大系统为：自然、人类、社会、居住和支撑系统。五大层次为：全球、区域、城市、社区（村镇）和建筑。人居环境科学强调把人类聚居作为一个整体加以研究，从而了解、掌握人类聚居现象发生、发展的客观规律，以便更好地符合人类理想的聚居环境。人们在建设自己定居地时，要对自然环境要素进行选择、利用与改造，建成人工环境又反作用于自然生态环境。根据吴良镛

---

① 郭美锋. 理坑古村落人居环境研究 [M]. 北京：气象出版社，2008：32.

先生人居环境的界定层次，本文把对传统聚落的研究定位在整体聚落形态和建筑层次，研究内容涵盖五大系统。古村落具有极强的自组织、自然生长能力，与自然环境接触面更大，关系甚为密切，因此，人居环境理论作为村落研究的指导理论，有助乃理清研究方向。

（三）景观生态学理论

景观生态学是由德国学者 C. Troll 于 1939 年首先提出的，被广泛应用于自然资源管理，土地利用，生物多样性保护以及景观与区域规划等方面。景观生态学是吸收现代地理学和系统科学的优点，在地理学和生态学的基础上，研究不同尺度的人地系统和生态系统结构、功能联系以及系统稳定的对策。景观生态学的一个重要应用领域就是生态建设，当人为活动严重干扰了生态环境，导致种群、群落及整个景观生态系统的结构受到损伤或破坏，系统内部的物质流、能量流、信息流的流通渠道受阻，景观异质性及抗干扰能力将会降低；若干扰程度已超出了景观生态系统本身的自我调节和恢复能力，则景观结构将发生不可逆转的改变，导致某些景观功能完全丧失，仅依靠自然的自我恢复已不可能，则必须通过人为的水土保持与生态恢复措施，来重建生态系统，改造原有的景观格局，改善和恢复受胁迫或损伤的生态系统服务功能，提高景观生态系统的总体生产力和稳定性。①

景观生态学以生态学理论框架为依托，以基质、斑块、廊道三个概念为主要内容研究景观和区域尺度的资源、环境经营与管理问题，是具有综合整体性和宏观区域性特色的研究理论，以中尺度的景观结构和生态过程关系研究见长。20 世纪 60 年代，麦克哈格（Mcharg）的工作及其《设计结合自然》一书标志着风景园林生态规划时代的到来。风景园林规划实践不再局限于特定的专业门类而成为多学科之间合作的过程，生态规划可以定义为运用生物学及社会文化信息，就风景园林规划的决策提出可能的机遇与约束。

二、文化景观保护理论

（一）文化景观理论

遗产是人类生活痕迹在土地上作用后所产出的物质向度呈现，由于此呈现乃基于大地上的涵构，故其可能是纯粹的人造环境与文化产出，也可能是在广袤大地上的智慧结晶，自然也会是两者之间的综合体。国际上的定义：《世界文化与自然遗产保护公约》之执行指导方针（Operational Guidelines for the Mentation of the World Heritage Convention）文化景观是文化资产，同时代表着"人类与自然结合之作"，也就是自然环境与人类生活互动后所产生的结果。美国的国家公园管理处（National Park Service）

① 张世荣，薛丰昌，马昌忠. 景观生态学在矿区土地复垦与生态重建中的应用 [J]. 露天采矿技术，2005 (03).

与文化景观基金会（Cultural Landscape Foundation）及国家历史地方注册处（Nation Register of Historic Places）也有相似定义：文化景观是一个地理上的地区，包括了与一个历史事件、活动或人相关或是展现其他文化价值或美学价值的文化资源（cultural resources）与自然资源（natural resources）。1992 年 12 月美国圣塔非所举行的第 16 届世界遗产委员会中，认为文化景观是未来应扩大的领域之一，并将其定位为世界性策略（Global Strategy），并且新增在世界遗产公约作业准则当中。文化景观大致可分为以下三个范畴：1. 人类所设计、创作的公园或庭园等景观；2. 渐渐发展而成，且与人类生活机能性相关的景观；3. 与宗教、艺术或文化事物现象相关且较具自然性质的景观。

（二）乡村景观遗产理论

ICOMOS-IFLA（国际古迹遗址理事会文化景观专业委员会—国际景观设计师联盟）关于乡村景观遗产的准则是在 2017 年底在印度召开的 ICOMOS 第 19 届大会通过。是文化景观专业委员会于 2013 年启动的一个名为"全球乡村景观倡议"主题研究工作的初步成果，相关成果还包括编制中的全球乡村景观地图集和术语词汇表。《准则》认识到以文化为基础的食物生产与对可再生自然资源的利用所具有的全球重要性，以及在当代文化、环境、经济、社会及法律背景下面临的问题和挑战。《准则》对过去一段时间的乡村景观遗产进行总结，为未来一段时间内乡村景观遗产研究和实践提供坚实的理论研究方法和实践指导方法。乡村景观（rural landscapes）是人类遗产的重要组成部分，也是延续性文化景观（continuing cultural landscapes）中最常见的类型之一。全世界的乡村景观丰富多样，它们也代表了多样的文化（represent cultures）和文化传统（cultural traditions）。乡村景观为人类社会提供多种经济（multiple economic）和社会效益（social benefits）、多样化的功能（multifunctionality）、文化支持（cultural support）和生态系统服务（ecosystem services）。《准则》旨在从国际到地方管理各级和涉及的各个层面，就乡村景观系统（rural landscape systems）的伦理（ethics）、文化、环境和可持续转化（sustainable transformation），鼓励深入思考并提供指导。[①]

乡村景观是多功能资源，指在人与自然之间的相互作用下形成的陆地及水生区域，通过系列资源的采集、狩猎和开采，生产食物和可再生自然资源。尤其是文件对乡村景观的界定做了大胆的拓展："all rural areas are landscapes"（一切乡村地区皆是景观），"所有乡村地区都可以被当作遗产解读"，这为生活在乡村地区的人和社区赋予其文化意义。

这样的结论是否过于"泛景观化"和"泛遗产化"？与城市环境下形成的景观相比，乡村景观形象地反映了人类与自然之间更为清晰、本原和质朴的互动关系，反映了人类衣、食、住、行和娱乐等方面最基本的要求。乡村景观记录了人、社会结构与自然之间相互依存的历史，表达了区域的文化和生物多样性，并体现出人对自然资源

---

① 彭兆荣. 乡村振兴战略中的"乡土性"景观 [J]. 北方民族大学学报（哲学社会科学版），2018（03）.

的有节制使用的生态伦理和生态智慧或反之而行造成的恶果。这对人类社会的延续至关重要，也回应了我们内心最深处所渴求的身份认同感与归属感。

乡村景观是变化着的活态体系，包括使用传统方法、技术、累积的知识、文化习俗等生产并管理的地区，以及那些传统生产方式已改变的地区。乡村景观系统包括乡村元素、其内部及与更广泛背景的功能、生产、空间、视觉、象征和环境的关系。

乡村景观包括管理良好的、已退化或废弃但仍可再利用或开垦还原的区域，如广阔的乡村空间、城市边缘以及建成区域内的小型空间等。乡村景观涵盖地面、亚表土及资源、土地上空以及水域。

乡村景观遗产：指的是乡村地区的物质及非物质遗产。乡村景观遗产的物理特征包括生产性土地本身、结构形态、水、基础设施、植被、聚落、乡村建筑和中心区、本土建筑、交通和贸易网络等，以及更广阔的物理、文化、与环境关系及背景。乡村景观遗产还包括相关的文化知识、传统、习俗、当地社区身份及归属感的表达、过去和现代族群和社区赋予景观的文化价值和含义。乡村景观遗产包含涉及人与自然关系的技术、科学及实践知识。

乡村景观遗产反映了社会结构及功能组织，及其在过去和现在的形成、使用和变革。乡村景观遗产包括文化、精神和自然属性，这些都对生物文化多样性的延续意义重大。

独特或普通，传统还是被现代活动改变，所有乡村地区都可以被当作遗产解读：遗产以不同的类型和层次存在，与多个历史时期相关，如同羊皮纸上的文字，可以被重叠书写。

三、文化线路遗产理论

文化线路是一种相对较新的遗产保护类型，解读文化线路的内涵是首要关键。[①]"文化路线"最开始出现于1994年马德里文化路线世界遗产专家会议，是对遗产进行保护和研究的全新观念和方法。"文化路线"在欧美几十年实践中取得了很大成功，不仅保护利用好遗产，还促进了旅游、健康和教育事业，推动了城乡联系和发展。"文化路线"能够把各种各样的物质文化遗产、非物质文化遗产以及自然景观进行有机的结合，在观念上和行动上突破了传统保护方式的孤立性和局限性，更利于全方位、整体活态的保护利用，是文化遗产与当代可持续发展的有效关联。

根据文化线路相关国际宪章所明晰的其遗产内涵，"见证沿线文化交流"当是其核心价值，这也是文化线路申请世界遗产时通常选用标准："在一段时期内或世界某一文化区域内人类价值观的重要交流，对建筑、技术、古迹艺术、城镇规划或景观设计的发展产生重大影响（实施《世界遗产公约》操作指南2017版）"。

文化线路是体现文明发展脉络的"线性文化遗产"，通过实体线路将具有丰富历史

---

① 翟群. 保护乡村景观，助力可持续发展［N］. 中国文化报，2019-4-23.

价值的资源串联起来，重现特定时期的人类社会活动轨迹，如京杭大运河、南粤古驿道等。但是，由于水运、马车等交通方式的式微，大部分的文化线路沿线地区都面临历史资源的"富裕"和经济发展的"贫困"问题。因此，文化线路不仅需要关注文化遗存的保护与修复，也需要关注沿线城乡治理的共建与共享。文化线路既是展示国家地域文化之路，也是以"共同缔造"为核心的社会治理之路。要理解"文化线路"内涵，首先要有一个概念：文化遗产保护不是一个封闭性的技术行业，而是随着时代变化，在时时反映时代思潮、价值取向的动态社会性研究领域。理解了这一视角，那我们就可将"文化线路"作为20世纪八九十年代国际遗产保护视野转换，从"纪念碑式、静态保护"转向"全球文化多样性表达、交流、合作"后的结果。随着研究和实践，文化线路的内涵在最初定义的基础上不断发展。自提出以来，基于历史过程中人类迁徙形成的跨区域、多维度、持续交流并反映在物质与非物质文化遗产、统一于动态系统的文化线路内涵不断拓展，在理论和实践层面为世界文化遗产保护和利用提供思路和方法，逐渐成为线性文化遗产保护与利用的重要模式。

在理论方面，文化线路发展至今，已经不限于单纯关注存在或曾经存在的物质线路载体，而走向不强调时空中真实存在、但统一于同一精神文化的线路；通过文化线路在地性研究实践，使得文化线路理论和地域文化相结合，不断丰富文化线路的内涵和外延；而通过文化线路特征的研究与判读，可以帮助以文化线路的视角把握当地的资源特征和文化内涵，从而赋予文化线路地域性的现实意义。在实践方面，文化线路起源于欧洲，自提出至今，在欧洲境内已经形成和发展了38条文化线路。文化线路思想传到中国，在中国语境下亦产生了许多结合本土线性文化遗产保护利用的实践研究。丝绸之路、海上丝绸之路、京杭大运河等跨区域、大规模的文化线路，区域文化振兴的南粤古驿道线路，近现代工业化的滇越铁路等多维度、类型多元的文化线路实践项目，亦帮助探索中国语境下的文化线路内涵，使得文化线路内涵在世界文化遗产保护利用方面有更生动的阐释。

而文化线路沿线整合了多样的遗产资源，在保护和利用工作中面临诸多挑战。文化线路是一种巨系统，其涉及领域有遗产保护、生态修复、农林经济、文化旅游、基础设施、风景建筑、地理信息系统等众多方面，项目所涵盖的专业知识和复杂性已经超出了单一专业的限度，应构建了一支由地理信息系统、生态造林、水土保持、建筑学、文化旅游、文物保护等多专业的专家团队。非物质文化遗产是文化线路中非常重要的组成部分，文化线路除了整合文化遗产实体，还应致力于保护与活化沿线的非物质文化资源。欧洲莫扎特之路，通过沿线的广场、花园、旅馆、音乐厅和歌剧院等场所，整合了与莫扎特生平相关的艺术、文化、教育和学术活动，注重非物质文化资源的展示。欧洲安达卢西亚路线在串联历史建筑遗址的同时，传播统一历史文化背景下的文学、图形艺术、美食、传统节日等非物质文化遗产。

中国具有丰富的文化遗产，同时也拥有精彩的非物质文化资源，这些非物质文化遗产需要更多的关注和更多的展示途径。① 但是国内整合文化遗产资源中，常常面临非物质文化遗产的日渐式微的问题。非物质遗产传承体系的构建与传承人的培育是非常重要的命题，它们需要走向大众的机会。非物质文化遗产的保护、传承与展示并不是文物保护单位的工作，而应该获得规划、旅游等多学科的关注，让非物质文化遗产重新与百姓生活产生联系。幸运的是，今天中国已经逐步开展这方面的研究和行动，并取得了相当的成果。保护最大的挑战不在于技术，而在于研究和管理，其保护首先面临的问题是"保什么"？经过 30 余年的实践，基本上国际文化线路遗产保护研究已经较为成熟，但每一项文化线路遗产的起始点，也是最大挑战还是"明确其主题"，以及沿线那些物质遗产能够见证并承载这一主题。当然，我们大家能够想象到的，文化线路一般会跨区域、跨境，最少也会跨省，建立统一的管理协调机制也是文化线路遗产保护的另一项挑战，不过，这也正是文化线路"搭建文化交流对话平台"价值、魅力的体现。

文化线路在古代承载了重要的交通、物质交流功能，在现代社会背景下又该如何发挥自身的价值，以实现适应性发展是又一重大课题。文化遗产作为遗产廊道的基础，历经时光磨砺，每一寸都弥足珍贵。在文化线路的实操过程中，应该对遗产保持尊重和谦卑的态度，并以遗产保护作为所有工作的基础，每一步都谨小慎微，严格保证遗产本体不受干扰。但是，单纯的保护并不是最好的解决方案，在严格保护的基础上进行适度的开发，才有可能真正发挥遗产的价值——唤活遗产周边地区的社会经济状态。一方面，以文化线路这一"跨地区线性文化空间"为纽带，整合分散在各地区的文化遗产点，可以拓宽原有的孤立、静止的"点"式遗产保护观念，构建跨地区合作、政府社会专家多方参与的保护遗产平台和区域化、动态化的遗产系统保护模式。另外，借助文化线路整合跨地区的文化遗产及周边的休闲旅游资源点，通过举办文化交流、教育游学、户外游憩等多种方式推动跨地区文化旅游合作，进一步促进当地经济发展和传统村落的复兴。因此"文旅融合"是现代社会文化线路发挥其自身价值的重要方向和途径。

"文化线路"的整体性，是统筹跨时空跨文化跨学科的多元要素。一方面，涵盖我们所研究、继承和弘扬的对象，另一方面，通过各类资源和素材的相互关联，特别是结合现代互联网等科技，可以将文化遗产与其他要素融合叠加产生更多可能和互补性。滇盐古驿道活化利用的活动，就是利用文化线路与绿道、古村具有的空间属性一致性、功能内容互补性、精神需求共享性和产业提升联动性，将沿线的文物古迹、自然景观、村落和城镇进行有效连接，并通过引入大众体育活动、文化创意、产品互联网推送等等，不仅保护活化了沿线遗产的价值，还促进了乡村振兴和城乡融合，实现了古驿道价值的当代重塑。但相对于固定的文化遗产保护而言，"文化线路"除在受外界影响下具有"他变"因素外，在一定程度上也存在"自变"的可能，即其具有开放性与动态

---

① 国家文物局. 中国文化遗产事业法规文件汇编 1949—2009（下）[M]. 北京：文物出版社，2009：25.

性。换言之，存在于该种线路上的历史印记与当下活跃着的人类生产、生活有着共生的关联。因此在对于其保护、利用、发展等问题上应持有的态度当是积极且多元的，也应是多方并进的。如何使生活在该种线路上的人们承担起多于他处民众的责任，具体参与到线路的活化事务中，需要在提升他们的生活环境及思想意识的同时，进行相应的制度建设。

第三节　传统聚落与文化景观

一、传统聚落

聚落在辞海中解释为"人聚居的地方"以及"村落"。"人聚居的地方"涵盖的面很广，现在所讲的"人聚环境"也可以包含在"聚居地"中；而"村落"则是典型传统意义上的聚落。村落是聚落的一种基本类型，在聚落形成之初，村落和聚落的含义是相通的。聚落在古代典籍里多指村落，《史记·五帝本纪》中说："一年而所后成聚、二年成邑，三年成都。"《汉书·沟恤志》谓"或久无害，稍筑室宅，逐成聚落"。古代的"聚落"并不包含"城""都""邑""都市"的意义。① 近现代，聚落泛指一切居民点，既包括乡村聚落，也包括城市聚落，但狭义仅指村落。聚落是重要的人文景观，聚落所在的位置、聚落的发展以及其形态等反映了人类活动和自然环境之间的综合关系。文中聚落是指人类各种居住地的总称，由各种建筑物、道路、水体和公共节点空间等物质要素组成，它既是人们居住、生活、休息和进行各种社会活动的场所，也是人们进行劳动生产的场所，该场所包含着建筑群体和周边的自然环境，主要功能是供人们居住生活。

中国古村落保护与发展委员会认为，古村落就是那些上溯源头在明清之前、至今已有五六百年的历史村寨聚落。而刘沛林则认为，古村落是古代保存下来村落地域基本不变，村落环境、建筑、历史文脉、传统氛围等均保存较好的村落。丁怀堂认为古村落必须满足如下条件：一要有比较悠久的历史，而且这个历史还被记忆在这个村庄里面；二要有丰富的历史文化遗存，这个遗存包括物质的，还包括非物质的；三要基本保留原来村庄的体系；四要有鲜明的地方特色。

《书·毕命》"分居里，成周郊"，孔传"分别民之居里，异其善恶；成定东周郊境，使有保护"，都是对保护的记载。古村落保护是古村落得以延续发展的基础，发展则是古村落存在的关键，古村落的保护与发展要统一并存，相互协调，科学地利用古村落地域性资源开发旅游服务业，对古村落的开发、更新和改造进行系统的、科学的

---

① 陈霞. 道教生态思想研究 [M]. 成都：巴蜀书社，2010：26.

和长远的综合规划，使古村落产业结构的转变与村民生活方式的转变相适应，促进古村落经济水平和生活水平的提高。目前，保护的概念已不再是过去单纯的建筑和文物古迹单体性静态保存，而是整个建筑群体及其周边环境的整体性动态保护，所谓保护是包含了历史文化环境保护和自然生态环境保护两个方面的含义。对古村落而言，保护就是要保持古村落的整体形态和建筑特征，保护并利用对古村落发展有利的资源，最大限度地保护古村落的生态结构，在保护的基础上，遵循可持续发展观；古村落的保护要对村落中不合理的部分整治，具有历史文化价值的建筑物修缮和改造，并适当调整古村落的产业结构，保护好古村落中原有的文化特色和民风民俗，使之能够适应现代人的生活方式。保护的内容主要是：修正古村落的结构模式，调整古村落的功能布局；合理布置各类公共设施；整理古村落的空间形态和景观效果；调整古村落的产业结构，增加古村落的就业。

二、文化景观

任何一个有特定文化的民族，通过建造房屋、开辟道路、耕种土地、开渠引水改变了他们的生存空间。这种人所创造的劳动成果的总和被称为文化景观，一个在 21 世纪 20 年代广泛使用的术语。它包括人类对自然景观的所有可辨认的改变，包括地球表面及生物圈的种种改变。因此，可以说文化景观是自然风光、田野、建筑、村落、厂矿、城市、交通工具和道路以及人物和服饰等所构成的文化现象的复合体。

文化景观的形成是个长期过程，每一历史时代人类都按照其文化标准对自然环境施加影响，并把它们改变成文化景观。由于民族的迁移，一个地区的文化景观往往不仅是一个民族形成的。因此，文化景观的内容除一些具体事物外，还有一种可以感觉到而难以表达出来的"气氛"，它往往与宗教教义、社会观念和政治制度等因素有关，是一种抽象的观感。文化景观的这种特性可以明显反映在区域特征上。[①]

物质文化景观是物质文化的外在表现，主要是指人造的实物景观，如建筑、纪念性艺术、装饰品景观等。建筑方面的成就可以与文化中其他方面最辉煌的成就相媲美。古代埃及人建造巨大的金字塔来纪念死去的法老，时至今日，这些建筑学上的奇迹仍是埃及文化的标志。以钢材和玻璃为建筑材料的摩天大楼，许多大型圆顶式的体育馆和巨大的拱形结构建筑（如现代化的航空港）都显示了现代文化的技术力量。因此，建筑是文化的特性与价值的反映，体现着文化的重点和追求，也是技术与经济的反映。

在美术家对文化景观的影响中，雕塑是最强烈的。埃及的纪念性建筑和雕塑一直是尼罗河两岸的主要景致。克里特人绘有花纹的陶器、壁画和希腊与罗马人的圆柱、雕塑到拜占庭的镶嵌工艺品，中国古代的壁画和皇家园林等，艺术家们创造出众多永久性的纪念物，形成了对可见文化景观的最大改观。

一个地区人群的特征可从其居民的衣着和流行的建筑特点上判断出来。在受法国

---

① 肖绚，李兴华. 基于符号学的景德镇陶瓷文化景观研究［M］. 北京：北京理工大学出版社，2014：28.

影响的达喀尔的建筑中，从沃拉弗人修长、优雅、飘逸的长袍中可以确定这里是西非，而不是地中海地区。斐济当地人的传统服装——苏鲁，就不仅是服装，也是复性社会里（由多数人种组成的）的一种文化标志。印度男子喜好穿短衣，而妇女喜欢长披肩（莎丽），穆斯林男女都穿一种能遮住裤子的白色长锦衫；西方人所穿的半正式服装、裤子、裙子和上衣基本相同，领带已变成西方文化的一种标志。服装是物质文化的一个重要方面。虽然它不是文化景观的"固定"特征，它却是文化景观的形成要素。

在物质文化和非物质文化之间并没有绝对的、截然不同的界限（如以音乐文化地理为例，只有无伴奏清唱才是真正的"非物质文化"）。非物质文化的主要成分有音乐、戏剧、舞蹈、表演和曲艺、艺术（绘画）、饮食习惯、嗜好和禁忌、法律、法律制度以及语言和宗教、感觉区等。

一个民族的文化，实际上是对他们生活方式的描述，音乐是这种描述的重要内容。在无文字社会里，音乐的作用至关重要，因为歌曲与演奏是它们记述和传播了人类的历史和人们崇拜诸神的方式。音乐具有区域性，从印度、日本、阿拉伯世界的音乐中，可以大致想象出这些地区的情景，感受到它们的气息。音乐作为一种文化现象对文化地理研究具有重大意义，音乐也随着文化的改变而改变。在欧洲，音乐的巴洛克时期，古典时期、罗马时期和现代时期与其他文化领域内的各个时期相对应。音乐也是一种力量，一种用于达到某种目的的力量。革命歌曲、战斗歌曲和国歌带有浓厚的政治色彩。音乐常是一个民族的骄傲，并得到优先保护和发展。

舞蹈和戏剧不论在物质文化和非物质文化景观中都留下了足迹。在东亚具有把舞蹈和戏剧结合在一起的传统。在西方，芭蕾舞、话剧、协奏曲都是独立发展的。在日本，舞蹈剧（歌伎舞）和其他艺术表现形式都与宗教有关，它在文化中占有中心地位。中国的传统戏剧多涉及道德标准而不倾向于宗教。西方的舞蹈有一些独自的表达形式，包括民间舞蹈、舞厅舞蹈、社会舞蹈、舞台舞蹈。戏剧在其发源地伦敦经过几个世纪的兴盛以后，在纽约又经历了长期发展，现在已经面临衰退。而随着舞台戏剧的不景气，电影已经对大大小小无数地区的文化景观产生了影响。

第二章　滇盐古道变迁与空间分布特征

第一节　滇盐业史概述

一、滇盐肇始与变迁

公元前 3 世纪的战国时期，楚国庄蹻入滇，将楚和中原地区的先进的汉文化带了进来，围绕滇池地利在其周围建立古滇王国。至秦开五尺道，开通了今四川宜宾至曲靖的交流通道，致使古滇地区与内地展开无障碍的沟通，汉族先进的制盐技术也随之传入古滇地区位于滇池西侧，且拥有丰富盐资源优势的连然（今安宁市）成为云南地区最早的产盐胜地。据《华阳国志·南中志》载"南广县有盐官"，说明在今镇雄、盐津一带，在这一时期，制盐已成气候。[①]

西汉年间，云南滇池地区已有产盐记载："益州郡连然有盐官"，至今已 2000 余年。直至东汉时期，在滇西、滇西北云龙、丽江、大姚等处也有零星产盐记载。"晋宁郡连然县有盐泉，南中共仰之"，说明到了晋代，以滇池为中心，安宁、晋宁为核心的产盐地区已经形成兴盛局面。这时期，云南各族人民能够对盐有较早的探寻、发现、开采和食用，主要原因有三：其一，云南高原湖泊和各大江河流域的盐矿资源丰富、分布广，且埋藏较浅，大部分江河岸边的丰富的卤泉流出地表，比较容易发现；其二，云南在东汉时期相对闭塞，对外交流和开放较少，外来私盐入侵较少，致使本地居民对本地盐矿、盐泉资源的探寻和开采；其三，云南隶属云贵高原和三江并流的高山峡谷核心区，其地理环境禀赋了天然的盐矿资源和卤泉资源，加上历史上各大民族均沿着江河迁徙和环湖泊而居住，所依存的生活环境本身就离盐资源较近，更容易发现和采食。

此后，2000 年间的云南历史发展过程中，其经济社会发展有直接纳入中原王朝郡县治理下的发展阶段，也有不受中原王朝直接统治的发展阶段。不管是脱离还是隶属阶段，滇国大地各族人民与内地的经济文化等多方面的联系仍然是紧密的。在秦汉时

---

① 唐仁粤. 中国盐业史·地方编 [M]. 北京：人民出版社，1997：39.

期，"西南夷"既是云南俗称，而西汉对西南夷地区采取"关蜀故激"的管制措施，在各重要关口要塞设置关禁，控制云南盐业及茶马等其他特有资源的管制，但川商、粤商、康藏商等周边要塞外的商家还是通过各种渠道避过检查，带来川盐、铁器、布、竹木器具，换去云南的茶、牛马牲畜等特产资源。在当时，云南在盐资源开采、生产技术上，还处于原始生产状况，"掘地为坑，积薪以齐，水灌而后焚之，成白盐"，也就是"泼卤炭上，刮盐取食"，这种取盐现象是这一时期最为典型的卤盐生产技术。直至明、清时期，云南仍有个别地方沿用此传统做法。"镇源州波弄山，上下有盐井六所，土人掘地为坑，深三尺许，焚之，候成灰（疑炭之讹），取井中之卤浇灰上，明皆化成盐"。

自唐开始，"盐井"称法并逐明于史，樊绰《蛮书》有记："安宁城中皆石盐井，深八十余尺"，说明到唐朝时期，盐资源的采食技术已从"挖坑积卤"发展成"凿井汲卤"。但由于云南山川险胜，地域广豪，当时受唐宋和南诏和大理国的政治势力范围以及不同地缘文化发展的影响，呈现出独具地域特色的盐资源开采方式。云南产盐多集中于滇池和洱海两大高原湖泊周围，滇南西双版纳一带，虽然盐资源较为丰富，且埋藏也浅，但盐的开发和利用却相对滇中和滇西地区来说较晚。[①] 传说在隋唐时期，西双版纳的克木人（与布朗族同操孟高棉语）波达闷在磨歇河中捉鱼时发现泉卤，报召片领主傣族的召阿牙叭先组织开发，寻找巨木，掏挖木心后作井壁，然后，用竹筒作为引流卤水的管道，以柴煎盐而取食。这一时期的滇南采盐情况，不仅使当地人民受益，促进接近产盐地区聚落的大力发展，人流和物流交换发达。其产盐量还远销老挝的新西兰、南他等地。但是，就文献记载来看，滇南磨歇井产盐的记载直至明代采正式出现。因此，滇国历史上的滇东北、滇西北、滇东南大部分居民聚居地区所需求的盐资源一直仰靠川盐远销救济，滇西北地区还依托康藏沙盐，滇东地区还仰仗粤盐。

宋代，云南各族人民以大理马、牛、普洱茶等与川、康藏和粤等地进行交换盐，"滇铜粤盐"之说在这时期逐渐产生。清乾隆十九年（1754年），"复准广西岁需滇铜，滇省岁需粤盐，请铜、盐互易"，也证实这个地区的市场交换现象。此时期，在邕州（今广西南宁市）的横山寨，就是一个十分繁荣的茶盐交互市场，也是一个省际特有资源的交易要塞。除盐之外，还有茶、丝帛和特有农特产品的交互贸易。这个时期，滇盐的生产，从制盐技术方面来看，从"挖坑积卤"发展到"凿井汲卤"，从"泼盐炭上刮盐取食"进步到"铸铁圆锅煮"盐，整个井盐的生产技术已有很大的进步，这种制盐技术则大多受川制盐方法的影响。

南诏和大理国时期（公元748—1254年）政治上与唐宋王朝适度脱离，滇盐制法以洱海为中心出现一些新的情况，盐法不同于内陆中原汉族制法，制盐管理上未设榷盐官，"当土自取食之，未经榷税"。"其盐出处甚多，煎者甚少"。"煮高自给"是本地白族各聚落最为自制的管理方式，大理诺邓井的"十六灶"自制管理法便是较为典

---

① 牛鸿斌，文明元，李春龙. 新纂云南通志 7 [M]. 昆明：云南人民出版社，2007：23.

型的自组织自制的特色。而当时对南诏王族的食盐则是："觅睑井产盐最鲜白，惟王得食，取足辄灭灶，缄闭其井"，也体现地方政权管理下，族制的优势和劣势。在当时，若有新开盐井，仍需报官。"唐有李阿召者，牧黑牛饮于池，肥泽异常，迹之池水皆卤泉，报蒙诏开黑井，井民世祀之"的记载也证实盐井开采的管理。这一时期，新开较为突出的盐井还有白井、琅井、丽江、老母、弥沙等。

元灭大理国后，在昆明设行中书省，是当时全国 11 个行省之一，将政治中心从大理移至昆明，分设路、府、州、县，实现统一治理，至治三年（1323 年），设大理路白盐城榷盐官，同时，在中庆路（昆明一带）设盐官。① 对盐的其他用途在认识上更加重视，"云南行省言，亦乞不薛之地所牧国马，岁给盐以每月上寅日吠之，则马健无病，比因伯忽叛乱，云南盐不可到，马多病死，召令四川省以盐给之"。《马可·波罗游记》描述云南腹地的情形说："其地有盐井……其地之人皆恃此盐为活"。说明已有从事盐业为生的人，生产也应具有一定规模。

明洪武十四年（1382 年）平定云南后，明朝政府为开发西部，巩固边防，先后建立云南都指挥使司和云南布政使司，管理云南的军政事务，并于军政要冲地区，设置卫所，屯兵戍守。明代管理全国最高的盐务机构是户部，地方盐务由各省盐务机构分管各自为政。为加强云南地区盐资源开发的管理，朱元璋派大军征服云南后，并建立云南盐务机构，在云南四个盐资源集中区分设盐课提举司 4 个，分驻：黑盐井、白盐井（在今云南楚雄自治州），安宁井（在昆明西南安宁市）、五井（大理白族自治州的云龙）。盐课提举司下设 12 个盐课司，以提举管辖周边盐井，云南整体的盐业管理出现"中心治所"管理格局。"集结性生产"并是这时候对云南盐业生产最为典型的特征，整个地方盐业生产体系使分散的、不相统属的各个盐井生产点，逐渐开始形成分区域的集结性生产，明政府还采取一定的盐业生产扶持政策。"正统九年（1445 年），令云南各盐课司，每灶添拨余丁 2 人，免其差役，专一探薪煎盐"，这是明代鼓励盐业生产扶持政策的记载。通过一定时期的鼓励和扶持政策，中心区周边的盐业生产点逐步增多，一时期，除滇中地区的阿陋、草溪、只旧、元兴等井和滇西地区的乔后井产盐渐有发展外，据《宣宗实录》四十三记载：在滇南的西双版纳有磨歇盐井，明代行盐制度为民制、官收、商运、民销，开中法也在云南部分地区推行，由盐课提举司报领开中票引。《明会典》："云南盐井行盐地方本省十二府各州县。"随着销售渠道的畅通，滇盐销售区域向外扩大，利益必然刺激了滇盐的生产发展，到明万历六年（1578 年），云南全省产盐 181.8 万斤，可以说达到鼎盛时期。

清代的盐业生产体系和总体分布区域基本上是承传明制。云南省盐政旧隶巡按，后隶巡抚，设盐法道于省会，并定提举 3 人，盐大使 12 人。明代云南在明代四大盐区的周边拓展生产，新开井地在滇中地区有永济井；滇西地区有喇鸡井、安丰井；滇南地区新开盐井较多，有景东井、抱母井、昔孔井、香盐井、茂蔑井、按板井、思耕井、

---

① 黄培林，钟长永. 云南省盐业总公司滇盐史论［M］. 成都：四川人民出版社，1997：36.

磨黑井、乌得井、猛野井、石膏井等盐井。乾隆五十八年（1793 年）位于普洱县的石膏井对提高产量，节约柴薪，取得突破性进步。"用沙丁挖掘矿礁，以矿泡卤，得浓卤"，使云南成为我国最早采用"水旱兼采"的省份。至光绪年间，滇中的提举移驻石膏井，由于盐的生产点已遍布"三巡"，所以分设白井、黑井、石膏井三提举，为云南地区三片盐资源的管理中心，这种分布也为后来按滇中、滇西、滇南三大产盐区布局奠定了基础。至此，清代云南盐资源开采主要形成三大格局，以为一时期聚落分区分布和集中发展奠定了生存基础和优势的资源条件。清末，清政府无能管制，1902 年英法胁迫清政府取得云南七府开矿权，地方盐业发展和开采出现了新的发展局势，英法政府又纵容缅甸、越南私盐侵销云南边境地区，致使云南盐业生产、销售以及盐的价格受到一定冲击。

1912 年到 1935 年，全省产盐地基本延续明清格局。盐资源生产方式是主要有手工采矿，拉电汲卤，铸铁圆锅柴薪煎盐等形式。盐产量多保持在 90 万担（每 20 担为 1 吨），最高年份曾达 100 万担，直至 1945 年降为 46.3 万担。在盐业开采技术革新方面，这时期，唯云南地方资本兴建的一平浪盐煤厂，技术比较先进，成为一时地方特色代表。一平浪盐井位于一平浪镇，位于今禄丰县西部，距县政府驻地禄丰 25 公里，距州政府驻地楚雄 56 公里，距省政府驻地昆明 129 公里。东邻金山镇，西镶广通镇、妥安乡，南接彩云镇，北与元谋县羊街镇接壤，国土面积 441.3 平方公里，是一个矿产资源丰富、历史古迹众多、民族风情浓郁的乡镇。随着盐资源的开发，一平浪周边的柴火已不能满足和不能提供高产量所需的制盐需求，故张冲创新性地提出"移卤就煤"的制盐策略。1931 年一平浪的"移卤就煤"工程施工，1938 年建成 21.5 公里釉砖输卤沟，以钢板焊成大平锅，改煤代柴，捞沙筑筒，成型为略有锥度的圆柱体筒盐。每筒约重 18 公斤，不需包装，裸存裸运。同时开始试用机械提升矿卤，组建金工车间，年产盐接近 20 万担（8 千—9 千吨），约占全省产盐的 1/5。

云南盐务管理局在 1946 年年报中总结："民十以后，几经改革，抗战而后，变更尤大，究不足以挽衰颓，济民食"，[①] 说明云南在井盐、矿盐的生产过程中产量较低、成本较高。全省四大产盐区在新中国成立之后，逐步呈现井硐失修，设备简陋，柴山日远，成本渐高的现状，随后，井盐逐步被海盐和矿盐取代，只有小部分较为封闭的聚落还在使用本地的井盐生产，这种生产主要以民族自治、村落自治的形式持续下去。

纵观整个滇盐的出现，直至整个滇国出现四大盐区集聚现象的滇盐发展史，也是云南整个民族聚落的发展和变迁史。以四大盐区为中心，随着"生产—运输—销售"的滇盐产销的发展，逐渐现场围绕"盐"运的道路交通系统，构成整个盐资源商运网。云南的盐运网络主要分为两大体系：其一，以销售川盐、康藏沙盐、粤盐、缅甸盐、越南盐为主题的由外入内的内运型古道；其二，以销售大理、楚雄、安宁和景洪盐为核心向周边聚居区辐射的内销型古道。两类型的古道有重叠区，仅仅是运盐的产地不

---

① 黄健，程龙刚，周劲.抗战时期的中国盐业［M］.成都：巴蜀书社，2011：38.

同而已，共同构成整个滇盐的产销交通网络。整个网络也就串联了整个云南省传统聚落的聚居区，形成整个传统聚落的空间分布体系。

表 2-1 滇盐发展脉络盐井开设情况统计

时间范围	产盐地	制盐方式	历史事件	新开盐井
战国 （前475—前221）	连然、镇雄、盐津		楚国庄蹻入滇	连然
秦汉 （前221—220）	安宁、云龙、大姚、丽江、镇雄、盐津	泼卤炭上刮盐取食	川盐	诺邓、盐津、丽江
隋唐 （581—907）	西双版纳的克木人	挖坑积卤	川盐、康藏沙盐、粤盐	磨歇
宋代 （960—1279）		滇铜粤盐凿井汲卤铁锅煮盐	茶盐商贸	
南诏和大理国时期 （748—1254）		煮高自给	大理路白盐城榷盐官；设盐官	白井、琅井、丽江、老母、弥沙
元代 （1206—1368）		盐业为生	川盐	
明代 （1368—1644）	安宁、黑井、白井、云龙等井	集结性生产	设12个盐课提举司；扶持政策	石门、宝丰、天井、大井、顺荡、师井、山井、阿陋、草溪、只旧、元兴、乔后、磨歇
清代 （1616—1911）		挖掘矿礁以矿泡卤水旱兼采	清承明制设盐法道缅甸、越南私盐侵销英法七府开矿权	滇中：永济 滇西：喇鸡、安丰、石膏 滇南：景东、抱母、昔孔、香盐、茂蒗、按板、思耕、磨黑、乌得、猛野、石膏
民初至民二十五年 （1911—1936）		手工采矿拉电汲卤柴薪煎盐	移卤就煤	一平浪盐煤厂

二、滇盐区域性特征

(一) 汲井采制、自然天成

汲井采制。追根溯源,自战国以来,楚国庄蹻入滇,将楚和中原地区的先进的汉文化带了进来,围绕滇池地利在其周围建立古滇王国开始,云南就有盐自愿的采取记载。在这以后近 3000 多年历史绵延不断推进过程中,云南各族人民用辛勤的劳动和聪明才智创造了多彩异样的盐业文化和较为先进的产盐技术。盐资源的采食具有较强的区域封闭性,也就性形成了不同的采食方式,根据其交通条件和聚落的分布格局,最终形成独具特色的产销网络。《明史》记载:"盐之所产不同,解州之盐风水所结,宁夏之盐刮地得之,淮、浙之盐熬波,川、滇之盐汲井,闽、粤之盐积卤,淮南之盐煎,淮北之盐晒,山东之盐有煎有晒,此其大较也。"这段全面概述了各地盐资源的不同采制方法和技术,其中把滇盐的生产方式归纳为"汲井"一类,可以看出井矿盐产区历来就是滇盐最主要的特征。[①]

自然天成。云南、四川山水相连,在整个中国盐资源格局当中合称"川、滇井盐区",但具体到盐资源特色、采取制造技术和盐风情习俗等地域文化上又有极为不同的特色。《盐法议略·云南盐务议略》记:"滇、蜀之盐皆产于井,蜀井凿于人,滇井则成于天焉。"这个记载虽不能全面地概括和区别川滇盐的特点,但总体上说出了两个地方井盐有不同的地方特色,滇盐因自然环境和地理区位的特殊性,更多的是依托自然进行采取和制销,更加依托自然、尊重自然和回馈自然。

(二) 极具地域性的采制技术

1. 埋藏浅,咸度高。《新纂云南通志》记载:"唐有李阿召者牧黑牛,饮于池,肥泽异常。迹之池水,皆卤泉,报蒙诏开黑井。"《康熙安宁州志》记:"唐高祖武德元年(公元 618 年)有东川人阿宁牵牛过此(安宁),牛舔地不去,取土尝之,味咸,遂掘地为盐池。"《乔后盐矿史略》石碑上也有记载:"乔后井盐,清初发现,始于上井,初为大村牧人陈文秀,常见牛嗜饮一池水,尝之甚咸,取回煎煮成盐,告知村民,各备背桶,汲卤煎卖。"云南各大产盐地区的盐层总体分布特点呈现埋藏浅,咸度高的区域特征,地下卤水向地表的渗透力较强强。加上云南传统农耕游牧的生产生活方式,盐资源的发现往往是在山上游牧狩猎过程中先被动物和家禽发现,随后才被居民采取食用,类似这样的记载在各类史书上也颇多。[②]

"动物发现盐资源,后被居民采食"这一最早发现盐资源的问题可以深入论证是"先有聚落还是先发现盐资源"有很大的辩证性。还要更加民族迁徙、农耕资源和风情习俗等综合论证,但盐资源产地毕竟有限,而传统人居聚落的分布格局则是多元多样,

---

① 盐业史研究编辑部. 云南盐业考察报告 [J]. 盐业史研究, 1996 (03).
② 杨华. 三峡夏商时期考古文化 [M]. 北京:科学出版社, 2014:20.

而对盐资源的需求就产业盐的产销网络。居民在野生动物和家禽的引导下发现了天然盐资源，为了生存生产和延繁后代，并有意识地实践蓄卤煎盐方法，这种便是最为原始的"盐池"取食阶段。在"盐池"之后，随着生产生活对盐的需求增加，居民才是主动进行探索和创新开掘盐井，大量提升深井提取卤技术和熬盐技术，将井盐生产在质量、数量和技术上继续推进到一个更高的层次。

2. 传统和现代并存。通过对云南大理诺邓井、楚雄黑井、安宁井等地的田野考察，可以发现再各大采盐区，在开采环节上，呈现出传统与现代并存的形式。在滇西北的诺邓井、兰坪啦井等一些少数民族山区，村民还在使用一些"泼卤炭上、刮盐取食"，"挖掘矿礁、以矿泡卤"等较为简单、古老的采食方法。但在滇中安宁市，盐矿资源的开采已为公司企业和现代化工厂，采制技术已是现代最先进的真空潜卤泵。相对于整个产盐区域，滇中地区已不像其余产盐区一样还保留着较为传统的原始聚落和自给自足的供给方式，已完全是股份制的现代化运营方式。原先的制盐村落已被拆除，新建为现代化的高档生活社区，制盐的传统文化仅为几个景观小品作为文化基因承传下来。

如今，"盐池"阶段的传统靠天吃饭的采盐方式还在延续和承传着。滇西边境，有一个叫云龙县象麓村，这个村是大井（牛皮井）产地。一座熬盐厂房，里面是安置一座灶，可以烧六口盐锅，厂房背山而建，一条卤水沟接山中一个山洞，山中有自然流出的盐泉。盐泉靠自然重力自然地流到厂房内的储卤池中，直到卤水蓄到足够烧盐时厂房才开始烧制熬盐。整个厂房的工作根据卤水的多少进行熬制。整个大井的生产模式真正体现"滇井则成于天焉"这种靠天吃天、靠山吃山的原始生产生活方式，可以推断，整个象麓村的肇始和发展必定是依托这口大井而变迁。

诺邓井卤水的提取也是较为传统的采取方式。整个诺邓村以盐井为中心，诺河为轴线将整个村子分为东西两个聚居区，构成以盐井为中心、村落环绕的圆形村落格局。据说诺邓盐资源的发现一位邓姓放牧人发现的，因在放牧过程中，山羊群总是会到河边一水源区休憩饮水，放牧者一尝是咸的，自此以后，就开始用这口眼井煮盐。随着盐资源的需求和价值扩大，周边便慢慢地聚集人口，建成了依山而居的白族山寨。诺邓井为垂直竖深井，深度可达20米，由两口相距2米多的深井并列组成。一口用于提取卤水供熬盐，另一口则用于提取纯白水供饮用。这种"一井双水"的提取技术是当地居民较为传统但一直沿用至今的技术创举。

诺邓井井口为四边菱形，整个井壁由栎木叠垒，栎木条为15厘米方圆。从地面井口下到井底之间有六层间隔空间，每层的高差为2米左右，一层与一层之间的联通靠木制楼梯上下。在井底东边曲折大概20米左右，便是卤水的源头，卤水的源头为一个2米见方的碉室围合，卤水从碉室用竹奄抽输送到7米外的蓄卤池当中，再由辘轳绞车从蓄卤池将卤水提到地面的储蓄池。在传统的提取卤水过程中没有用辘护绞车，而是靠背卤工每天从井底向地面背卤水，然后按照"十六灶"的分配习俗分到各家进行熬盐。诺邓井这种"一井双水"的在地下就将纯水与卤水有意识地分离提取到地面的方法，应该说是诺邓先民的一种重大创举，浓缩着前辈们认识自然、改造自然的智慧，这种创举在我国钻井技术史中占据一个重要的里程碑。诺邓井这种独居地方特色的深井采盐技术与"地面浓卤"采取技术有异曲同工之处。具体的做法是：在卤水井近旁设置一条高差在 0.5 米的坑道，坑道的宽度为 0.5 至 1.5 米之间。坑道围绕主卤水井而设置，呈椭圆形，周长达 70 多米，道下设置水沟用来隔离开卤水和淡水，卤水和淡水隔离开后，淡水经过水沟输送到蓄水主井，再由竹奄提抽排出地面，部分淡水直接排入诺河留着，部分提供给居民饮用和灌溉农田。①

3. 水旱交替采取。云南在盐资源的开采使用过程中先后经历了"水采"到"旱采"，再到"水采"的循环递进过程。早期，通过牧畜引导寻找最早的天然盐泉和盐矿，进而根据需求，通过实践发展到居民开始主动寻找、开挖矿碉，从开挖盐岩，泡制卤水，发展到凿井提取卤水、熬制食盐。虽看似一个简单递进和实践性的循环过程，但在整个盐资源的采食过程中，却体现了当地居民对自然的认识，对生产技术的改进，以及居民不断摆脱对自然资源和条件限制的依赖，不断创新发展、不断摸索实践的传统手工业向工业过度的过程，展现先民的伟大的农耕智慧。

《汉书》云："姑复，临池泽在南。"姑复（今丽江至永胜一线），据记载这一带在汉代已是产盐地，明代在上井发现盐泉资源，永盛井是取卤熬盐最为典型的盐井。比苏（今云龙）早在东汉已是产盐地之一，明代曾设五井提举司于此。如今，乔后盐矿，地处比苏县和姑复之间，按历史记载进行据推测：这一地区也应该早在汉代就已有生产盐的实践。如今，洱源县乔后盐矿还继续沿用着"旱采"与"水采"并同的特殊井盐生产技术。碉室钻井水溶法是乔后盐矿现在采用最为主要的采盐技术，整个技术特色不是像诺邓一样垂直深井取卤水，而是通过打平碉进入含有盐矿和卤水资源的山体，建立稍微倾斜深入的坑道，等到了有盐资源的地方再打垂直机井。这种做法减少了垂直打井所面临地质构造复杂、盐资源难以提取等问题，体现了省时又省工，优势十分显著。

4. 铜式水溶法：一平浪盐矿在元永井矿区采用的铜式水溶法，算是较为典型的地方采盐技术。《新纂云南通志》记载："唐有李阿召者牧黑牛，饮于池，肥泽异常。之池水，皆卤泉，报蒙诏开黑井。"《元混一方舆胜览》记载："云南盐井四十余所，推姚州白井，楚雄黑井最佳。"元永井与黑井仅隔一山，均是滇中盐区的核心，据载唐代时已在区域内置盐泉县（黑盐井），至元代，官府在此设威楚路管理盐务，足以见这里的盐业生产在唐代以后非常兴旺。

1964 年开始，一平浪盐矿开始在元永井矿区试验使用铜式水溶法，此法是由罗马尼亚引进，整个过程改变传统靠人工用钻子打取盐岩的方法。据介绍："基于矿井原有设施，由井下主要运输平巷向矿床深部开凿成对的斜井，再由斜井之间沿矿床走向扩展成若干碉室，且碉室与碉室之间保留相当宽的安全矿柱。碉室建成后，即由地面向里灌注白水，至淹没碉室顶部为止，淡水经半月左右的浸蚀，达到饱和浓度，再由水泵将卤水抽出地面，再灌入淡水，周而复始维护生产。"此种方法与云南多地的采盐技术相比，已定型为一种较为先进的采矿方式，有相比优势明显：

其一，开采工作量减少，大大节省了大量的深井劳工，以及采矿设备，降低工人

---

① 王忠良. 矿卤滩晒自然冷冻除硝探讨 [J]. 苏盐科技, 2010 (02).

的劳动强度，降低安全隐患。

其二，规范提卤程序，减少中间工艺。通过使用泵抽送卤水代替矿井运输，进而来提升矿石，将深井采矿、地面制卤复杂的工序融合一体。

其三，创新意识和实践意识较强。铜式水溶法在大量的积累国外经验的基础上，结合地方采盐区的特殊地理条件，开创一套适应性的地方性采盐技术，在全省乃至全国都处于一个领先水平。

（三）强化资源整合的输卤技术产业链构建

1. 卤工背运的原始模式

从牧畜引导发现盐资源后居民开始采制食盐，最初的采卤方法是完全靠人工背运和就近安居的模式。诺邓井最初也是通过卤工从 20 多米垂直深度的井中将卤水通过木楼梯一层一层直至背送到地面，矿盐区则同样通过卤工将盐矿背至熬制的地方。这种最为原始的靠人力进行输卤的盐区，随着聚落发展和盐需求的增加未能满足市场需求，随后居民并开始探索较为省力的各种输卤技术。

2. 成于天然的传统提卤

在云南各大盐区的发展过程中，可以看出，在早期的盐资源采取中，总是"就卤建村"的趋势，哪里有盐资源，居民就向盐资源靠近，去安家落户和开垦林地进行生存。在熬制方面，盐卤在哪里，燃料就送到盐井地，"就近原则"便是最为传统的生存方式。最初熬盐燃料是柴薪，后来随着柴薪的缺少和周围山体的破坏，煤炭慢慢取而代之，这种固态材料运输起来都比液态的卤水更为方便。云龙县象麓村的大井，就近借助盐泉地理环境将从山体中自然流出的卤水直接接到盐锅边上，诺邓村的诺邓井，整个村落围绕着盐井建设，井口就在熬制坎下 10 米左右的地方，盐井周围有一个很大的晒盐场，晒盐区则结合戏台，借助自然坡度形成整个熬制、晾晒的公共空间。这些围绕着盐泉构建的文化空间和建设的生产空间都是借助自然天成的盐卤资源条，也形成了云南盐业生产中提卤、输卤的一个大特色。

3. 因势利导的沟砖输卤

在整个云南盐业生产史上最具地域特色和最有示范影响力的输卤方式是张冲在一平浪盐区所采用的"移卤就煤"工程，最终优化采取的"沟砖输卤法"。历代云南盐业应输卤、柴薪、销运等条件限制而在数量上一直提不起来，从每个年代的采食盐资源历程来看，"苦于柴，苦于运"一直都是主要问题。从一开始熬卤成盐最主要的燃料为柴薪，各大盐区长年累月对盐矿周围山体树木的砍伐，四周的柴薪都被砍伐殆尽，柴源砍伐已蔓延到数十里外。一方面，柴薪的运输成本增加，价格提升，最终导致制盐成本增加，慢慢出现了盐政危机；另一方面，周围山体破坏严重，部分淡水资源逐渐枯竭，居民生活质量降低。居民也曾经尝试过运煤进来代替柴薪，但是因运输成本和交通问题也未获得成功。

20 世纪 30 年代，张冲任云南盐运使，开始施行盐政改革，在借鉴前人实践经验，通过实地调查研究一平浪自然地理环境后，决定在一平浪盐矿区实施"移卤就煤"工程。① 改变传统因运输柴薪、煤炭这类固体燃料的困难，将换位输送卤水去就煤，从根本上解决一平浪的盐政危机。张冲任盐运使后，为推进解决熬制食盐的柴薪和煤炭等燃料问题，通过实地调研后积极推行地区内的盐政改革。1932 年，他积极组织实验团队，率队矿冶工程师罗紫台等人在元永井进行实地实验，在麦地冲建设熬盐土灶，尝试异地熬制食盐的实验，实验团队先用本地的柴薪熬制卤水，接着用一平浪烟煤尝试熬卤水，在实验初步获得成功后又进行多次改进完善。

张冲与罗紫台在田野考察中发现，距元永井 21 公里之外的广通县矣皮囊（即今禄丰县境内的一平浪），储藏丰富优质的煤炭资源，若用本地的煤炭代替柴薪进行熬制食盐，其成本将大大地降低，但要完成此项工程，要么就是将煤炭输运之盐卤地，要么就是将卤水提取至煤炭储存地，即移卤就煤，或移煤就卤。通过带队进行田野实地勘察后发现，元永井、阿陋井等盐泉地的高程远远高于一平浪这个煤炭储藏地，通过重力自然下流将卤水移至一平浪极为方便。于是张冲即以"移卤就煤、减轻制盐成本，上裕国课，下利民生，推广引导，挽回漏厄，以辟富源，而利永久"为题，具文呈报省政府，后经过商议，整个文案得到龙云批准实施。整个工程与次年 2 月，据史文记载，主体工程的内容包括："（1）修筑元永井至一平浪全长 21 公里、路面宽 3 米的输卤线路一条；（2）在元永井修建卤池一座。"

输卤渠道的建设是整个工程的核心，因受财力和物力，以及卤水腐蚀性等天然的弊端，整个工程建设受限条件较多，整个实验通过四个阶段的筛选：首先，考虑到财力物力和卤水的腐蚀性，以及堵塞等问题，放弃了钢铁管材的选用；其次，采用便于清理芒硝的木质槽，因路程较远，加上炉石的渗漏、变形、开裂等问题，而且，大量大规模、大规格的木材需求也直至团队放弃了此方案。接着，尝试用石砌沟槽和制造铅槽，但也因石材易腐蚀和费工费时，此种方案也放弃。最后，现在综合考虑后决定采用烧制沟砖的方案，团队经过多次反复比较和修改完善，设计并烧制成"内圆外方"的"U"形沟砖。

整个一平浪的"移卤就煤"工程不仅是滇盐生产上的一大创举、一大技术改革，更是一系列社会工程。最简单地说将盐资源开采与煤资源开发、陶产业生产、区域内煤、陶等手工业资源整合等，在整个过程中都成为系列性的提升和创新改革。将极为简单的产盐聚落经济发展与整个区域内聚落共同发展联系到一起，最终形成区域范围内的资源开放共同体。

（四）多元一体的制盐工艺

整个滇盐产区制盐工艺可以说是多元异化，保留至今的可以说是从原始到现代化的整个活态展现。云龙县的大井乡象麓村的大井还在延续着柴薪烧制、圆锅熬盐的传统工艺，从厂房后将卤水引至储卤池中为最为原始的天然取卤方式，整个厂房大约 80 多平方米，分为卤房和灶房两大熬制基础设施，灶房则分设灶台和烘台两个工序设施。从熬制

---

① 谢本书. 移卤就煤——云南盐业史上的创举 [J]. 盐业史研究，1991（04）.

设施上可以看出，整个熬盐工序简洁明了，"提卤—储卤—熬制—烘干"，井然有序，特别是烘干的尾部工序，能很好地有效的利用熬卤工序中的余热进行烘干成筒盐。

诺邓井则继续沿用方锅烧柴制盐，诺邓通过人工提卤，然后按自组织的方式通过"十六灶"进行分卤熬制，整个生产工艺最有价值的还属分工的组织方式。诺邓井的熬制场所则是与家庭共用，居民的厨房即是熬制盐的场所，随之而来的就是妇女成了整个生产的核心劳动力，家庭中的男士则负责背卤、寻薪的辅助工作。诺邓居民熬盐场所只对各自的厨房进行更改，在最里面靠烟囱的部位设为烘台，这样既不影响日常生活，在没有卤水熬制的时间又不影响日常生活所需。

大姚县的石羊井还在延续使用浓缩卤水用的枝条架。唐樊绰《蛮书》记载："此时之井名，有安宁五盐井、沪南美井"，沪南井即是今天的石羊井。

走进现代化的安宁，则再难发现历年"盐都"的风貌，原来产盐的村落已经被现代化的生活社区所取代，仅在螳螂川的冰河绿地中安置一个盐文化景观。但是在安宁的西边则建设了年产 20 万吨真空盐和 1.5 万吨无水芒硝的现代化的昆明盐矿。[①]

（五）色彩斑斓的盐风盐俗

盐首先作为居民日常生活的必需品，曾一度成为"黄金"价的奢侈品，在滇盐产业发展过程中，盐文化逐渐融入各地少数民族日常生产生活方式中，形成的各种风情习俗，诸如产盐地形成各地文化交流的场所，因盐昂贵已成婚嫁的必需礼品，各种祭祀盐井、水井和龙王已成每年隆重的节庆，各地依托不同的盐品特色形成特色的饮食和腌制的农特产品。

滇东北有个县城叫盐津，"盐津"即是"盐的渡口"之意，在滇盐营销和川盐侵入销售的整个过程中，盐津就是川、滇两省盐、马、茶互为销售之地，滇盐远销四川省的西昌、渡口等地方，而四川富荣盐则销往云南的滇东北的昭通地区。盐津为四川自贡盐销往滇省的必经之地，这里山川险峻，横江水穿城而过，两岸山峰壁立。这里是川滇盐销的集散地，各地为盐而生的运户、盐商屯驻汇集于此，形成各种会馆。历史上这里的聚落围绕着主城聚居而生，逐渐扩大，形成真正的"因盐而生"的传统聚落集聚区，一个盐文化交融的场所。诸如此类的地方在滇盐发展史上还存在诸多，如云南驿、巍山、永平、鹤庆、板桥、江苴等等。

盐除了居民每日饮食调味必需之外，在整个传统聚落的生长过程中还在潜移默化中影响着居民的日常生活方式。这种影响在云南更为突出，整个云南盐资源以滇中、滇西北和滇南为核心，形成虽然全省的盐产地呈南北正向"T"字形空间分布格局，形成构建了"T"形三角区贯穿全省。但因山高路远的先天自然条件限制，盐的产销略显昂贵。在滇西存在这样一个习俗："送新娘的马车上就要有两个筒盐"，当作珍贵物品作为娶亲聘礼和彩礼。滇西北的农家还存在"熬盐"库存的习惯，将买回或换回的小块状盐磨碎，然后用圆形大锅重新熬制成一个大块整体，谁家放的大块盐坨较多就越

---

①　王宗贤，吴玉兰. 钛应用实例［M］. 西安：西北有色金属研究院，1993：31.

显富裕。在滇南的拉祜聚居区，男方到相中的女方家中提亲，首先要提上一只鸡、两壶酒、两斤肉、两筒米等日常所需的同时，不能忘的习俗是还要提上一些盐和茶叶，以表达男方的诚意和对女方的尊重。而在 20 世纪 70 年代，临沧佤族聚居地，还存一些聚落用盐作为货币进行交换所狩的猎物和特产。一些体弱多病的小孩胸口都会挂一小块青色盐块，以求辟邪和祛病功效。

在滇西地区用盐喂养牲畜也是一个传统的习俗，滇西北地区历来是道路交通最为限制的地区，各类货物的采购和农特产品的外销全靠马班驮运，每次外出少则 3—5天，长大半个月以上。每个赶马人每次外出时总是会带一些盐块，为的就是喂养牛马。俗称一是为了增加牛马的乖巧程度，二是为了增加驮重能力，还有一种说法是保护牛马的盐味觉，这样他们在今后的行走中还能继续为人类寻找到更多的天然盐泉资源。《南诏野史》载："楚雄黑井佳。若狼井、黑井，因狼与黑牛舔地知盐，故名之。"包括前文所述诺邓井的发现等等均能体现传统聚落居民发现天然盐泉是靠动物的事实。

祭祀是最为普遍的盐风盐俗。居民通过动物的引导发现盐泉或盐矿后，开始通过各种采取技术进行采食，并逐渐改进熬盐工艺，最终盐不仅成了居民日常生活所必需的产品，也成了商品成为交换或销售进而获取利润，造福一方。人们不忘大自然的馈赠，为了纪念这一系列的过程，流传下来很多盐风盐俗。其中，"冠名"就是最直接的一种，如"白羊井""黑牛井""狼井""牛皮井"等以动物来给盐井冠名，以此来纪念盐井。另外，修建庙宇，顶礼膜拜是另一种纪念习俗，如滇中地区楚雄大姚县的石羊镇，在村内大王寺中供奉这一只石羊，每年定期举办"开井节"，周围各大乡村都赴会举行文化活动，如今，这种活动还延续至今，成为一种特殊的文旅体验活动。诺邓井、乔后盐还还承接着"龙王会"的习俗，朝拜"龙王"，诺邓的居民都说他们能延繁至今，都很感谢盐龙王的馈赠，村内东边的村落的中心还专门建设"龙王庙"，每到龙王会都虔诚地朝拜它。各地的龙王庙各有不同，庙的正殿中依次供奉着"盐公""盐母奶奶"，进而才是"财神"和"包公"这些。[①] 向诺邓村的玉皇阁则是三教合一的宗教场所，除了作为村内文化核心外还是各类商人的交流之地。诺邓村盐井的北部入口处是一个戏台，接着是一个坡形的广场，广场的中间原有一个牌坊，接着是龙王庙的院子，然后才是龙王庙，整个场地从南向北依托自然坡高而建。据说广场除了看戏集会外还是重要的交换和晒盐的场所。每当龙王会时候，这里人满为患，大家都来供奉龙王，自然是企求"龙涎大开，盐源不绝"，由此可见当地人对盐神的崇拜。石羊镇的大王寺、诺邓的龙王庙、白井的石羊文庙、乔后的"盐龙祠"、昆明的"盐隆祠"这些都是祭祀盐龙王最为典型的习俗代表。滇西北地区目前还承传这一个祭祀盐井、水井的习俗，每逢春节的大年三十，各家都有一个供奉顺序，显示供奉寺庙、再是祖先，然后是供奉天地，接着就是供奉家禽羊圈和水井。听老一辈说，供奉水井便是供奉龙王，祈求龙王保佑，每年不缺水缺盐，以求下一年风调雨顺。

精美的腌制食应该是盐赐予人民最伟大的一份礼物了。云南是全国少数民族最多

---

① 王志刚. 中华彝学文库 当代彝族学研究丛书 彝州盐文化 [M]. 昆明：云南人民出版社，2016：22.

的省，57 个少数民族云南世居 25 个，从云南各大盐区周边世居的少数民族来看，就拥有一系列的饮食特色。云南著名的特产宣威火腿和诺邓火腿就是分别用黑井的盐和诺邓井的盐腌制的，还有玫瑰大头菜是由磨黑的盐腌制而成。云南人都知道这三个地方的盐渗透力特好，所腌出的食物色泽鲜亮，口感盛佳。而且居民在腌制各种食品的过程中是总结了丰富的经验，最终才做出极具地域特色的腌制品。在滇西地区居住的少数民族，因盐而生的意识特别强烈，如怒江州兰坪县啦井镇的普米族，就借助啦井卤水的特色酿造出了区域极具特色的"啦井酒"。而大部分滇西地区的世居民族均由一种腌制咸菜和盐肉的习俗，特殊的是他们在选择食盐上特别讲究，常常要选址诺邓等滇西本地产的食盐，说是这样比较适应当地的气候，也易于与本地的食品和肉相适应，从而腌制出极具地方口味的腌制食品。

第二节　滇盐资源的空间分布

一、滇盐资源的总体分布

（一）滇盐总体演进分布

云南盐井的发展历史悠久，对云南历史发展有过重要影响，滇盐生产在汉代已有记载。《汉书·地理志》载，益州郡"连然（今安宁市）有盐官"。盐官的设置说明在当时云南地区已经有一定规模的盐业生产和贸易。

汉代滇盐生产地区，除连然外，还有滇东北的南广（今镇雄盐津）、滇西北的姑复（今丽江、永胜、华坪）、滇中的青蛉（今大姚、永仁）等地。到唐代，云南盐业产地扩展到大姚、禄丰、兰坪、景谷、镇沅等县所属之地。宋、元、明时期，云南盐业生产继续拓展发展，到清代，达到了空前兴旺的生产和贸易水平，盐业生产和贸易从滇中地区，滇西和滇西北地区拓展到滇南地区，逐渐形成近代云南三个产盐中心格局。[①]

同治十三年（1874 年）将滇中琅盐井提举移驻石膏井。分设白井、黑井、石膏井（普洱）三提举，为三片区的管理中心。根据《大清会典事例》记载归云南驿传盐法道专理的 25 个盐井为：安宁井、安丰井、黑盐井、老姆井、安乐井、香盐井、云龙井、琅盐井、抱母井、弥沙井、白盐井、慢磨井、沙卤井、磨黑井、新井、阿陋井、只旧草溪井、恩耕井、景东井、猛野井、按板井、磨铺井、盐茄井、木城井、打膏井新井。

康熙年间编制的《滇南盐法图》，记录了云南最有名的 9 个盐井生产场景，分别为安宁井、云龙井、黑井、白井、琅井、弥沙井（剑川）、只旧草溪井（武定、元谋）、阿陋井（广通）、景东井。

---

① 刘学，黄明. 云南历史文化名城（镇村街）保护体系规划研究 [M]. 北京：中国建筑工业出版社，2012：39.

清代滇盐的兴盛，对云南政治、经济、社会的发展，都有着重要的影响，对盐井及周边聚落也意义重大。正如古人云："因盐聚众，聚众成邑。"《大清会典事例》记载 25 个盐井中黑盐井（黑井镇）、白盐井（石羊镇）、琅盐井（琅井忖）、云龙井、磨黑井均为云南列级历史文化名镇、名村。从分布看，滇中、滇西北、滇南三个产盐中心区域均有代表，从挖掘因盐而兴的历史聚落遗产思路出发，《大清会典事例》所载 25 个盐井可为线索，而重点为《滇南盐法图》中记载的 9 个盐井中 5 个（其中 4 个盐井已列级省级）。

（二）滇盐空间分布情况

按今天的行政区划分，滇盐主要分布在昆明、楚雄、玉溪、大理、怒江、丽江和普洱七个地区，其中以安宁、楚雄、大理和普洱为核心产盐区。

昆明地区主要分布着连然井（安宁井），《汉书·地理志》记载："益州郡连然（今安宁市）有盐官"，说明安宁井是云南盐资源开采最早地区。

楚雄地区盐井主要分布在禄丰、大姚、牟定、武定和元谋等地区。禄丰分布着阿陋井、元永井、琅井、黑井等主体盐井，以及奇兴井、大井、猴井、吧喇井、罗木井、丰际井、十二丁井、袁信井、纳甸井、袁朝奉井、改版井、安丰井、大井、东井、复隆井、新井、沙卤井等。阿陋井系行销开化府（今文山县）和蒙自；琅井系行销建水、阿迷（今开远市）、宁州（今华宁）、通海、河西（今并入通海）、新兴州（今玉溪市）等六州县；黑井系盐归设在省城的总盐店经销，用来满足嵩明、晋宁、昆阳（今并入晋宁）、呈贡、宜良、南宁（今曲靖市麒麟区）、沾益、马龙、陆凉（今陆良县）、罗平、寻甸、平彝（今富源县）、河阳（今澄江）、路南（今石林彝族自治县）、江川、广西（今泸西）、弥勒、师宗、广南、会泽、宣威等二十一个州县的用盐需要。大姚等地区以白井为主井，分布着观音小石井、旧井、乔井、界井、灰尾井五个主体井，以及武定、牟定和元谋地区的小井、只旧、安乐和草溪，下设硐井、旁井、小石井、沙井、缸井、古井、上东井、下东井、上西井、下西井、旧井、德龙井、丰泉井、常得井、乔井、李井、东井、界井、二井、三井、四井、尾井、灰井和沙井等众多分盐井，主要行销太和（今大理市）、云南（今祥云）、赵州（今大理市凤仪镇）、宾川、永北（今永胜）、楚雄、镇南（今南华）、南安州（今双柏）、定远（今牟定）、广通（今并入禄丰）、禄丰、易门、富民等二十一州县。

玉溪的元江分布着猛野井、磨铺井等，其产盐主要由州县官与大使分管，或听民自销上课，主要是行销本地。①

大理市滇西北盐区的重点区域，主要以诺邓井为核心，联动剑川的弥沙井和洱源的乔后井，诺邓井下分设石门井、天耳井、顺荡井、狮井、山井、大井、宝丰井、金泉井等盐井，主要行销保山、腾越（今腾冲）、永平、邓川（今并入洱源县）、浪穹（今洱源县）、剑川、鹤庆、云龙等地。而剑川的弥沙井和桥后小盐井的盐则行销到鹤

---

① 王文光，龙晓燕，李晓斌. 云南近现代民族发展史纲要［M］. 昆明：云南大学出版社，2009：21.

庆府的观音山、上牛街、石牌坪以及剑川的观音阁、沙溪、石曲等地，政府在弥沙盐井设有盐课司大使一员。滇西北地区还有怒江兰坪的啦鸡井和丽江的老姆井，啦鸡井下设下井、新井、温井、东井、小盐井等盐井，老姆井下设岩古井、细泥井、淡井、火须井、咸少井、淡水井、日期井等盐井，其产盐主要由州县官与大使分管，或听民自销上课，主要是行销本地。

滇南地区的盐井主要分布在普洱地区，其中以景东的磨歇井、宁洱的磨黑井、景谷的香盐井和镇沅的抱母井为主井，下分多级分井。景东有景东井、慢磨井、磨外井、磨腊井、大井和小井等盐井，行销到景东府境。楚雄府属的永胜厂、镇南州属鼠和属虎的集市、蒙化府属的南涧，这些都没有设专门的盐官，而是由景东府同知代征盐税。宁洱有磨黑井、磨弄井、石膏井、乌得井、猛乌井、磨者井和整者井等盐井，景谷有茂腊井、平寨井、习孔井、漫卡井、蛮宏井、回子井、马家井、蛮窑井、猛嘎井和茂蒉井等盐井，镇沅有抱母井、大井、二井、茂庆井、茂帕井、恩耕井、按版、盐茄、木城、打膏箐等盐井，这三处地方的产盐主要由州县官与大使分管，或听民自销上课，主要是行销本地。

表2-2　　　　　　　　　　滇盐资源开采时序及盐井分布统计

今地名		宋代以前	南诏、大理国时期	明清时期	行销区域
昆明	安宁	安宁井			行销滇池地区。
楚雄	禄丰县	阿陋井	元永井	奇兴井、猴井、吧喇井、罗木井、丰际井、十二丁井、袁信井、纳甸井、袁朝奉井、改版井	行销开化府（今文山县）和蒙自。
			琅井	安丰	行销建水、阿迷（今开远市）、宁州（今华宁）、通海、河西（今并入通海）、新兴州（今玉溪市）等六州县。
			黑井	大井、东井、复隆井、新井、沙卤井	黑井盐归设在省城的总盐店经销，用来满足嵩明、晋宁、昆阳（今并入晋宁）、呈贡、宜良、南宁（今曲靖市麒麟区）、沾益、马龙、陆凉（今陆良县）、罗平、寻甸、平彝（今富源县）、河阳（今澄江）、路南（今石林彝族自治县）、江川、广西（今泸西）、弥勒、师宗、广南、会泽、宣威等二十一个州县的用盐需要。

续表

今地名		宋代以前	南诏、大理国时期	明清时期		行销区域
楚雄	大姚县		白井	观音小石井	硐井、旁井、小石井、沙井、缸井、古井、上东井、下东井、上西井、下西井	行销太和（今大理市）、云南（今祥云）、赵州（今大理市凤仪镇）、宾川、永北（今永胜）、楚雄、镇南（今南华）、南安州（今双柏）、定远（今牟定）、广通（今并入禄丰）、禄丰、易门、富民等二十州县
				旧井	旧井、德龙井、丰泉井、常得井	
				乔井	乔井、李井、东井	
				界井	界井、二井、三井、四井	
				灰尾井	尾井、灰井和沙井	
	武定、元谋			只旧草溪、小井		由阿陋井盐课司大使代管
	牟定			中兴井		
玉溪	元江			猛野井、磨铺井		由州县官与大使，或听民自销上课
大理	诺邓	诺邓井		狮井、石门井、顺盈井、天耳井、山井、大井、宝丰井、金泉井		行销保山、腾越（今腾冲）、永平、邓川（今并入洱源县）、浪穹（今洱源县）、剑川、鹤庆、云龙
	剑川		弥沙井	桥后小盐井		行销到鹤庆府的观音山、上牛街、石牌坪以及剑川的观音阁、沙溪、石曲。政府在弥沙盐井设有盐课司大使一员
	洱源		乔后井			
怒江	兰坪	老姆井、丽江井	啦鸡井	下井、新井、温井、东井、小盐井、岩古井、细泥井、淡井、火须井、咸少井、淡水井、日期井		由州县官与大使，或听民自销上课
普洱	景东	磨歇井		景东井、慢磨井	磨外井、磨腊井、大井、小井	行销到景东府境。楚雄府属的永胜厂、镇南州属鼠和属虎的集市、蒙化府属的南涧，这些都没有设专门的盐官，而是由景东府同知代征盐税

续表

今地名		宋代以前	南诏、大理国时期	明清时期	行销区域
普洱	宁洱			磨黑井、石膏井、磨弄井、乌得井、猛乌井、磨者井、整者井	由州县官与大使，或听民自销上课
	景谷			香盐井、茂腊井、平寨井、习孔井、漫卡井、蛮宏井、回子井、马家井、蛮窑井、猛嘎井、茂莨井	
	镇沅			抱母井、按板井、大井、二井、茂庆井、茂帕井、恩耕井、盐茄井、木城井、打膏箐井	

二、主盐井分布特色

滇盐自古至今，对盐井的分布均由不同的说法和称呼，《滇南盐法图》记录云南九大盐井：安宁井、云龙井、黑井、白井、琅井、弥沙井、只旧草溪井、阿陋井、景东井。《大清会典事例》记载云南 25 个盐井：安宁井、安丰井、黑盐井、老姆井、安乐井、香盐井、云龙井、琅盐井、抱母井、弥沙井、白盐井、慢磨井、沙卤井、磨黑井、新井、阿陋井、只旧草溪井、恩耕井、景东井、猛野井、按板井、磨铺井、盐茄井、木城井、打膏箐新井。另"古滇九井"：黑井、白井、琅井、云龙井、安宁井、阿陋猴井、景东井、弥沙井、只旧草溪井。[①]"滇西四大盐井"：弥沙井、乔后井、诺邓井、啦鸡井。以及滇西最大盐井地云龙的"云龙八井"：诺邓、石门、天耳、顺荡、狮井、山井、大井、宝丰井。不同地区均由一些主井代表着本地区先进的提卤技术、制盐工艺和生产生活方式，也由这些盐井建构起整个地区产销网络的核心，这些主井的产生、兴盛和衰退也制约着本地居民经济社会的发展。

（一）滇中地区六大主井

1. 安宁井

安宁盐业已有 2000 多年的历史，在几千年盐业采取演变的历程中，安宁城市及其

---

① 朱映占，曾亮，陈燕. 云南民族通史（下）[M]. 昆明：云南大学出版社，2016：22.

盐业也经历了由盛到衰，再复兴的变迁。20世纪80年代，在安宁地下被发现了一个高品位巨型盐矿床，使安宁盐业再次复兴，也使得安宁走出其余地区滇盐传统提卤制盐的方式，而走向现代化盐业生产的标兵。

关于安宁盐井，民间有一个"阿宁舔井"传说："相传，唐朝时牧人阿宁赶牛经过连然，牛群纷纷低头舔地，驱之不走。阿宁甚感奇怪，遂取牛舔过的土质品尝，始发现盐。阿宁就地凿井得卤，继而煎制成盐。"居民为了纪念阿宁发现盐矿宝藏，以"阿宁"为本地名，后年深日久，因"阿"与"安"近音，便逐渐叫成"安宁"。公元前109年，滇王常羌归附中原王朝，滇设"益州郡"，置连然县（今安宁），并设置盐官管理盐政。根据《华阳国志》记载："连然县，有盐泉，南中共仰之。"唐代，安宁的盐业进入盛产时期，成为西南地区重要的食盐基地。《南诏德化碑》记录了当年的繁华："且安宁雄镇，诸爨要冲，山对碧鸡，波环碣石，盐池鞅掌，利及群欢。"当时安宁盐业的发展规模十分繁华，行销区域已涵盖云贵川的大部分地区。明代，安宁的盐井有4口，嘉靖二十八年（1549年）又开一新井。明洪武十五年（公元1382年），全国设七个盐课提举司之一。明末清初史学家查继佐《罪惟录》中记载，安宁井在洪武年间产量位居滇盐第一位，这是云南产盐历史有较完备记录的开始。《徐霞客游记》中有这样的描述："安宁一州，每日夜煎盐千五百斤。城内盐井四，城外盐井二十四。每井大者煎六十斤，小者煎四十斤，皆以桶担汲而煎于家。"以此推算，明洪武十五年安宁盐产量是54万斤，占当年全省岁办盐的三分之一。

到明末清初，安宁盐井产量开始下降，主要是随着盐资源的开采，逐渐走向枯竭，卤水短缺、产量连续下降。1982年6月，省地矿局第一大队准备在安宁找"钾"矿资源过程中，在昆明西郊28公里的安宁县城东，发现了分布范围60公里的特大型石盐钙芒硝矿。又经过两年半的勘探普查，才真正认识到历年开采的传统古老盐井，都是在整个安宁盐矿矿床的西部边缘。现已探明该矿氯化钠储量136亿吨，氯化钠平均含量58.86%，约等于原已探明的全省食盐总储量，居全国内陆盐第二位；钙芒硝中硫酸钠储量72亿吨，平均品位约30%，居全国首位。

2. 黑井

黑井，即"黑牛盐井"，《黑盐井志》记载："土人李阿召牧牛山间，一牛倍肥泽，后失牛，因迹之，至井处，牛舔地出盐。"记载了彝族少女阿召在黑牛引导下发现盐井。黑井的开发有史料记载的是唐代开始，主产贡盐，随后滇盐生产进入了新的发展时期，逐步成为滇盐发展史上的"云南第一大井"，经济重镇，每年能提供全省税收的70%甚至80%。延续至今，"饮水要思源，吃盐想黑牛"是如今黑井古镇的名片。①

自彝女阿招在黑牛的引导下发现卤泉后，黑井先民采卤而食。青铜器时代，居民开始掘池储卤，泼卤薪炭而制盐。到了南诏和大理国时期，掘池汲卤，用釜煎盐，黑

---

① 楚雄彝族自治州文学艺术界联合会. 彝族文化经典普及丛书·彝语文跟我学［M］. 昆明：云南人民出版社，2015：35.

井盐成为专供王室的贡盐。直至元代，中央置威楚路提领管黑盐井盐运使司。明洪武年间，黑井设正五品的盐课提举司，直隶于省。清代，随着盐井开设数量的剧增，黑井盐业到达鼎盛，盐税竟占到云南盐税 64%。这时，滇南盐产地与传统的滇中、滇西两大盐产区齐头并进，奠定了近代滇盐产地最初的雏形格局。民国以后，黑井设场务公署，但随着海盐政策的发展，使昔日富甲一方的盐都，因失去支柱而走向衰落。

在整个 4000 多年黑井盐开采的过程中，黑井一直是大理国的国有垄断专营企业。但因交通比赛等自然条件的先天限制，黑井盐都基本由几个富商大贾操控，据载曾一时富可敌国，不仅造就了一方大镇，而且还带动了一个区域的发展。黑井繁盛顶期，据说居住着 3 万多人，每年产盐 5000 吨，"黑井千家，皆灶户也"，后被称之为盐都。随着黑井镇的不断壮大，附近的传统聚落纷纷聚居生长，"因产盐生"的黑井从此带动了一个区域内"因运盐始"的传统聚落。明清是云南各地现存传统聚落发展的肇始阶段，大部分遗存至今的古村落均是在明清时期聚居而成的。

3. 白井

《石羊井》略记："滇西大姚县彝族区有石羊井"，产盐。石羊井，即"石羊古镇"、白井，位于云南大姚县城西北 35 公里处，素有"滇国盐都，祭孔圣地"之称。民间传说记载："昔洞庭湖龙王有女，质美艳而性贤淑，洱海龙王过此见而起邪心，劫之至洱海，威逼之欲与为婚。龙女不从，洱海龙王怒而逐之至深山，令牧羊三百，至心回意转始许还。"

明末清初，姚州地区盐井泛称"白盐井"。白井产井五区：观音小石井、旧井、乔井、界井、灰尾井，各主井又下设多个分井。可以从乾隆《白盐·井志》记载看出："观音井在绿萝山下，以其近观音寺，因名其正井。旧井，去河仅一丈，以非新凿，故名旧井。乔井，离河约三丈，近妙华寺，山下有乔木高荫，因名居五井之中正井一眼。界井，去河四丈，在大界冲内，因以命名。雍正元年，提举孔尚琨任内蒙云南驿传盐法道李准开新井，以补界井正卤之不足。后因尾井正卤亏额，屡次祈求报界井帮补，蒙盐道批作四、六分领。尾井与河仅间一龙王庙，其地属河尾，故名尾。"白井自西汉时期凿井采盐开始，一直是滇井盐的盛产地，到清朝初期，白井迎来了采盐的鼎盛时期，盐产量一度占滇盐年产量的 40% 以上。

白井盐造就了石羊的繁荣和发展，如今的石羊古镇便是最好的遗存例镇，可以看出当时可谓商贾云集、文化昌盛、繁华一时。诸如白羊古镇的孔庙中现存当今保存最完好、体积最大的孔子铜像，也是白井发展过程中最好的实证。白羊古镇的发展也带动了区域内"因产盐而生"的传统聚落集聚区，形成以白羊古镇为中心的一个区域聚落集群。

4. 琅井

琅井亦称"琅盐井"，俗称"狼井"，位于禄丰县妥安乡琅井村，同黑井相邻。民间传说因狼舔食地面自然流出的卤水而被发现，随后居民开始凿井提卤煎盐，故名狼井，又因其盐"洁白味美"而称为"琅井"。琅井建于唐代，如今还在使用，被实行公司制改革运行。

琅井村位于禄丰县南端，与黑井古镇较为接近，具有悠久的制盐历史和丰厚的盐文化底蕴。琅井因产盐而兴，盐业经济的发展促进区域盐文化的发展，素有禄丰县"第一大村""文献之邦"的美誉。直至今日，琅井村千年盐都自然聚落的传统风貌仍得以保留，土木结构的四合五天井、走马转阁楼建筑、庭院一进三院、前有照壁的四合院土衙等传统民居等等沿河簇生。最具代表性的主要有温家大院、中街李继伯民居、革命烈士张经辰故居、大龙祠、后街江氏古楼、开宁寺、魁阁楼等，这些文物保护单位均印证了琅井发展的历史文化。除传统的景观载体外，非物质文化遗产也得以承传，所琅井所宣扬的儒、释、道三教合一的莲花经、报恩经、观音经、文经、皇经的洞经。琅井村儒、佛、道三教同寺同堂，鼎盛时期建有30余座寺庙，始建于唐代的开宁寺，以及萧寺奇梅、曲溪烟柳、东塔西田、鳌峰锁水等文化景观遗存至今。[①]

5. 阿陋井

阿陋井亦称"阿井""大诺井"，位于距禄丰县城32公里的一平浪镇阿井村。是清"滇南盐法图"中的"古滇九井"之一。自唐宋时开始采盐，明清时期达到采盐的丰盛期，设置盐课使管理盐务，民国时期设督煎督销局、盐场场务局管理盐政，以及置盐大使、督煎督销委员、场务分局、场务分署等管理场务。民国年间产地分为十一区，共有大锅79口、筒锅98口、灶19座，年产盐1700吨，主要销往昆明、广通、楚雄等地。新中国成立后，随着开采的扩大，阿陋井盐资源储量减少，采取技术比较传统，加之海盐入侵和地方交通滞后等因素，阿陋井产盐开始迅速滑落，直至停产。

阿陋井具有悠久的盐生产历史和深厚的盐文化底蕴，延续至今还保留着文庙、魁阁楼、大龙祠、戏台、盐务公署等地域性标志建筑，其中较为典型的是明代建造的古寺庙觉性庵。古街、四方街、古井、古桥、古院落等文化景观载体依稀遗存至今。在四方街西面，一条长约600多米的古街道遗存得较为完好，全用红砂石板铺筑，宽约2.5米，沿线分布着地域性较强的传统民居，民居建筑为红砂石基，土筑墙体，青瓦屋面，沿街店铺时而有序地分布着，地域性传统集市味道极浓。

6. 元永井

元永井是"元兴井"和"永济井"的合称，发迹于禄丰县舍资镇深山沟中，古代因猿猴聚居而叫"猴子箐"，其地形地貌可以概况为"两山对峙，一水中流"。相传在明洪武年间，当地居民偶见山里群猴舔地盐矿和卤水而发现有盐，随后并开凿盐井采食，故名"猴井"。明末清初，元永井发展至鼎盛时期，盐灶、商铺、驿站、民居和马店众相林立，较为狭窄的深山里形成山沟街市，相传集聚人口居然到两万多人。后，随着盐井的兴盛，盐运驿道和人马道也在不断延伸完善，元永盐通过滇洱道外销至全省。元永井一时兴起也带动了周边地区聚落的簇生，也造就了一批名人志士。著名的云南讲武堂"模范二朱"之一的朱培德，就出生于禄丰县一平浪盐矿元永井矿区。

---

① 孙亚明，田亚莲. 楚雄州盐文化资源调研 [J]. 盐业史研究，2011（04）.

1936 年红军长征过云南时，肖克部队曾经过元永井。

整个元永井出村南北向狭长分布，北部是村落的出口，如今已不仅是盐井文化的核心，已是多元文化的集聚地和传统聚落发展探索之区。整个元永井的发展延伸了自一平浪开始，向北盐 325 县道沿线的村落集聚带，形成了一平浪至元永井的整个传统聚落集聚区，变迁至今天，这里仍是传统村落发源地和传统聚落拓展内因的探索地。

（二）滇西北地区五大主井

1. 诺邓井

公元前 109 年，汉武帝最早在云南授金印，设比苏郡，即今云龙诺邓及其周边地区。"比"是白族语"盐"的一音之转。"苏"在汉藏族系藏缅语支各民族中有"人"的意思，意即"盐人"或"生产盐的人"。在广大西南地区多数是尚未命名的蛮荒之地时，"诺邓""比苏"就已有自己署名。唐《蛮书》记载"剑川有细诺邓井"，"诺邓井"在宋大理国时期直属段氏政权控制，1383 年明政府置"五井盐课提举司"于此，明、清以来是连通腾冲、缅甸和西藏、大理、保山等地的"盐马古道"核心地。[①]

诺邓位于云龙县城北部，离县城七公里，是一个有着两千多年历史的白族山村，是云南境内历久未变的最古老的传统村落，俗称"千年白族村"。"因盐而生，因盐而兴"便是诺邓村最为真实的写照，其肇始与兴衰创造了灿烂的"井盐文化"，成为茶马古道上商贾云集的通都大邑，也一时控制着滇西盐区。诺邓井年产近百万斤的优质食盐，在滇西之缅甸一带素有"味醇滇南无双卤，体洁迤西第一泉"称。由于诺邓井盐业的发达，在历史上曾一度成为滇西地区的商业中心之一，一时间的中央的财政收入为 6000-7000 万两白银，而诺邓上缴的盐税竟达 3800 万两白银之多，"占天下赋税之半"，堪称中国的第一利税大户。古诺邓的商路驿道，东向大理昆明，南至保山腾冲，西接六库片马，北通兰坪丽江西藏，其时四方商贾云集，百业昌盛，物尽其美，货畅其流。村里现存一百多座依山构建、风格典雅的古代民居院落，有玉皇阁、文庙、武庙、龙王庙、棂星门等明清时期的众多庙宇建筑和盐井、盐局、盐课提举司衙门旧址以及街巷、盐马古道等古代建筑。院落形式如"三坊一照壁""四合五天井""五滴水四合院""一颗印四合院"等等，依山就势、楼院重接、台梯相连，村巷村道都是清一色的石板铺就，且三步一阶、五步一台，最为出名的还数"台阶子集市"，极为罕见。诺邓村的民居建筑及庙宇建筑的门、窗、梁、架、斗、拱、柱、檐、枋、檩特色鲜明，十分重视整体结构和局部建造的严谨统一，重视传统工艺和雕刻图案的美观精细，是传统山地白族聚落的典范，有极大的科普教育价值。

2. 弥沙井

弥沙井，位于云南剑川县境内。区域盐产地分为弥沙井、乔后小井。唐《云南志》载："剑寻东南有傍弥潜井、沙追井，西北有若耶井、讳溺井。"《新纂云南通志》记：

"又西为傍弥沙井，则今之弥沙井也。""弥沙井为唐南诏时傍弥潜井和沙追井两地名之合称，自唐代开展制盐业以来弥沙就设盐井，称傍弥潜井。唐代剑川地区为白族聚居地，据史料记载弥沙井在唐开始采取。明洪武年间开创，并置盐课司于此管理盐务。清《滇南盐法图》说："弥沙井乃八井中之最小者，四面环山，中流九曲。井产西山之下，卤从石中出，色如琼浆，不疾不徐，戴竹为桶，引流入池。煎熬一昼夜而成盐沙，捏为个其形如钟，重二两，色似灰。傍有一小井，其煎汲事亦与大井无异。灶丁皆垢面麻衣，额盐无几。去省最远，在剑川州辖，居民寥寥，较之黑白诸井，奚啻云泥耶？但锱铢皆关国储，岂可薄其少而忽之？"清光绪年间产盐 36023 斤，主要销往剑川、丽江、鹤庆、华坪等地。康熙《剑川州志》载："剑川原食丽江五井土盐（金顶的上井、温井、下井；河西的高轩井；喇井的日期井）后因五井无课……改食弥沙井盐。"弥沙井是当时滇西四大盐井之一，"每天采碨五六万斤，产盐丰盛，马帮络绎不绝，商贾熙来攘往，三天一街，通宵达旦地售货"。"民国时期，弥沙井官店就设在剑川沙溪寺登街，资本由司事自筹，其司事由官派往，督销盐斤并催缴课款。"20 世纪 50 年代初年产盐达 2500 吨，后日渐减弱，直至停产。

弥井是一个村庄，旧时叫"弥沙井上"，是茶盐古道的起点。弥井盐业的兴盛使弥井风靡一时，也造就了区域内的盐马古道，以及沿线一系列传统聚落的兴起。从唐代开井直至民国的 1000 多年时间，诸如沙溪古镇，就是离这些盐井最近的集散地，是茶马古道上的盐的集散地。如今的弥井村，各类生产生活方式中还依然散发着弥井盐运时代的生活轨迹和各种盐运文化。弥井作为一个村庄，从一口井开始，曾经是滇西盐业重镇，也是"盐马古道"的发源地之一，元、明、清几个朝代都设大使署、巡检司、盐课司，弥沙盐井位列"母井"，统辖周边的乔后井、云龙拉井等"子井"，弥沙盐井包括旧井、岩壁下的滴水井，西桥墩下的潜井及东桥墩下的沙露井、大井、小井和矿井。它不仅在井上，村庄本身也是一口深不见底的"古井"。[1]

3. 乔后井

乔后井，位于大理洱源县乔后镇（原属剑川县），在横断山脉中段的罗坪山西麓，距洱源县城 72 公里，黑惠江纵贯聚落而过。相传清初，乔后村牧人陈文秀见牛饮一池水，自尝为咸，告知村民而得于天见。自清初发现盐泉开始走上采盐的井群之中。清咸丰八年（1858）杜文秀派兵进驻乔后，亲自进行规划设计，以乔后河为中心兴建南北两城，北城称灶城，设灶 80 座；南城建盐仓及官舍等，制盐及管理区域自成体系，成为云南最早按规划建设的井场。在规划建设后，加大管理力度，致使乔后井成为当地盐都。同时使乔后成为茶马古道上食盐运输的主要输出点。其本身的发展促进了周边地区的商贸发展，她是茶盐古道上的一个重要名镇和中心地点。《中国企业大辞典云南卷》记载："乔后盐矿，国家食盐定点生产厂，年产 5 万吨精盐，经除铅加碘，氯化钠含量达百分之九十九点四，属国家优一级品率。"同治十二年（1873）乔后井为白盐井子井。光绪十五

---

① 朱霞. 从《滇南盐法图》看古代云南少数民族的井盐生产 [J]. 自然科学史研究, 2004 (02).

年（1889）白盐井盐大使移驻乔后。1953 年云南省盐务管理局于乔后设分局，下辖乔后、弥沙、云龙、喇鸡四场。1955 年 7 月改为乔后盐厂。1962 年改称乔后盐矿。1970 年年产 5 万吨的真空蒸发设备投产。1987 年年产 5 万吨的真空蒸发更新设备建成。2003 年 8 月被云南盐化股份有限公司收购，组建云南盐化股份有限公司乔后盐矿，年生产能力为精制盐 7 万吨。乔后盐井自明末清初开埠至今，已有数百年的历史，随着制盐业的发展，于 18 世纪末成为迤西盐业中心和商业重镇。"盐龙祠"是乔后盐矿旁的一座寺庙。在这个寺庙的正殿中依次供奉着"盐公""盐母奶奶"，在其旁边的柱子上刻有这样一副对联"厨中百味盐为首"，"美肴当思碤王功"，当地称盐石为"碤"，"碤王"即是盐王。在正殿的旁边还另立有一小间，里面又专门供奉了一尊"龙王"，当地人认为盐水为"龙涎"即龙的口水，供奉龙王，自然是企求"龙涎大开"，盐源不绝。

4. 啦鸡井

啦井位于兰坪县境中南部的啦井镇，啦井镇位于兰坪县境中南部，是云岭雪盘山腹地一颗神秘而璀璨的明珠，东接金顶、通甸，南连兔峨、云龙，西与营盘接壤，北与石登毗邻，是云南省 33 个古镇之一。居住着白族、普米族、傈僳族、彝族和汉族 5 个民族。镇政府所在地啦井街海拔 1600 米，距兰坪县城 35 千米，这里气候宜人，四季如春，素有怒江"春城"之美称。

民间传说清道光初年，一个名叫和壮美的牧羊人，发现盐泉。据史料记载，唐代，区域内就有若耶井、讳溺井，直到元、明代的兰州七井，清初又开丽江井、老姆井，共有 20 多口盐井。其中啦井是开发最晚的，但后来居上，到光绪年间，啦井的产量已是其他井的 14.2 倍，还有更主要的一点是啦井盐的品质较好，因盐成粉色，素有"桃花盐"之美称。据说"把 7 块豆腐摞在一起，顶上放一点'桃花盐'，只需一夜工夫，就能咸到最下一块"。鹤庆火腿、剑川香肠、丽江豆鼓、保山板鸭，都要用"桃花盐"腌制，香气才浓，味道才好。延续至今，在啦井地区，一种名为"啦井酒"的 52 度白酒已成为地方接待外来游客的桌上特品。

5. 老姆井

老姆井为于兰坪县城南 10 公里处，周围分布着新井，顺盈井等盐井。老姆井是因为有盐才被外界人知晓的。据民间传说，是放羊老媪牧羊寻得卤水，将其名为老姆井。据史料记载，滇西北在唐代共有六大盐井，其中已有丽江井、老姆井和诺邓井三井较为典型。雍正时期，老姆井包括河西乡高轩井，金顶镇上、温、下、老四井及啦井镇日期井。在以上各井中金顶的上、温、下三井与河西乡的高轩井和啦井的日期井，年产盐仍达 320 余吨。乾隆至道光年间，原有老井因开采年代已久，卤源逐渐枯竭，又先后新开了老姆井和啦鸡鸣井，仍保持了雍正时期的产量。据《新纂云南通志》记载：清乾隆五年，丽江老姆井（当时兰坪属丽江府），卤业兴盛，当年煎盐十八万四千一百二十一斤，获银三千四百一十有三两四钱而凸显。

十八世纪初，因盐业而兴起的老姆井，与滇西北知名古刹金鸡寺一河之隔，是兰坪八乡九盐井中开课最早的古盐井，民国初（1912）设督煎、督销两局驻白地坪，经管四井盐务。民国五年（1916 年），设丽江井分场，六年撤销分场，招商包课，称"包课小井"。民国十七年收回官办，十八年仍招商包办。三十四年收回官办，设分场，三十五年撤销分场，复招商包办。随后，盐民逐渐搬迁至沘江河谷两岸务农，盐业兴盛近三百年。以盐茶贸易为典型特征的古道文化史，是一部先人闯江湖谋生创业的生存史，一梦三百年，只有记忆的沧海桑田都雕刻在老姆井的石板路上。

（三）滇南地区五大主井

1. 磨黑井

磨黑盐井位于普洱市宁洱县（清代普洱府）西北 20 公里处。清雍正三年（1725）开办，因产量小归普洱府代管。道光二十六年（1846）称磨黑井。光绪元年（1875）置盐课司，从此产量曰增，年产盐 3500 吨，跃居全省第二位。民国初年统辖按板、石膏、香盐等十余个正井及小井。1952 年成立磨黑盐场，1954 年改为磨黑盐厂，1962 年改称磨黑盐矿。[①] 20 世纪 90 年代年产盐约 10 万吨。后随着资源减少和海盐的入侵逐渐衰退，现有云南盐化股份有限公司普洱制盐分公司驻地。

磨黑镇一个简约而古老的小镇，这里在古代是滇南盐都，茶马古道起自普洱府，而磨黑是古道上的第一镇。磨黑素有"滇南盐都、茶马古镇、革命老区、丽人古里"的美称。明代，磨黑主要为傣族聚居之地，是茶马古道上普通小驿站，当时建永镇寺一座，作为各路商贸经济文化交流地。清雍正三年（1725 年），发现地下盐卤，小镇便逐渐形成了盐、茶交易的区域集市。整个小镇西北之东南走向，两侧青山环绕，中有磨黑河穿镇而过。如今昆明高速公路穿镇而行，整个区域的传统村落围绕着磨黑古镇扩张建设，基本形成一条南北向的聚居带。

2. 石膏井

石膏井位于云南普洱市东南石膏箐，如今叫"石膏箐村"，在磨黑井南部，共有石膏井、大井、天宝井三个盐井。清乾隆五十八年（1793）开辟，清代，云南盐政承接明制旧隶巡按，后隶巡抚，设盐法道至省会，并定提举 3 人、盐大使 12 人。乾隆五十八年（1793）位于宁洱县的石膏井"用沙丁挖掘矿礁，以矿泡卤，得浓卤"，对提高产量，节约柴薪，取得突破性进步，使云南成为我国最早水旱兼采的省份。道光中叶产量占全省总量的六分之一。咸丰二年（1852）移抱香井盐课大使于此。同治十三年（1874）置石膏井盐课提举司。至光绪年间，将滇中的提举移驻石膏井，至此，石膏井继白井、黑井成为盐的生产点，为滇中、滇西、滇南三大产区的管理中心。清末因开采不得法而逐渐衰落。

石膏井村地处石膏箐的深山，蹉子房河东西向穿村而过，呈"N"字形，曲折多绕，整个村落和道路均沿着河流而聚居，呈曲折的带型，因地理环境限制，交通网络交叉，耕地面积也较少，随着盐资源的枯竭，村落逐渐衰落，整体的带动性较差。目

---

① 《云南辞典》编辑委员会. 云南辞典 [K]. 昆明：云南人民出版社，1993：35.

前村内的遗迹所剩已经不多，袁嘉谷撰何丛甫墓志铭、灵源宫以及财神庙是目前保留较好的历史文化遗存。

3. 香盐井

香盐井又称"老井"，为清初十四井之一，位于云南景谷傣族彝族自治县香盐镇，同益香井、抱母井、按板井等盐井相邻。清雍正二年（1724）开创。矿硐深十余丈，采用木龙采卤、人工取矿等方法，其法如采煤，所出盐矿呈土红色。灶户以梅花灶煎盐，每斤出盐八两，每百斤费柴两百八十斤左右。成品味正，故名"香盐"。同治十三年（1874）隶琅井，曾辖凤岗、习孔、蛮帽、蛮窑、蛮红等子井。后划归云南磨黑盐区，由磨黑提举司管辖，设委员于该井管理盐务。清末，矿硐年久倾覆，光绪间，官、灶并力开新，先后又开凿有茂腊、平素、习孔、漫卡、蛮宏、回子、马家、蛮窑、猛夏、茂蒗诸井。20世纪20年代，设香盐井场署管理盐务，民国27年该设厂务所，1956年后并入凤岗盐厂。

香盐镇位于景谷县西南端，距离县城较近，整个镇的兴起与香盐井的发展不可分割。香盐井位于香盐镇西南侧的香盐村，香盐河东北至西南方向横穿整个村落，益智公路也穿村而过，将整个村落分割为东西两个集聚区，是较为典型的轴线型集市村，由于盐业的兴盛，这里曾经是车水马龙的繁荣之地。

4. 磨歇井

磨歇井位于云南西双版纳傣族自治州勐腊县尚勇镇，唐代南诏时期开办，为汲卤熬盐。传说西双版纳的克木人波达闷在磨歇河中捉鱼时发现盐泉，景洪领主傣族的召阿牙叭先组织开发盐井并担任"召哥"（盐官），用巨木挖空作井壁，用竹筒引流卤水，以柴煎盐，不仅当地人民受益，并销到国外。民国八年（1919）始包商认课，年产盐100余吨，除供当地自食外，主要以物物交换形式供应老挝边民。1949年后建立勐腊盐厂。20世纪90年代年产盐数千吨。[①]

尚勇镇处云南极边，毗连老挝，紧接着磨憨镇，是目前西南部重大口岸，外连老挝的琅南塔地区。整个镇依山就势，组团布局，磨憨河穿镇而过，因距内地遥远，人烟稀少，历来听民自煎自食，不纳盐税。磨歇盐井所祭的盐神"帝洼拉哥"，就是捉鱼的克木人波达闷和傣族领主召阿牙叭先。每年三月第一个属鸡日祭神，平常年献牲黑猪一头，三年大祭献牲黑牛一头，每季均献鸡（雌雄各一）、献酒、献饭，并点燃蜡烛。每到祭日要由傣族村寨派人去请克木人一起祭祀，这一天克木人被奉为上宾。

5. 抱母井

抱母井位于镇沅县西南部的抱母井村，距离镇沅县较远，但是距景谷较近，北接按板井，南接香盐井。方圆不及半里，原有四井，民国时存二井，设灶十四座，每日出卤五百余挑，每挑六七十斤，出盐十二三担，每斤卤水约煎盐八九钱不等。盐为大锅形，色质皆次，成本每担一元二角。行销景东、顺宁、缅宁、云卅11等处。

---

① 赵启林. 中国盐文化史［M］. 郑州：大象出版社，2009：37.

抱母井处于威远江布置，是威远江自北向南转向西的拐弯区域，整个威远江在此按东西向"M"型折流，而聚落分为三个区域分布布置在"M"的三个角。聚落组团式沿江布置，过境道路222省道沿江而下，在村落的西侧顺村而过，耕地较少，主要为半山坡地。

第三节　滇盐古道空间格局

一、南诏和大理国时期滇盐古道空间格局

南诏和大理国时期云南经济文化和政治中心以洱海为中心，滇盐资源开发至此时期，基本形成"T"型的空间格局特征：滇中地区的主盐井主要有安宁井、阿陋井、元永井、黑井、白井和琅井；滇西地区主井有诺邓井、弥沙井、乔后井、老姆井、丽江井和啦鸡井；而滇南地区则主要以景东的磨歇井为主产区。

至南诏和大理国时期，云南的交通贸易干线形成经过两个时间的积累。唐之前，整个云南的所有物资的交通贸易线路以南丝路为主线。根据西方考古资料显示："在希腊雅典的 Kerameikos 公元前 5 世纪的公墓里发现了 5 种不同的中国平纹丝织品，织法与古代四川丝绸相同。"古代中国丝绸在埃及的考古中也有发现。秦汉时期云南地区古道上的贸易品主要是四川的铁、布，昭通的银，邛都的铜，贩到南中（云南），而云南的筰马、僮则贩运到内地；到唐代南诏时，古道上进行的贸易逐渐繁荣，南诏国河赕（今大理附近）成为重要集市，当时印缅输入中国的商品主要有毡、缯布、珍珠、海贝、琥珀等，而中国输出品为丝绸、缎匹、金银等，在区域内盐则是主要的流通资源。整个时间云南地区的古道交通形成三条主干线路。[①]

其一，灵关道（牦牛道）段：历史最为悠久，道路险峻，从蜀地出发，经盐源至大勃弄（祥云），到叶榆（大理），后于永昌道重合。

其二，五迟道段：从巴蜀出发，经盐津的石门关、朱提（昭通）、贵州威宁（古夜郎国）、味县（曲靖）、谷昌（昆明），然后一途经楚雄至叶榆（大理），与永昌道重合。另一途至谷昌（昆明）后转南，经红河至越南，此段又称安南道。

其三，永昌道段：由叶榆（大理）出发，经永昌（保山）、腾越（今腾冲）、古永（猴桥）、至掸国（今缅甸掸邦），这条路最远可达印度和西亚地区。

这一时期，滇盐的产销则以滇中和滇西为中心，沿三条主干盐道分散行销。滇中盐资源主要以五迟道向滇东北、滇东南销售，行销府郡至大理府、弄栋府、威楚府、建昌府、会川府、东川郡、石城郡、善阐府、最宁府和秀山郡，以及沿边界其余地区。

---

① 全毅. 从南方丝绸之路到孟中印缅经济走廊 [J]. 云南大学学报（社会科学版），2018，17（05）.

滇西盐资源则以灵关道向滇西北丽江等地区行销，以永昌道向滇西、滇西南地区行销，主要行销大理、谋统府、善巨郡、永昌府和腾冲府，以及沿边界其余地区。而这时的滇南磨歇井的盐资源则行销威楚府、景晻等滇南片区（见图2-1）。

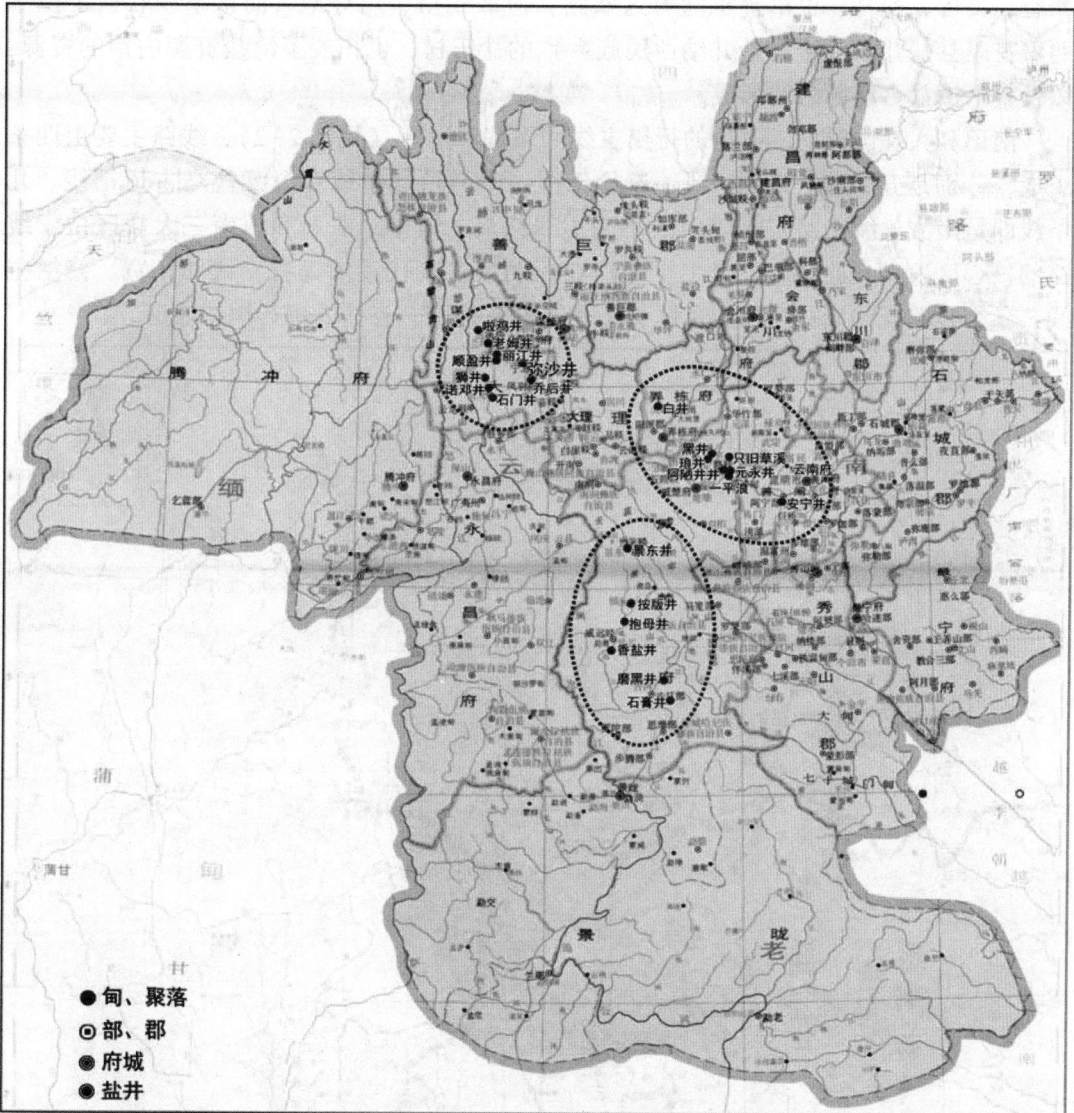

图 2-1　大理国时期滇盐资源空间分布示意图
（改绘自谭其骧《中国历史地图集》1982 年第一版）

唐代以后，茶叶和马匹逐渐成为区域间贸易主要品，因茶马资源地的限制，在唐代也逐渐完善了唐以前的主要贸易通道，一方面，盐资源的区域行销通道也得到完善和补充，另一方面，也致使区域外盐资源向云南省内行销的趋势。在灵关道、五迟道和永昌道的基础上主要完善滇藏之间的盐马贸易通道，自康藏地区至德钦、丽江，到叶榆（大理），至景东、镇沅、景谷和普洱，后经勐腊出国，延伸至老挝和泰国。在形成过程中，连接了谷昌（昆明）至元江、墨江道宁洱一线。唐代《大唐西域求法高僧传·慧轮传》记载，滇藏线的盐马古道在运输的物资中还包含了来自川、滇的糖、布、线、粉丝等生活日用品，而来自康藏地区及周边国家的马匹、皮毛、藏金、藏红花、麝香、贝母、鹿茸、虫草等也随着这条路，流散到滇、川等地。而这条线联通了位于西藏芒康县盐井乡（今为盐井纳西民族乡）的盐田村，也拓展了滇盐资源内销的资源，以及整个滇盐古道脉络的形成。

南诏和大理国时期，滇盐的行销主线网络基本形成（见图2-2），线路主要由四条组成，分别是五尺道盐销线、灵关道盐销线、永昌道盐销线和滇藏盐马古道销线。几条线即是南方丝绸之路云南境内的早期主线格局，滇中、滇西和滇南三大盐区位于线路的核心区段。自此后，各个主干线路在元明清各朝代逐渐完善支线和拓宽、修缮主线，各个线路既是滇盐行销的主脉，又是云南省外国、省盐入侵行销的通道。

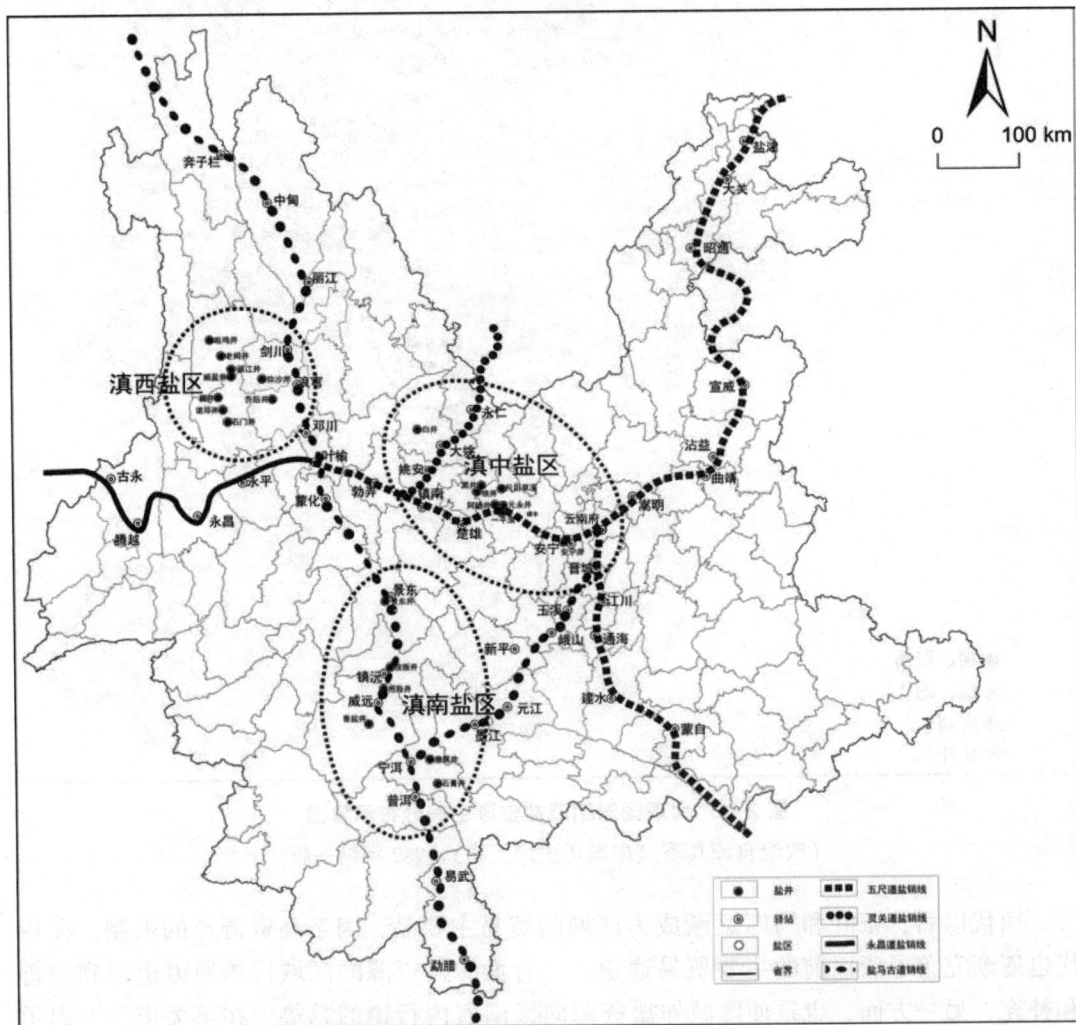

图2-2 南诏和大理国时期滇盐古道主线路空间分布示意图

（作者自绘）

表 2-3 南诏和大理国时期滇盐古道及行销范围分析

盐道主线	府郡	盐井
五迟道	大理府、弄栋府、威楚府、建昌府、会川府、东川郡、石城郡、善阐府、最宁府、秀山郡	安宁井、阿陋井、元永井、黑井、白井和琅井
灵关道	大理、谋统府、善巨郡	诺邓井、弥沙井、乔后井、老姆井、丽江井和啦鸡井
永昌道	大理、永昌府、腾冲府	
滇藏盐马古道	威楚府、景晄地区	磨歇井

二、元代滇盐古道聚落生长格局

元代在云南首次建立云南行省，治中庆（今昆明），辖境包括今云南全省区域，至四川南部及泰国、缅甸北部边境地区。元代在路府治所城市内设置隶事司，专门负责管理城区居民。元代的这种地方行政多级管理制度的实行标志着中国历史上城市与乡村二元体系开始萌芽，也是传统聚落在一种新的管理体系下生长的关键时期。

南诏、大理国时期，云南的政治、经济中心在滇西的大理，元朝建立云南行省后，政治、经济、文化中心又从滇西的大理转移到东部的昆明。1276 年，在云南行省正式建立的同时，废除原来的万户、千户、百户等军事性的组织，改为设"路、府、州、县"等行政分级管理机构。路下有府，但是府级的管理比较杂乱，有的属于路，有的属于行省，有的直属中书省。有的管辖州县，有的不统州县。路和府之下设州，有上、中、下州之别，也因聚居户数多寡而分为不同管理层。各州设知州、同知等官，边远地区不设州而设军，其建置与州同，州下设县。元朝封建中央统治阶级更在各路、府、州、县之上建立了宣慰、宣抚、安抚等司，用以加强对各土官统治区域的管制。元代"路、府、州、县"及其下设的不同管理单位，其空间分布便是传统聚落生长集聚的基础。①

元建立云南行省后，为了"通达达情，布宣号令"，便在云南的交通要道上设置了78 个站赤，其中马站 74 个，水站 4 个（见《经世大典·站赤》篇）。这些站赤，部分是产盐聚落的集聚，集中"因产盐而生"的聚落类型，而大部分是滇盐行销的重要驿站，即围绕其产生出大量的"因运盐而兴"和"因近盐而起"聚落类型。元代的驿传称为"站赤"，其演变可追溯至元五年（1268 年），在鄯阐、大理、金齿等处设置站赤，随后根据云南行省的主要交通干线进行站赤建设。站赤道对中原内地通往云南邻近的省区和中央政权统治中心，对外通往周边各国（图 2-3）。这个时期，盐资源的行销和盐聚落的生长主要沿着七条盐道轴线生长：

中庆—大渡河（灵关道）：由中庆（今昆明）开始，经武定路、会川路、德昌路，至建昌路（今西昌），后过大渡河入川站赤道。这条轴线唐宋清溪道、灵关道发展起

---

① 陈茂同. 中国历代职官沿革史 [M]. 天津：百花文艺出版社，2005：31.

来，今天的成昆线便是现代版的文化承传载体，途径富民、武定、元谋等地，主要将滇中地区的盐资源向滇北会川路和德昌路为中心地区行销。

中庆—滩头镇（乌撒路）：由中庆经曲靖路、乌蒙路（今昭通）、茫部路，至老雅乙抹入四川叙州路（今宜宾）的水路站赤道。此轴线是在唐宋时期的石门道基础上营建发展起来的。主要站点通过今天的嵩明杨林、寻甸易隆、马龙、宣威、威宁、昭通、大关、豆沙关镇和盐津镇，至老雅乙抹站（在盐津滩头镇），顺水路而下与四川站赤相接，逐级深入中原内地。主要将滇中地区的盐资源向滇东曲靖路、滇东北乌蒙路（今昭通）和茫部路等地行销。

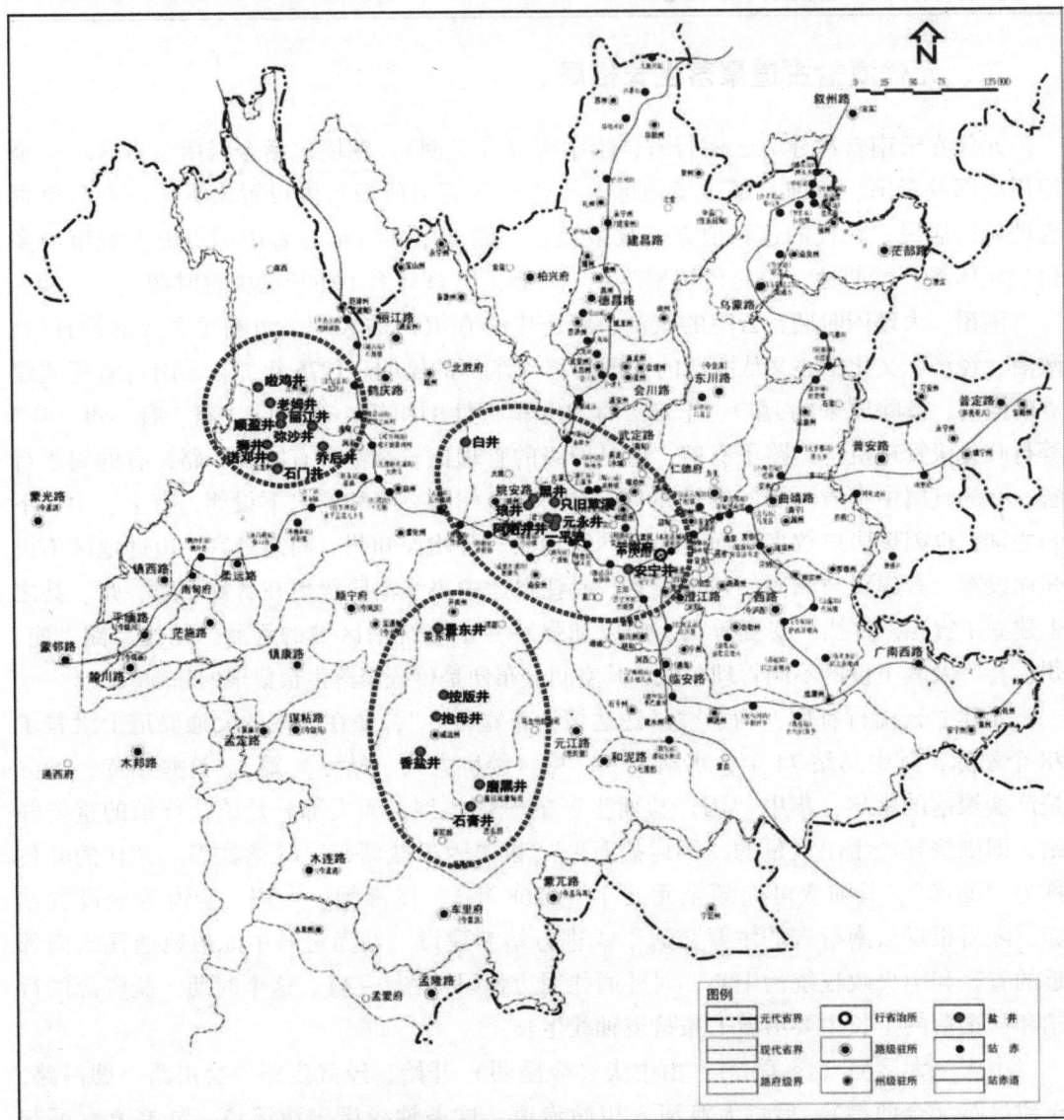

图 2-3　元代顺元年（1330 年）滇盐古道聚落生长格局示意图

（改绘自谭其骧《中国历史地图集》1982 年第一版）

中庆—安顺（滇黔道）：由中庆经贵州接湖广至大都（今北京）站赤道，该道滇中中庆出发，与乌撒路同道，至曲靖路不鲁吉站（今曲靖松林）后分途向东，经普安路，至普定路的安顺州后出省与湖广大道相接，北上大都地区。[①] 元时期主要将滇中地区的盐资源向滇东地区行销。

中庆—佐州（芭州道）：由中庆接广西站赤道，该道分为两线：其一，滇中中庆出发，与乌撒路同道，至曲靖路马龙站后分途向东南，经广西路，至广南西路的佐州后出省之广西地区。其二，由中庆路出发向南，经澄江路，至临安路建州站后转向东，至广西路的维摩州舆一线结合向东。元时期主要将滇中地区的盐资源向滇东南地区行销。

中庆—蒙自（安南道）：由中庆向南至蒙自的站赤道，该道滇中中庆安宁州出发，经澄江路，至临安路的建水州和蒙自后，后由海口出省至越南等国。元时期主要将滇中地区的盐资源向滇东南地区行销。

中庆—西番小当当（滇藏道）：从唐宋的铁桥道发展起来，大致从中庆出发，经姚安路、鹤庆路，至丽江路后折西北向藏区的站赤道。主要经过今天的安宁、安宁禄脿镇、禄丰县城、禄丰舍资镇、楚雄、楚雄吕合镇、南华沙桥镇、祥云普淜镇、祥云云南驿、弥渡县城、大理中和镇、洱源右所镇、洱源牛街镇、剑川县城、丽江石鼓镇、中甸虎跳峡，可至西番小当当（今德钦），这是云南深入藏区的重要站赤道路。元代时期此轴线一是将滇中的地区的盐资源向西行销，在接滇西盐区后将滇西地区的盐资源向滇西北行销。另此道还将康藏的盐田盐资源引入滇西北地区行销。

中庆—蒙邻（永昌道）：由中庆出发向西，先与"中庆—西番小当当"重合，至大理府后转向滇西，出缅甸国的站赤道。从大理西行，经永昌府站（今保山）、柔远路、南甸路、平缅路后，至蒙邻路，大概经过今天的漾濞县城、永平县城、保山市到腾冲县城，由腾冲至缅甸国江头城区域。元代此条轴线主要将滇西地区的盐资源向滇西地区行销。

元代滇南地区未设站赤道，其盐资源依托盐马古道一线，在滇南景东府、顺宁府、木连路、车里府、蒙兀府和元江路等地区行销。

三、明代滇盐古道聚落生长格局

明代地方行政制度以两京十三布政使司（省）为第一级行政区划，合称 15 省。地方行政区划隶属关系为：府、州、县、卫所和都司。卫所是明代地方的军事机构，内地卫所是不设府、州、县的边疆地区。分屯设兵，父子相继，世为军户，控守要害，也兼理地方行政。[②]

云南边疆少数民族聚居地则设土司，委以当地部族酋长，世袭，管辖土府、州、

① 陆韧. 高原通途——云南民族交通 [M]. 昆明：云南教育出版社，2000：38.
② 刘学，黄明. 云南历史文化名城（镇村街）保护体系规划研究 [M]. 北京：中国建筑工业出版社，2012：29.

县。明洪武十五年（1382 年），明朝军队把云南的主要地区平定之时，立即建立了云南等处承宣布政使司，并设置了基层的府、州、县司归承宣布政使司统辖。也建立了云南都指挥使司，统领驻守各府、州、县的卫所军队。1381 年，明朝为统一云南，派进入云南征讨的征南大军 30 万。到 1382 年，建立云南都指挥使司，为长期戍守边疆，着手设置卫所。由于云南各地少数民族的反叛及边疆统一危机等原因，相继在 1386—1388 年期间，为增援戍守云南，加强军事防御力量和对地方控制力，再次大规模地向云南调兵十余次，至此，这一时期，至少有 27 万明王朝官军，加上官军家属老小，进入云南的南征军事移民人口大约有 80 余万。迁移进入云南戍守的官军根据当时的管理制度被组织到卫所建制之下，形成不同类型的聚居点，这些聚居点依托地理定性要求，大部分均分布于各军政和管理卫所的中心区、茶马古道、盐运或货运的交通干线地带及沿边疆边防前线，控扼镇戍。从 1382 年开始设置卫所至到明朝中叶，明代云南的卫所制的各种规制基本完善起来，建制基本完善，卫所的空间分布和发展区域趋于合理。特别是汉族在这个时期中大力融入地方文化和地方聚居群当中，已基本形成按明朝的军事制度形成合力的汉族移民定居区。

卫所的设置和建设发展，使明代云南聚落进入一个高速发展和最辉煌的时期，土城改建为砖城（洪武至崇祯年间共建城 61 座，其中砖城 44 座，石城 10 座），卫所周边乡村聚落建设也得到推动和发展，现代保存较为完整的古城格局多为卫城格局。明代也是汉族聚落和少数民族聚落融合生长的关键时期，大规模汉族聚落的生长也基本划定了延续至今的聚落格局形态。明代卫所屯田和中原移民的进入，使云南发生了巨大的改变。在促进了云南社会经济的发展和生产力的同时，人口大幅增长，"夷多汉少"的状况到明代有了根本的改变。城市和乡村聚落得到较大发展，尤其在交通沿线，卫所周围有利垦殖的土地上，形成大量的汉族移民居民点或乡村聚落。汉族移民聚落向传统少数民族聚居区和边疆地区拓展推进，逐渐演化成新的汉族移民区，形成规模大小不一的汉族聚落。中原汉文化在云南广泛传播并逐渐占据主导地位。元、明两代的移民和屯田及汉文化在云南的深入传播，是云南历史聚落的大发展时期。现有列级传统村落相当部分的历史格局和初始形态始于明代。汉文化的大量积淀也主要始于元、明时期，所以云南元、明、清时期的移民、屯田及儒学传播的重点区域、重点城镇及其周边，是挖掘云南历史聚落遗产（图 2-4）。

明代把开道设驿作为镇戍云南及其边塞的重要举措。在道路沿线除了设置驿站外，还设供军事使用的巡检和堡等军事设施。驿、堡、关等构成了明代云南驿道护卫防御和公文传递体系，[①] 也为汉族聚落的大规模增长打好基础。明洪武十四年（1381）明王朝派军入云南就注意了边疆的发展与中央政权的联系，特设置驿站 78 个，并有一整套较为健全的制度。相比于元代来说，明代在承袭其盐销格局的同时分重点进行完善其脉络体系。

明代时期聚落的发展主要沿着东西轴线进行拓展，其中以永昌府、大理府、楚雄

---

① 奚雪松. 西南丝绸之路驿道聚落传统与现状研究 [D]. 昆明：昆明理工大学，2005.

府、曲靖府和云南府为核心，驿站大部设在交通线上，随着交通发展，商品经济繁荣，驿站也逐渐发展为聚落。盐资源则以滇中和滇西为核心，从滇盐古道聚落生长格局来，明代"一"字形的传统聚落拓展格局，造就了今天汉族迁徙的主要廊道（图2-5），也是汉族聚落文化延续的主轴。这条轴线主要串联"顺宁府—永昌府—大理府（分接丽江府和景东府）—姚安府—楚雄府—云南府（分接武定府和临安府）—曲靖府"，奠基了云南汉族聚落聚居的"一"字形空间廊道，也形成滇盐资源"T"型格局的"一横"行销网络。

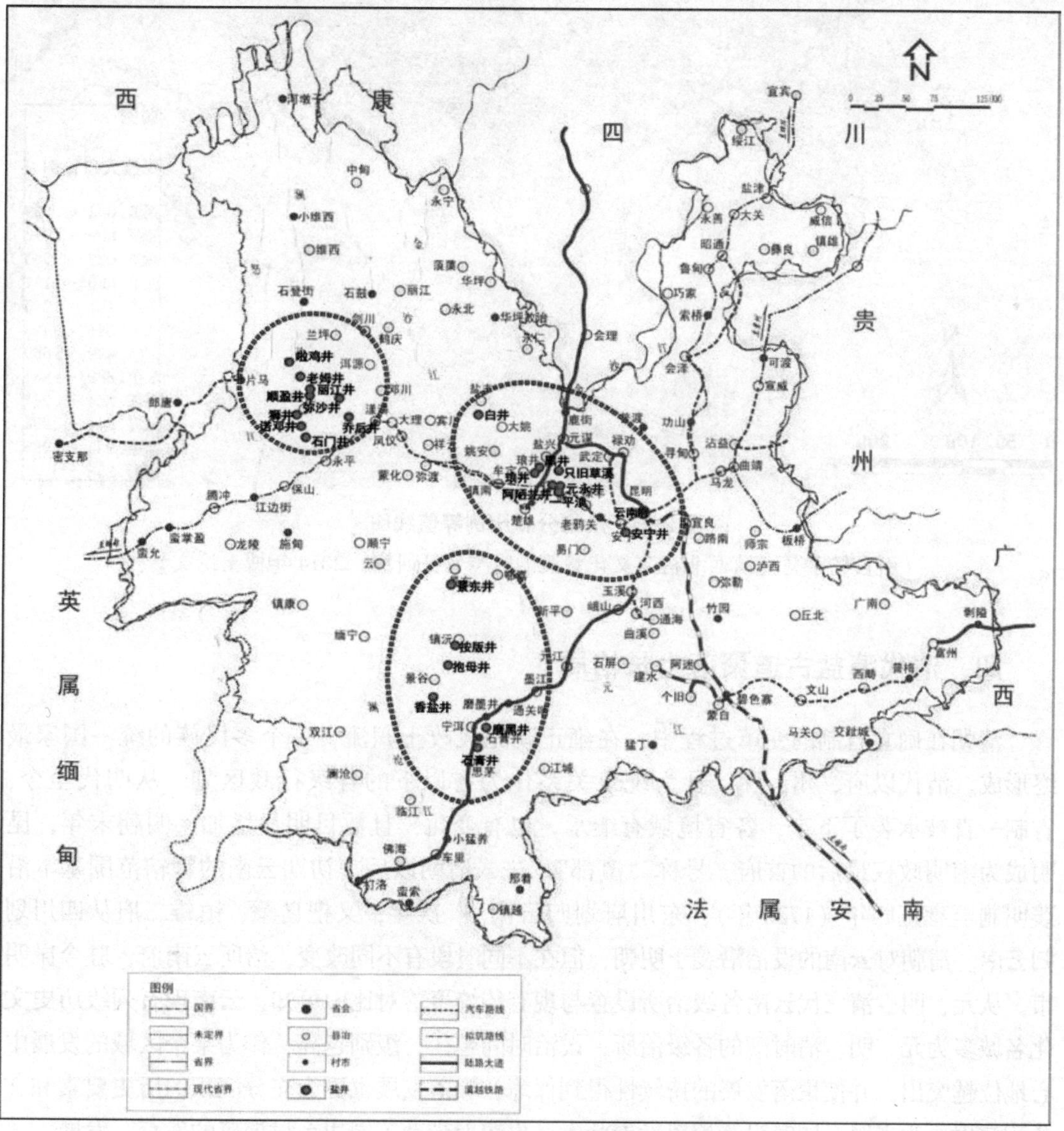

图2-4　明代滇盐行销网络空间示意图

（改绘刘学《云南历史文化名城（镇村街）保护体系规划研究》2012年第一版）

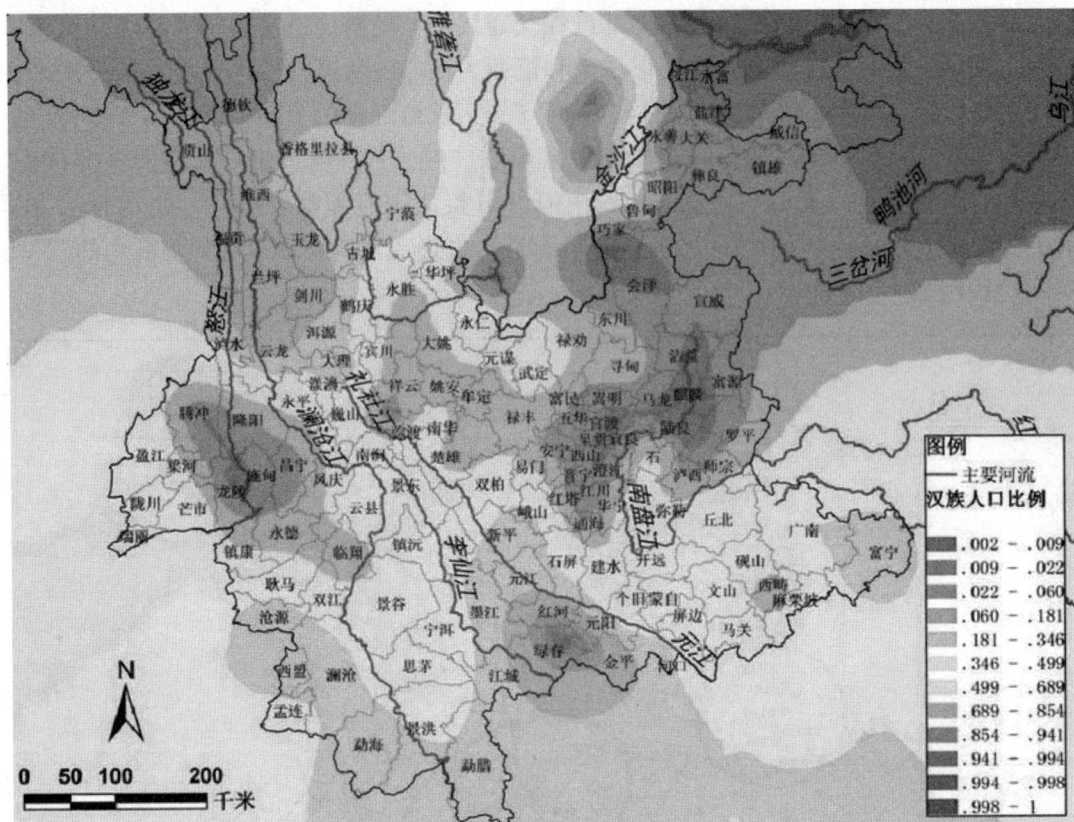

图2-5 汉族分布比例等值线图

（引自杨宇亮《滇西北村落文化景观的时空特征研究》2014年博士论文）

四、清代滇盐古道聚落生长格局

　　清朝在确立省制的变革过程中，在雍正朝完成改土归流，一个多民族的统一国家最终形成。清代以府、州、厅、县为统隶关系作为省以下的各级行政区划。从明代至今，省制一直被承袭了下来，各省境域有继承，也有变化，且数目明显增加。明朝末年，昆明成为南明政权最后的首府，号称"滇都"。进入清朝以后，初期云南的管辖范围基本沿袭明制至雍正四年（1726年），东川府划归云南。① 次年，又把乌蒙、镇雄二府从四川划归云南。清朝对云南的设治沿袭于明朝，但在不同时段有不同改变，治所云南府，驻今昆明市。从元、明，清三代云南各级治所设置与现有传统聚落对比中可知，云南现有列级历史文化名城多为元、明、清时朗的各级治所，设治时间越久，级别越高，作为某个区域的发展中心地位越突出，并使聚落发展的持续性得到保障，聚落发展也更为充分沉积的历史要素和文化积淀也更为丰厚。同时设治聚落发展壮大，也辐射带动了周边乡村聚落的发育、发展。

---

　　① 尤中. 尤中文集（第1卷） 云南民族史 [M]. 昆明：云南大学出版社，2009：32.

　　清代滇盐古道线路也主要依托清制下各驿站网络进行行销，而清代最大的特点是将滇盐三大产区进行了驿站的串联，形成真正的"T"或"三角形"盐道线路格局。清代驿站类别上有民站和军站之分，当时云南省共置驿站 85 个，[①] 驿站间距离 15—35km 不等，这些驿站是滇盐的行销站，也是"因运盐而兴""因近盐而起"等典型聚落的生长点。对比明清两代的滇盐行销网络空间示意图，可以发现：清代加强了滇西永昌府周边驿站聚落的建设；延伸完善滇东北曲靖府向贵州两线出口的驿站建设；延伸加强滇东南澄江府至广南府的驿站建设；特别是延伸景东向南，从镇沅州—普洱府—元江州—昆阳州一线的驿站建设，将整个滇南盐区纳入整个驿站体系。届时，整个滇盐古道依托"T"型盐区格局，基本形成"三角形"的驿站网络体系，拓展了明代"一"字形的轴线网络（图 2-6）。

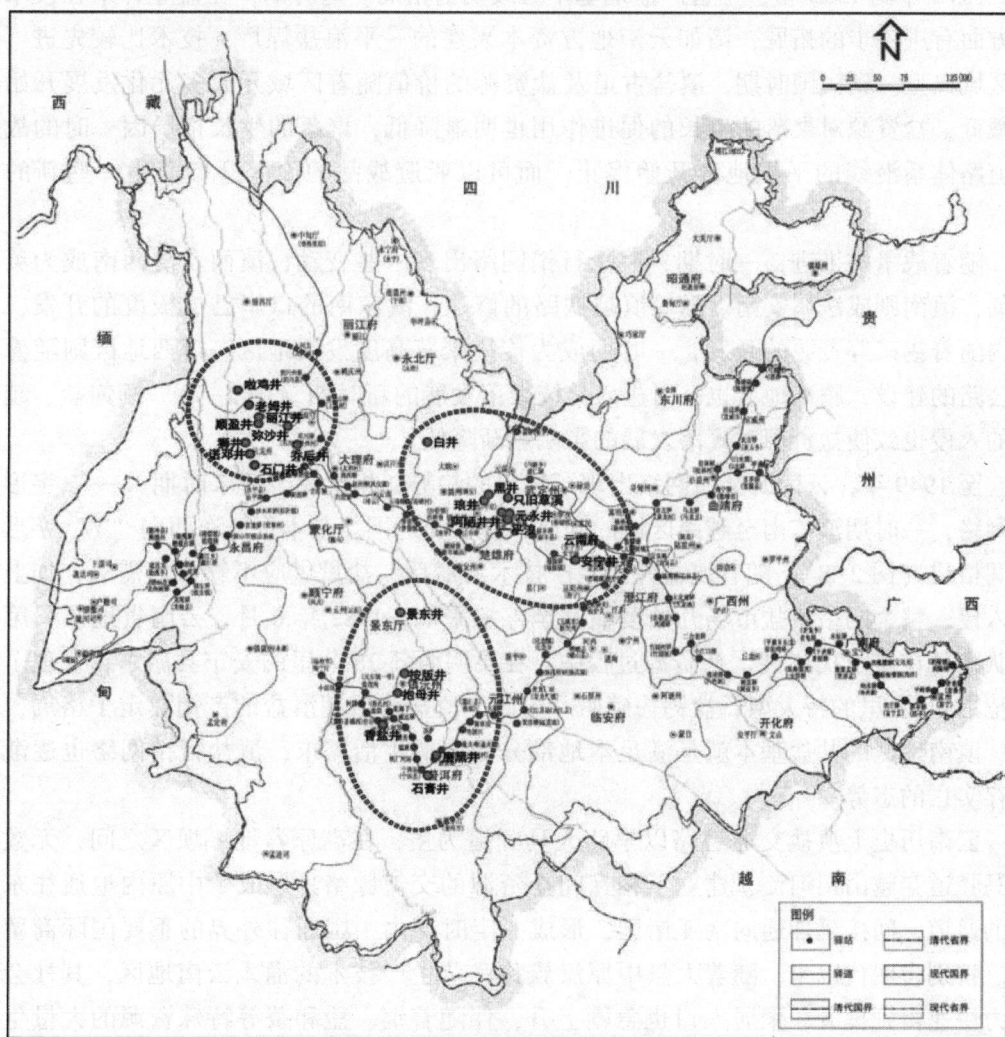

图 2-6　清代滇盐行销网络空间示意图

（改绘自谭其骧《中国历史地图集》1982 年第一版）

---

① 余嘉华. 云南风物志 [M]. 昆明：云南教育出版社，1997：37.

清代滇盐古道的整体脉络形成也造就了外盐私人侵的开放程度，滇西北康藏盐、滇西南缅甸、滇北的川盐、滇东的粤盐和滇东南的越盐都是这个时期因开放和政治关系而造成的盐运体系的多元化。这种初期的私盐资源开放和道路系统的完善，一方面体现开放的行销网络将使得盐资源的区域限制性即将瓦解，另一方面说明传统聚落的发展将不再依托盐资源的空间分布，开放带来的多元化发展将逐渐取代传统聚落的内生动力，聚落"抱团式"的聚居生长将引来新的发展时机。

五、民国以后滇盐古道聚落生长格局

1912 年到 1935 年，全省产盐地基本延续明清格局。这时期，在盐业开采在技术革新方面有进一步的拓展，诸如云南地方资本兴建的一平浪盐煤厂，技术比较先进，成为区域典型。到民国时期，滇盐古道及盐资源的价值随着区域开放多元化发展开始逐渐减低，盐资源对聚落的生长的促进作用也明显降低，聚落的生长格局因一时的战乱在道路体系沿线的平坝地区开始停止，而可以躲避战乱的山区开始萌生一些新的聚居点。

随着战争的推进，一时期，滇盐行销网络出现一些变动，滇西及滇西南成为英属缅甸，滇南则成法属安南。随着滇越铁路的修建，滇东南的口岸已成极度的开发，区域内随着锡矿等资源的开发，一时期成为传统聚落高度发展地区。滇西地区则随着滇缅公路的建设，腾冲地区也一时进入传统聚落发展的新时期（图 2-7）。缅甸盐、越南盐的入侵也致使盐资源对聚落发展的影响逐渐降低。

至 1949 年，云南的交通网络出现了稳定的趋势，相比较于清末时期"一"字形交通网络，一时期滇东南至越南区域的开放，整个交通网络基本形成东西向"Y"字形的空间格局（图 2-8）。随着滇盐井盐生产技术的滞后，盐量供应不够市场需求，加上海盐入侵，整个网络滇盐市场开始萎缩甚至停滞采取。1982 年 6 月，云南省地矿局第一大队准备在安宁找"钾"矿资源过程中，在昆明西郊 28 公里的安宁县城东，发现了分布范围 60 公里的特大型石盐钙芒硝矿。至此，滇盐为后期滇盐的产销奠定了格局，滇西、滇南地区的井盐基本就是满足本地部分居民的生活需求，滇盐行销网络也逐渐呈名存实亡的态势。

云南历史上滇盐交通道路以旱路人马驿道为主，在高原盆地、坝区之间，无数条人马驿道穿越山川河流，建立了相互间盐资源的交流脉络，形成了中原内地通往东南亚的通道，间接延伸通向南亚诸国，形成一定时期内中国通往外界的重要国际商贸网络。特别自明代以来，随着大量中原汉族移民及生产技术的涌入云南地区，其社会生产力快速得到提升，聚居人口也急剧上升，伴随着铜、盐和茶等特殊资源的大量生产和运输交易，随之而来，也促进了各类消费的同步增长，使得商贸活动和驿道交通不断延伸，逐步构建了区域内的交流网络。[①]

---

① 杨寿川. 云南特色文化 [M]. 北京：社会科学文献出版社，2006：35.

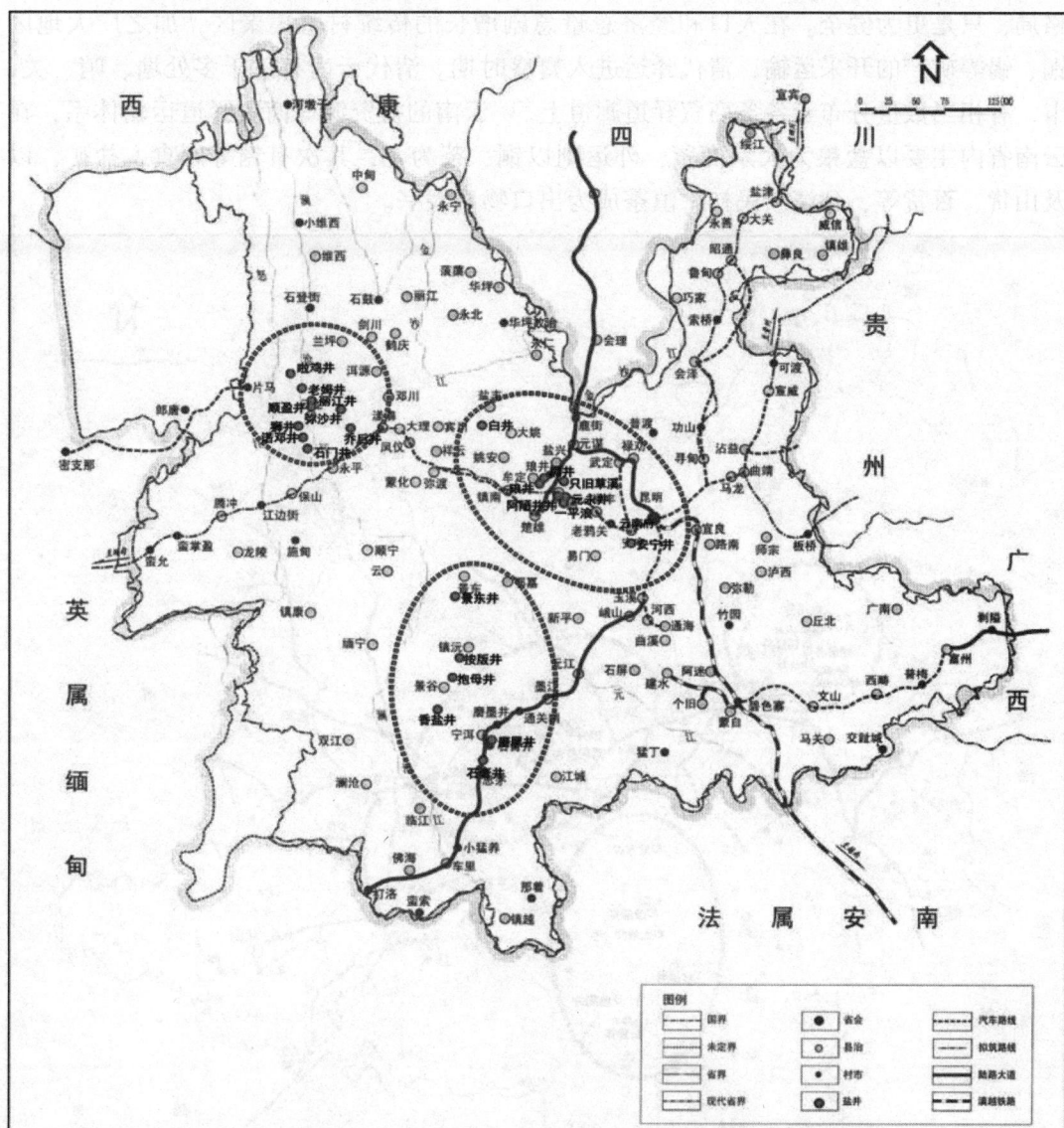

图 2-7 民国时期滇盐行销网络空间示意图

（改绘自谭其骧《中国历史地图集》1982 年第一版）

　　云南全境滇盐行销网络初步成形于唐宋时期南诏，以滇池为中心，延伸至云南全境的商贸驿道网络。元代在原驿站的基础上设置了驿传"站赤"，进一步完善了云南通往各地的盐资源等商贸通道，使云南的驿道运输发生了历史性的变化，特别是多级管理制度的实施，城乡二元体系的初步形成对后来聚落发展有较大的影响。明代官方大量移民入滇，开筑商贸道路，广置驿传站点，在用心经营云南的整个历史时期，明代的驿道体系以用户或兵士为驿铺夫役，屯出自给，终身服役，整个体系更有所发展。大部分交通要道上的驿站逐渐人烟繁衍，辐辏而成村镇，从现今云南各地仍有不少地方村镇以当年驿、铺、堡为名便是历史印证。清代云南驿制体系基本沿袭元明时期的格局，只是更为健全。在人口和经济总量急剧增长的传统村落集聚区，加之广大地区铜、锡等矿产的开采运输，清代驿运进入繁盛时期。清代云南有三千多处塘、哨、关、卡，有相当数量分布于各条商贸驿道廊道上。[①] 云南的盐资源等商贸驿道运输体系，在云南省内主要以盐粮为大宗商贸，外运则以铜、茶为主，其次有糖等副食、盐矿，以及山货、百货等，到清末民初，滇茶成为出口物质大宗。

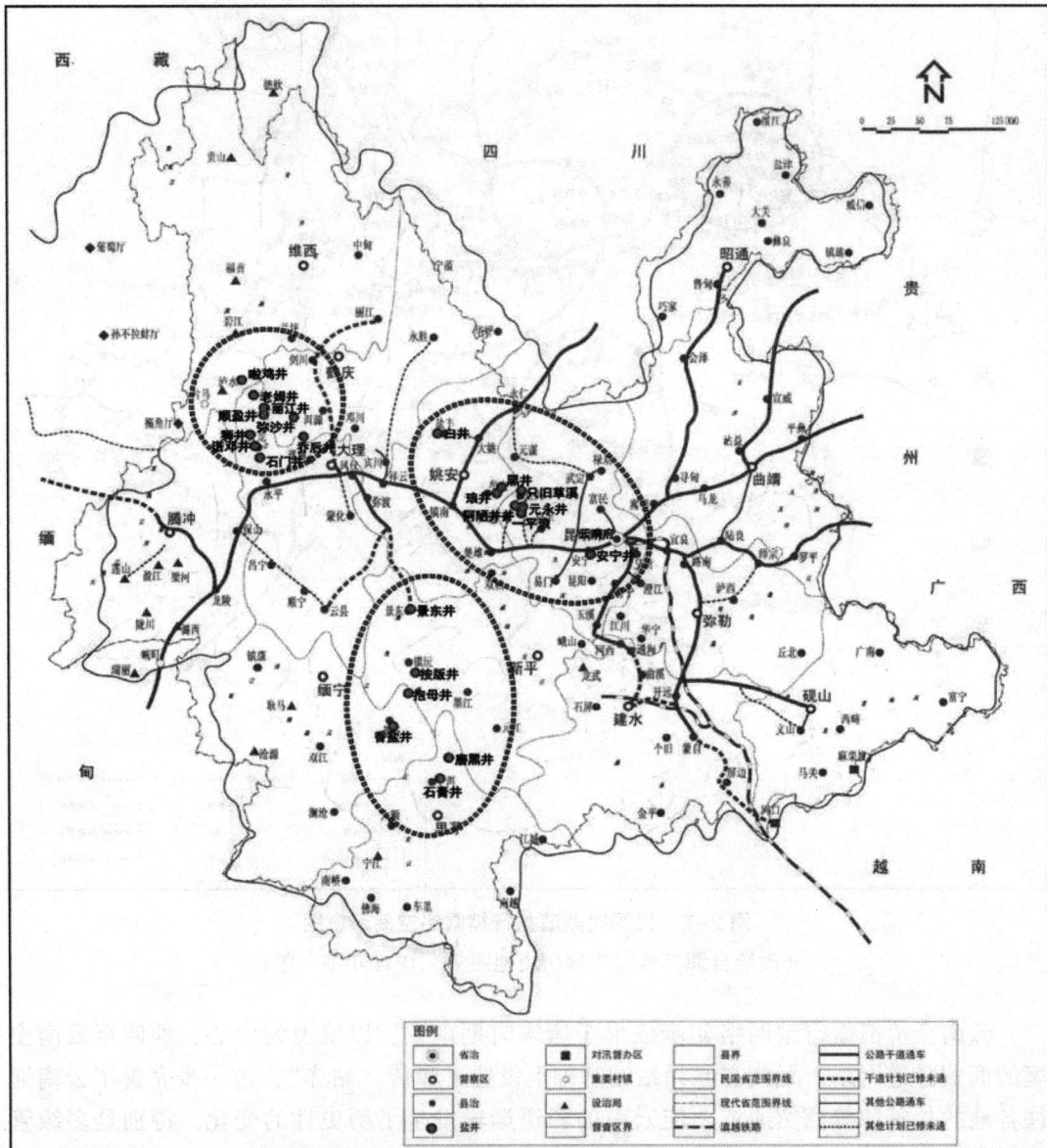

图 2-8　1949 年滇盐行销网络空间示意图
（改绘自谭其骧《中国历史地图集》1982 年第一版）

---

① 李旭，任佳. 茶马古道 横断山脉、喜马拉雅文化带民族走廊研究 [M]. 北京：中国社会科学出版社，2012：125.

纵观整个滇盐发展历程，其行销网络主要依托五尺道、灵关道（清溪道）、博南道（永昌道）、安南道、芭州道、滇藏茶马古道（盐马古道）、滇黔道的基础上发展而来，基本形成"三区四道一支"的整体格局（图2-9）。即三区：滇中、滇西和滇南三大盐区；四道：五尺道行销线、灵关道行销线、永昌道行销线和盐马古道行销线；一支：一支四通八达的滇盐行销辅线网，综合串联各驿道干线走向，形成历史驿道干线分布图。

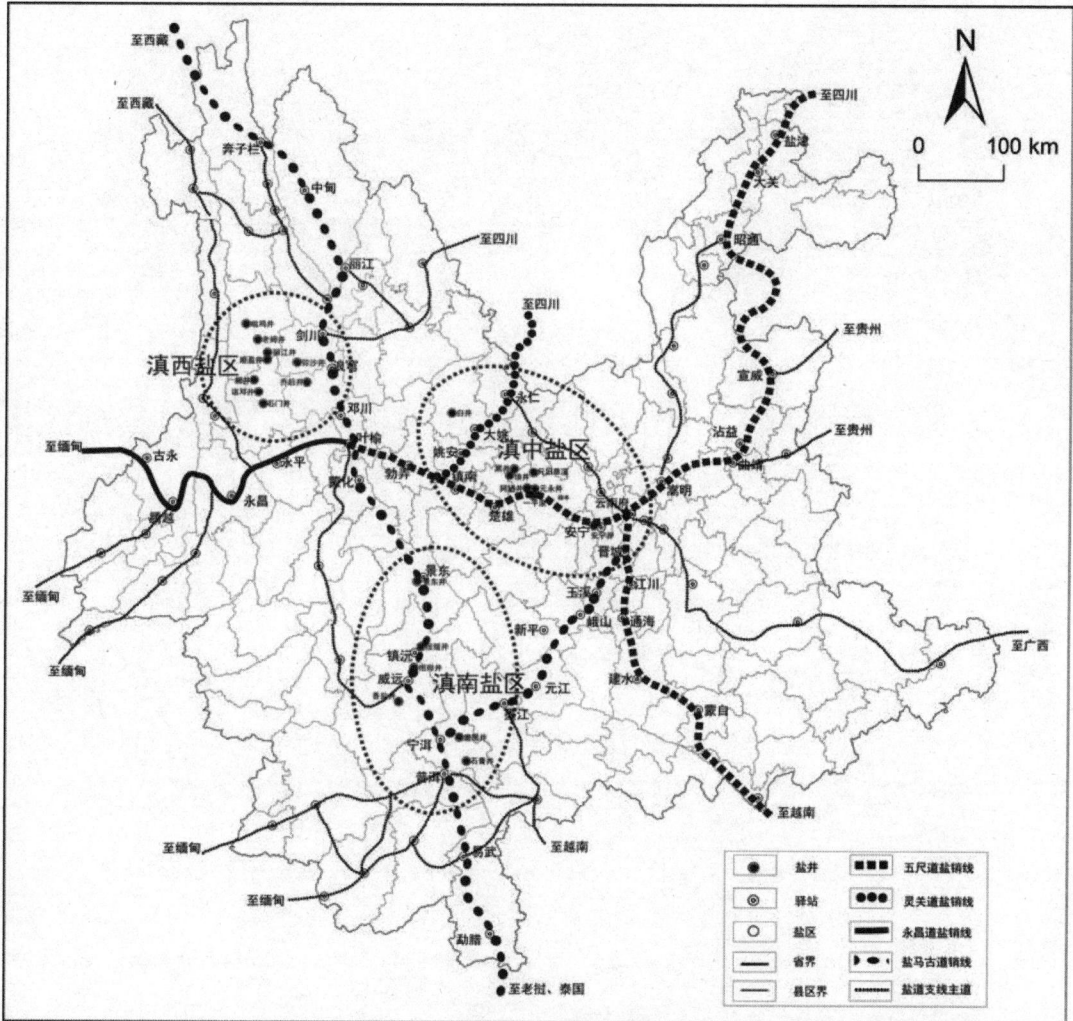

图2-9　滇盐古道空间格局示意图

（作者自绘）

云南传统聚落中受到滇盐产销影响的有名城12座（国家级：昆明、大理、丽江、建水、巍山，省级：腾冲、保山、石屏、通海、漾濞、剑川、香格里拉），名镇18个（国家级：黑井、沙溪、和顺，省级：石屏、叶枝、板桥、蒲缥、凤羽、双廊、豆沙关、光禄、新安所、易武、鲁史、杉阳、云南驿、平川、磨黑），名村16个（国家级：

诺邓、郑营、东莲花、翁丁村，省级：周城、文盛街村、宝丰、大波那村、金鸡村、可渡、新房、洱源县牛街村、水寨、曼龙飞、章朗、勐景来），省级历史文化名街1个（祥云），总数达47个。[①] 而云南遴选收录5批，累计709个传统村落，大部分集中在滇西北、滇西和滇东南区域，也与滇盐产销历史有莫大的关系，呈现"因产盐而生""因运盐而兴"和"因近盐而始"的聚落生长特征点。

① 刘学，黄明. 云南历史文化名城（镇村街）保护体系规划研究 [M]. 北京：中国建筑工业出版社，2012：85.

第三章 滇盐古道与历史聚落关系

第一节 滇盐古道与传统村落空间格局特征

一、滇盐古道与传统村落空间格局特征

（一）空间格局分析

1. 空间分布分析

传统村落的空间格局特征受到自然环境规定性、经济发展适应性、社会文化多元性的影响，若要深入解码传统村落在一定区域和空间上的分布规律，首先得对其空间分布类型进行研究。分析将云南 709 个传统村落抽象为点状要素，在 ArcGIS10.2 中进行传统村落的空间统计分析和格局分类的可视化分析。通常来看，如果要分析研究样本中的点状要素空间特征，有随机分布、均匀分布和集聚分布三种空间格局类型，基于 ArcGIS10.2 分析平台，利用最邻近距离和最邻近点指数进行综合判别分析。其最邻近距离作为一项重要的空间分析地理指标，主要用于分析点状要素样本在地理空间中相互邻近程度。[①]

原理和方法是：测定出每个点要素样本与其最邻近点要素样本之间的距离 r_1，然后取这些最邻近距离的平均值$\bar{r_1}$，用于表征样本间邻近程度的平均最邻近距离。在对某一主题的样本群进行分析研究时，若点状样本要素空间分布表现为随机型时，即 Poisson 分布型，理论上来讲，此研究样本群的最邻近距离表示为（1）公式。

$$\bar{r_E} = \frac{1}{2\sqrt{\dfrac{n}{A}}} = \frac{1}{2\sqrt{D}} \tag{1}$$

式中：r_E 为理论最邻近距离；n 为点单元数；A 为区域面积；D 为点单元密度。在

---

① 佟玉权. 基于 GIS 的中国传统村落空间分异研究 [J]. 人文地理，2014 (04).

—— 53 ——

随机型分布、均匀型分布和集聚型分布三种点状样本空间分布类型中，均匀型空间分布的最邻近距离最大，然后是随机型空间分布和集聚型空间分布。

最邻近点指数（R）为实际最邻近距离与理论最邻近距离之比，$R = \dfrac{\bar{r}_1}{\bar{r}_E} = 2\sqrt{Dr}$。当 $R=1$ 时，$\bar{r}_1 = \bar{r}_E$，说明研究区内点单元样本空间分布为随机型；当 $R>1$ 时，$\bar{r}_1 > \bar{r}_E$，表征点单元样本空间分布趋于均匀型分布；当 $R<1$ 时，$\bar{r}_1 = \bar{r}_E$，说明点单元样本空间分布趋于凝聚型分布。

2. 集聚程度分析

传统村落在区域空间上的集聚程度是反映云南省传统村落体系的空间分异规律的解码途径之一。核密度（kernel density）工具是 Arcgis10.2 空间分析（spatial analyst）中集成的进行核密度估计的典型工具。在研究过程中，为了让云南传统村落在不同空间尺度水平下的空间分布态势能体现总体特征，分别选择带宽（search radius）为500km 和 100km 经过两次试验，考虑云南地理面积相对于 500km 带宽分析来说较小，最终选择带宽为 100km 进行空间分析，生成云南传统村落的核密度分布图。

ArcGIS 软件中，核密度估计法能直观地表现传统村落体系的空间分布格局及其发展趋势。主要有核密度、点密度及线密度三种分布密度表现方式。核密度估计法（Kernel Density Estimation，KDE）假设地理事件可以发生在研究空间的任一地点，只是在不一样的空间位置上所发生不同的概率。[①] 相对来说，点样本空间分布密集的区域事件发生的概率高，点样本空间分布稀疏的地方事件发生的概率就低。基于概率论的研究方法，核密度估计的定义为：设点集 X_1，……，X_n 为从空间分布密度函数为 f 的总体中抽取的研究样本，核密度估计 f 在空间某点 x 处的值为 $f(x)$。表达式为：

$$f(x) = \frac{1}{nh}\sum_{i=1}^{n} k\left(\frac{x-X_i}{h}\right) \tag{2}$$

式中：$k\left(\dfrac{x-X_i}{h}\right)$ 称为核函数；h 为带宽，且 $h>0$；$(x-X_i)$ 表示估值点样本 x 到事件 X_i 处的空间距离。（2）式中，核函数的数学形式和带宽值是主要影响核密度估计值的因素。

传统村落地理集中指数是反映传统村落在一定空间范围内的集中程度，进而分析其空间分布特征。

3. 叠加分析法

将空间分布分析和集聚程度分析成果与滇盐古道、滇盐产区进行叠加分析，进而可以分析传统村落与滇盐产销的空间关系，分析滇盐古道变迁与盐业聚落发展的内在机制。

---

① 翁丽丽，李波，王哲. 基于核密度估计的吉林省龙胆分布区划研究 [J]. 吉林中医药，2017，37（10）.

（二）总体空间分布格局

1. 空间分布格局

基于 Arcgis10. 2 空间统计分析工具（spatial statistics tools）中的平均最邻近距离（average nearest neighbor）进行统计分析，通过欧几里得距离（euclidean distance）的计算方法，通过统计分析。结果显示滇盐古道传统村落空间分布的邻居之间实际平均距离（observed meandistance）与理论随机型空间分布平均距离（expected mean distance）之间的比值 R（nearest neighbor ratio）为 0. 162094，且 Z 分数为 3. 7856，Z 值大于 0. 01 置信水平临界值为 2. 58，说明云南省传统村落在空间上呈明显集聚型分布（图 3-1）。

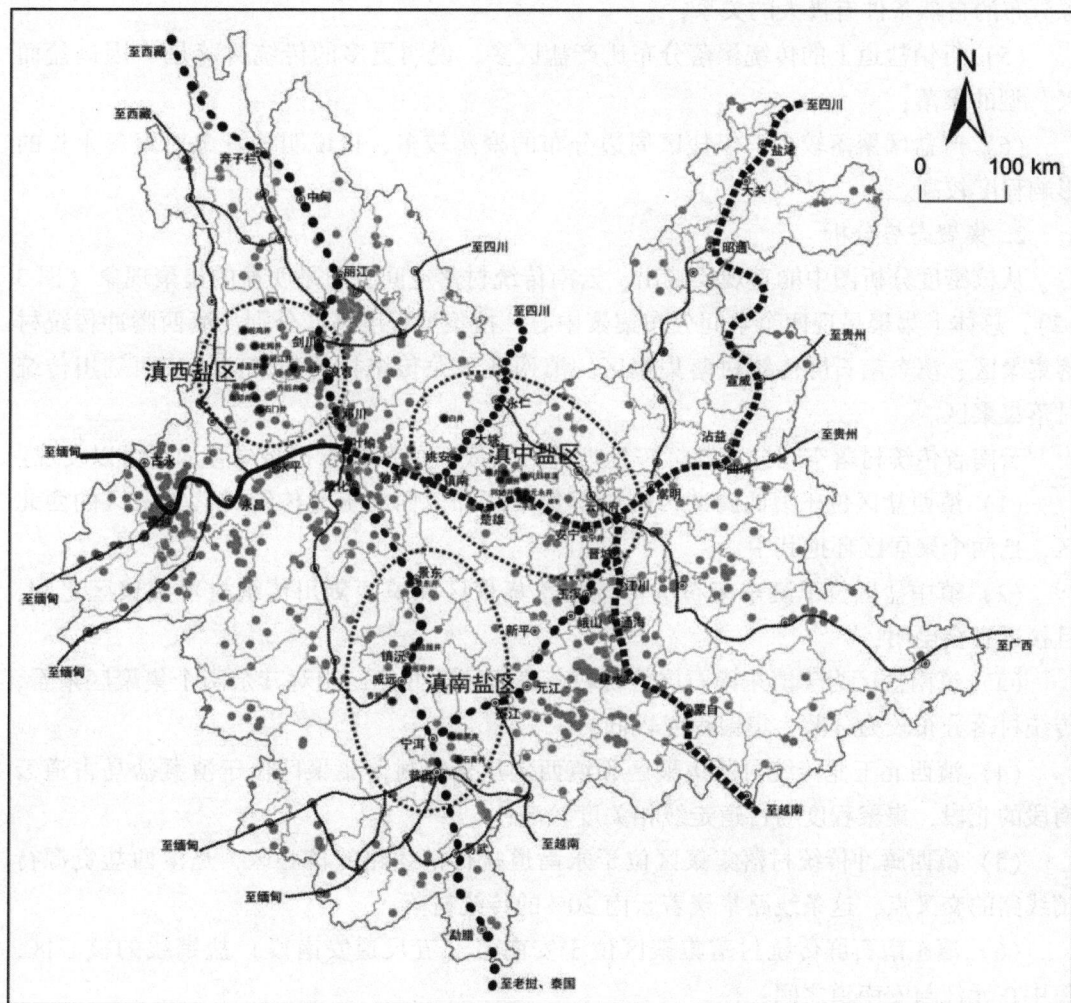

图 3-1　滇盐古道传统村落空间分布格局图

（作者自绘）

云南省 129 个县中 91 个县有传统村落被收录，其余 38 个县没有传统村落被遴选收录。

将传统村落空间分布图与滇盐古道叠加图可以看出：

（1）大部分传统村落分布在滇西、滇西北、滇东南和滇南地区，四个片区中滇西、滇南和滇东南地区均与外境接壤，皆是少数民族聚居地；

（2）传统聚落分布与滇盐古道叠加相关度较强，沿着滇盐古道两侧 10 公里内传统聚落占据 80% 以上；

（3）滇藏盐马古道、永昌道、安南道段是传统聚落集聚片区；

（4）三大盐区中滇西盐区较滇中、滇南盐区传统聚落集聚量较大，但并不是整个云南传统聚落集聚的核心区，说明产盐村在传统村落中占据的数量不算多，这与盐资源分布的自然条件有极大的关系；

（5）行销盐道上的传统聚落分布比产盐区多，说明更多的传统村落是"因运盐而兴"型的聚落；

（6）产盐区聚落较少，但盐区周边分布的聚落较多，也说明盐资源对聚落生长的影响程度较高。

2. 集聚态势分析

从核密度分析图中能直观反映出，云南传统村落空间分布呈明显的集聚现象（图 3 -2），总体上集聚呈现四个空间分布集聚中心，按集聚程度高低分别：滇西腾冲传统村落集聚区、滇东南石屏传统村落集聚区、滇西北玉龙传统村落集聚区、滇西剑川传统村落集聚区。[①]

云南省传统村落空间分布与"三区四道一支线"的滇盐行销格局叠加后可以发现：

（1）滇西盐区位于滇西腾冲传统村落集聚区和滇西北玉龙传统村落集聚区的西北区，把两个聚居区环抱其中；

（2）滇中盐区位于滇东南石屏传统村落集聚区和滇西剑川传统村落集聚区之间，且接近省会昆明；

（3）滇南盐区为于滇东南石屏传统村落集聚区的西侧，相对其余两个集聚区来看，传统村落分布较为分散，集聚程度较低；

（4）滇西北玉龙传统村落集聚区和滇西剑川传统村落集聚区位于滇藏盐马古道云南段的北段，集聚程度与古道走线相关度较高；

（5）滇西腾冲传统村落集聚区位于永昌道盐行销线路的核心区，是滇西盐资源行销线路的交叉点，这条线路集聚着云南 20% 的传统村落；

（6）滇东南石屏传统村落集聚区位于安南道（五尺道安南段）盐销线的核心区，集中在元江与安南道之间；

（7）其余分散分布的传统村落大部分集中在滇盐行销线路的"一支"网络上，与盐道行销区域高度相关；

---

① 李小芳，颜小霞. 江西省传统村落空间分布特征分析 [J]. 江西科学, 2016, 34 (01).

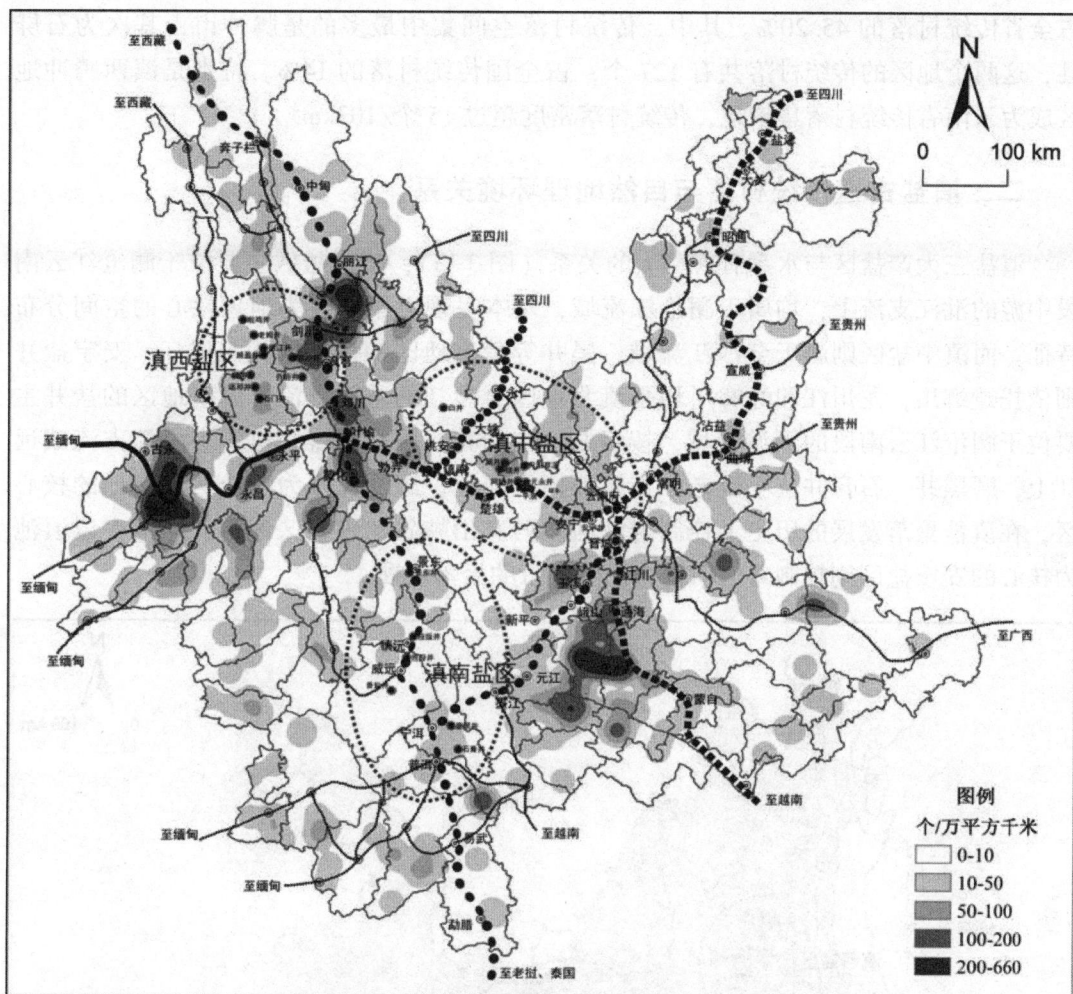

图 3-2 滇盐古道传统村落空间核密度图

（8）四大传统村落集聚区所构成的"三角"空间格局与三大盐区所构成的"T"空间格局呈"互含关系"，说明：虽盐资源集聚区传统村落分布较少，但是周边传统村落集聚较多，盐资源的带动作用较强；

（9）除昆明地区外，滇盐古道密集区也是传统村落的集聚区，主要原因在于：昆明作为云南的省会，近年来城镇化程度较高、较快，对周围传统村落的破坏较为严重；结合前面章节内容的分析，云南大部分传统村落属于驿站型，就盐资源来说，大部分是因行销盐资源而兴起的。

在整个省域空间中若传统村落成均匀的空间分布状态，则云南传统村落地理集中指数为 25，但是，实际省域地理空间中传统村落地理集中指数为 34.27，表明云南省传统村落体系的空间分布格局表现为集聚特征，主要聚集在腾冲市、石屏县、建水县、玉龙县、剑川县和红河县，仅 6 个地区的传统村落就有 230 个，约占全省山地传统村落的 25.36%。而收录 10 个以上的传统村落的县市有 20 个，共遴选收录 410 个传统村落，占全省传统村落的 45.20%。其中，传统村落空间集中最多的是腾冲市，其次为石屏县，这两个地区的传统村落共有 127 个，占全国传统村落的 14%。特别是滇西腾冲地区成为云南省传统村落集聚地，传统村落密度超过 15 个/103km²。

二、滇盐古道传统村落与自然地理环境关系

滇盐三大产盐区与水系有着莫大的关系（图 3-3），滇西盐区主要位于澜沧江云南段中游的沘江支流上，均属于澜沧江流域，基本呈现以诺邓井为地理核心的空间分布特征。而滇中盐区则属于金沙江流域，黑井等楚雄地区的盐井依托龙川江，安宁盐井则依托螳螂川，龙川江和螳螂川均是滇北地区金沙江的重要支流。滇南地区的盐井主要位于澜沧江云南段的下游流域，按板井、抱母井、香盐等盐井位于小黑江支流威远江上，磨黑井、石膏井位于曼老江支流那柯里河上。澜沧江作为滇盐两大产地的核心区，在滇盐聚落发展的历史上控制着红河以西高山峡谷的纵谷区地带，而滇中以滇池为核心的安宁盐区则控制着红河以东丘陵地带的聚落发展。

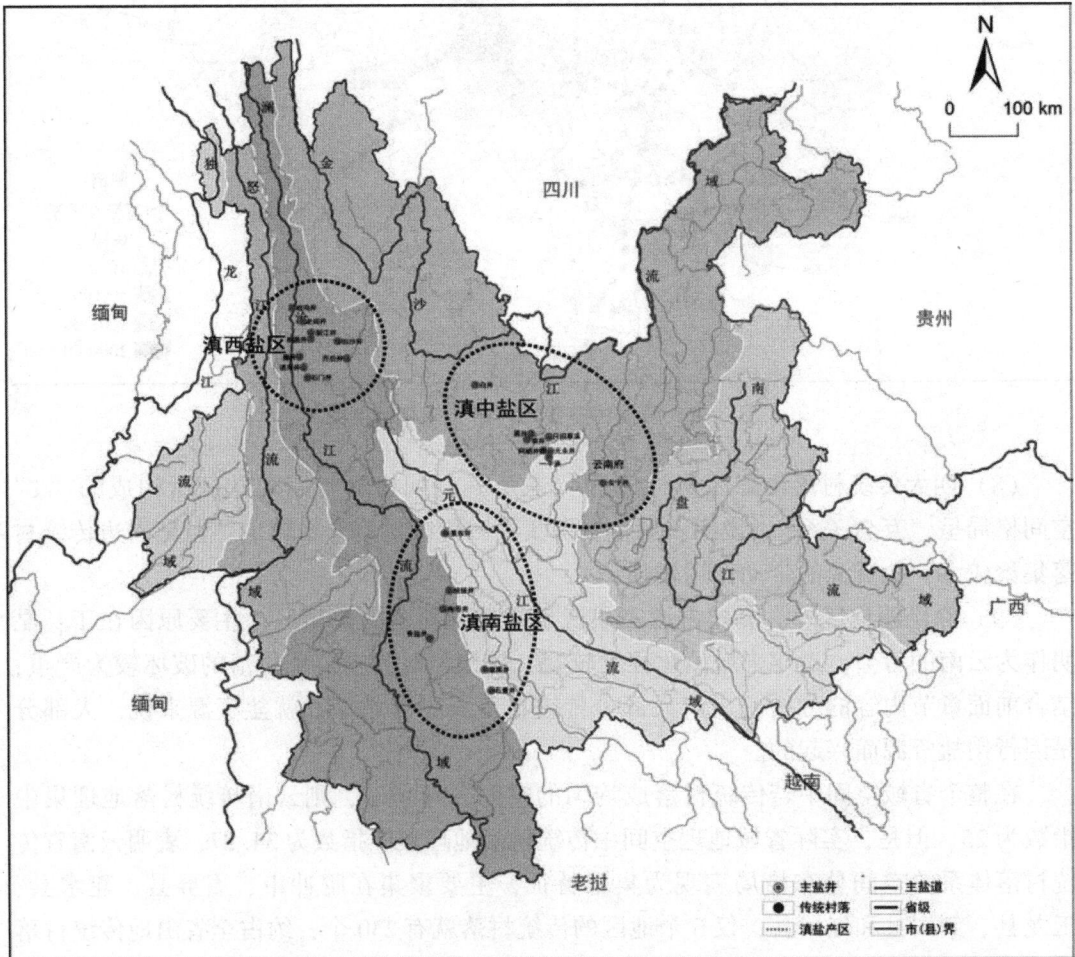

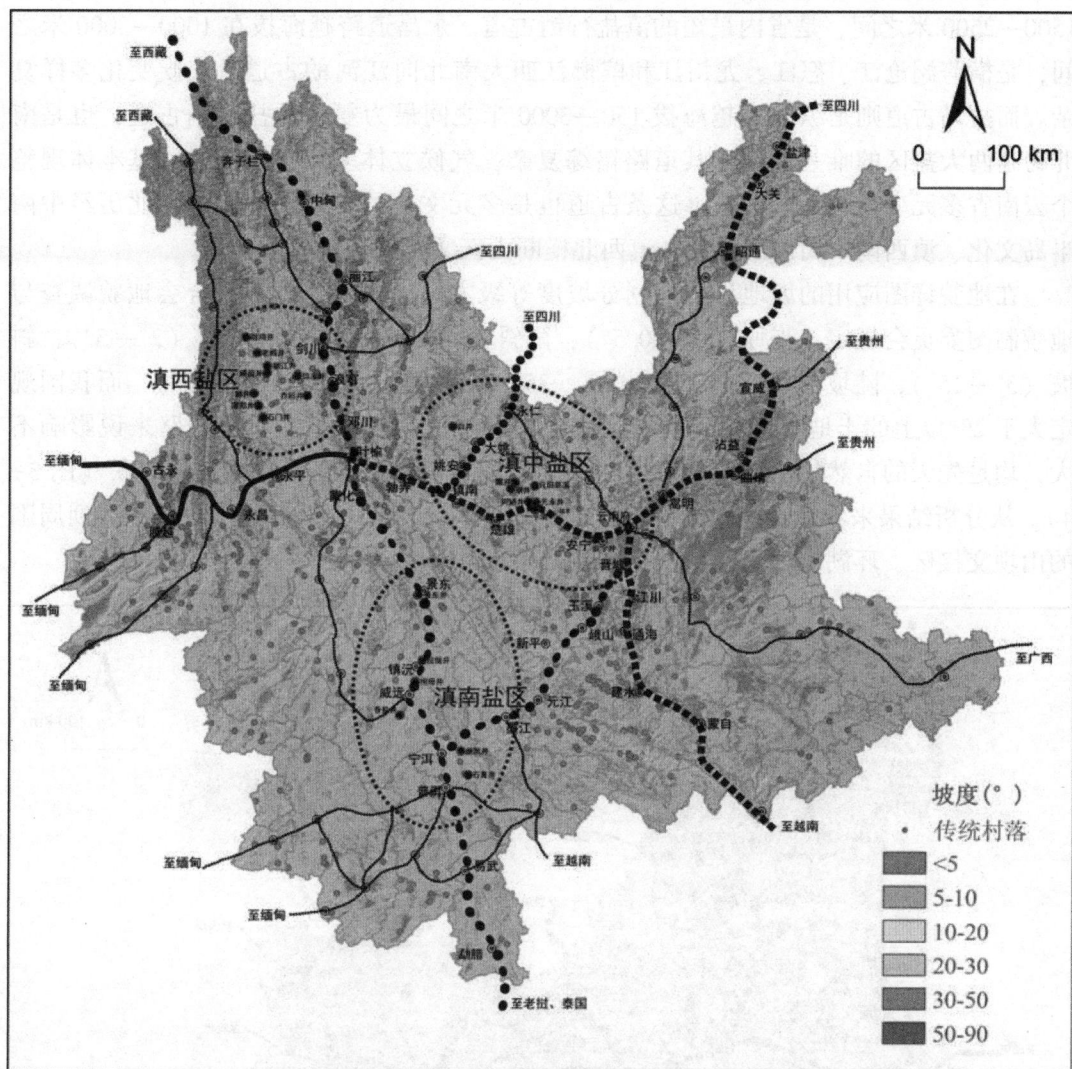

图 3-3 滇盐古道传统村落空间分布与水系、坡度关系图

（作者自绘）

　　海拔作为滇盐三大产盐区先天的自然规定条件（图3-3），也影响着传统聚落的发展。滇西盐区各大盐井主要分布在 2000—4000 米海拔之间，滇中盐区各大盐井分布在 1500—2500 米海拔之间，滇南盐区各大盐井分布在 800—1500 米海拔之间。

　　在整个云南 709 个传统村落中，村落选址海拔高度从 160m 到 3330m 不等，高差超过 3000m。将村落海拔分为小于 500m、500—1000m、1000—1500m、1500—2000m、2000—2500m、2500—3000m、大于 3000m 七个等级，分布村落分别为 6 个、34 个、174 个、317 个、145 个、26 个、7 个。

　　从四大主题盐行销古道相对海拔来看，五尺道主要分布于在红河以东的丘陵地区，海拔跨度在 800—2500 米之间，其中安南道处于低海拔分布区。灵关道跨越在海拔

1500—2500 米之间，是省内最短的滇盐行销古道。永昌道跨越海拔在 1000—3000 米之间，是横跨澜沧江、怒江、龙川江和槟榔江四大南北向江河的古道，气候变化多样复杂。而盐马古道则是纵向跨越海拔 150—3000 米之间最为复杂的盐行销古道，也是南北跨越两大盐区的唯一古道，其道路错综复杂，气候立体多样，整个线路基本体现整个云南省多元变化的立体气候，这条古道也是多元文化的交汇线，从南到北历经中南半岛文化、滇西南中山山区文化、滇西北横断山区文化和青藏高原文化。

在地貌详图应用的坡地分类来划分坡度等级方面，国际地理学联合会地貌调查与地貌制图委员会规定：平原（0°—0.5°），微斜坡（0.5°—2°），缓斜坡（2°—5°），斜坡（5°—15°），陡坡（15°—35°），峭坡（35°—55°），垂直壁（55°—90°），而我国规定大于 25°以上的土地不能用于耕种。坡度相对于滇盐产区和盐行销线路来说影响不大，均是先天的自然规定特征，但是对传统村落的生长和集聚就有很大的关联（图 3-4）。从分析结果来看，云南传统村落主要分布在 5°—10°，大部分集中聚居在环坝周围的山坝交接区、环湖和沿河冲积坝、道路沿线的山地区域。

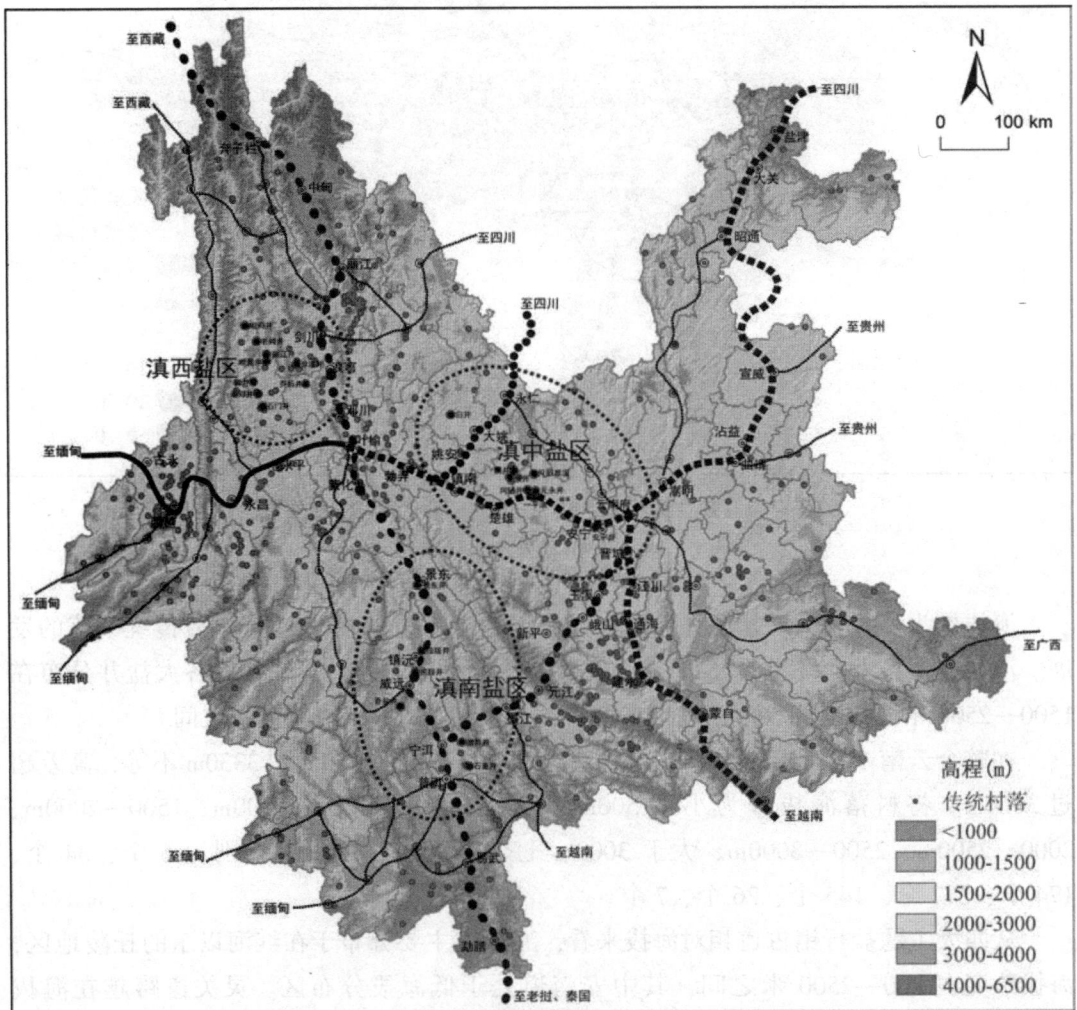

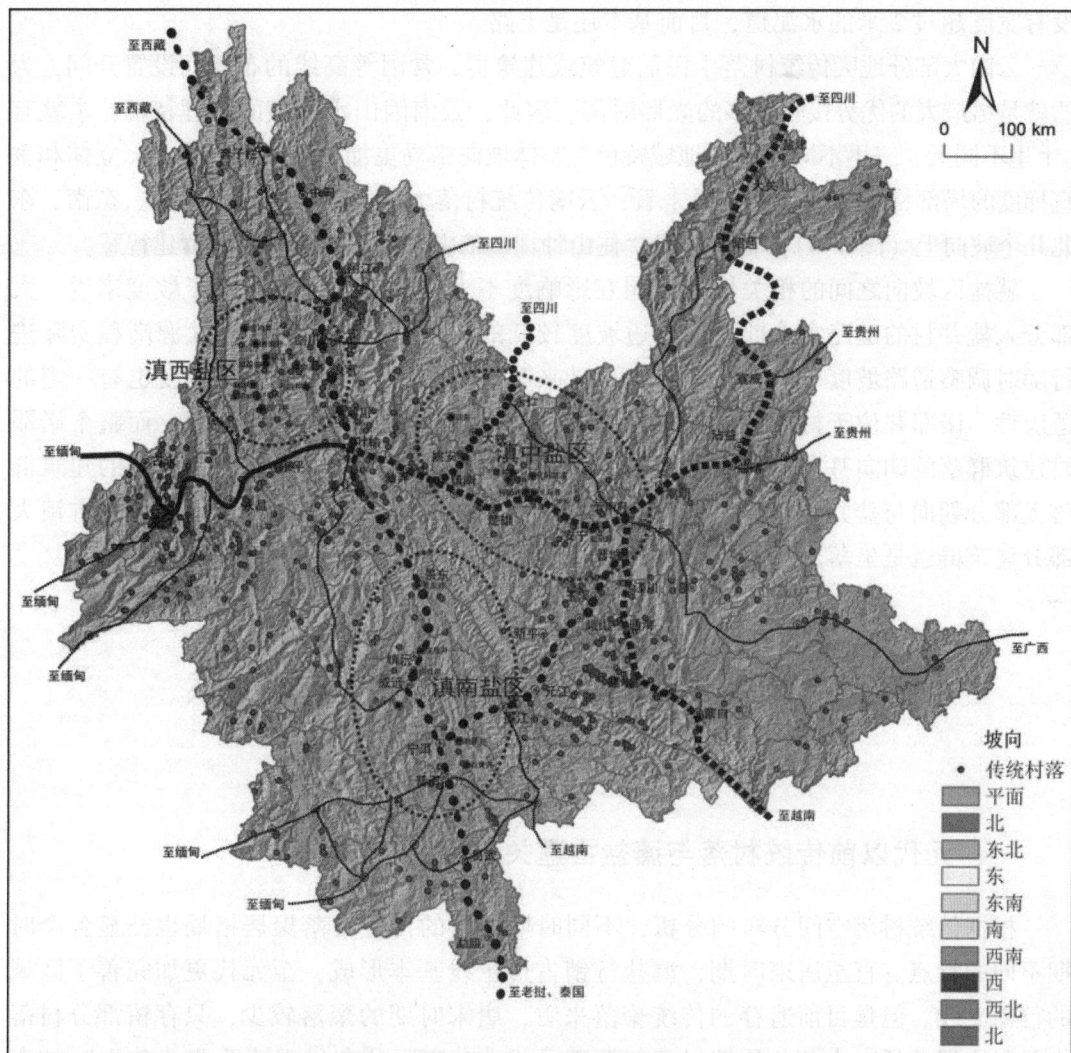

图 3-4　滇盐古道传统村落空间分布与高程、坡向关系图

（作者自绘）

　　根据田野调研情况，滇盐三大盐区中的各大盐井，只有安宁井分布在较为平坦的安宁坝区的螳螂川岸，其余的盐井均隐藏在高山峡谷之间。在对大理诺邓盐井区调研过程中，课题组为深入分析传统产盐聚落的生存智慧，在诺邓村常驻达 15 天，而且是先后进入 3 次，已深深地感受到产盐环境的恶劣，以及入村道路的崎岖。在对楚雄黑井、白井和琅井自驾田野调研中，课题组沿村、沿河的走访，有时候能到井村，但未见盐井。深深记得，在黑井调研时候，详细访问盐井位置，村民说盐井口还要从镇里外出大约 15 分钟路程，还要上山大概 30 分钟才能见到，而且山上无路，且危险，本打算放弃了，最后还是不想遗憾田野，课题组成员还是不畏艰辛地跋山涉水走到盐井处。从各个盐井田野调研中深感因产盐条件的先天封闭和恶劣，盐行销古道在产区段基本没有宽度超过 2 米的水泥道，目前基本还是土路。

云南大部分地区传统村落中民居建筑或建筑群，常因等高线的布置而设置开间，为的就是尽最大的优势接收较多的光照时间。因此，云南因山水纵横的地理特征，本就有"十里不同天、三里不同俗"的地域特色，整体坡向格局更加复杂，形成多元、立体和垂直梯度的局部格局。从分析结果来看，云南传统村落大部分分布在西、西南、东南、东北几个坡向上（图 3-4），主要体现"住山种坝、依山而建"的传统村落营建智慧。

就盐区坡向之间的相关性来说相互影响度不大，盐行销古道相对于坡度来说，大部分入盐井村的道路常选址沿河岸边坡度较低的位置，根据等高线和盐源高程实际进行随时调整道路坡度。从田野调研中记录来看，盐井和村落的分布与坡度也有一定的适应性。诺邓井位于村落南部的诺河岸边，准确地说是分布在西南坡向，而整个诺邓村建筑群落的朝向基本是向着盐井的，西侧的聚落大部分朝向为东南，东侧的建筑群落大部分朝向与盐井一直。黑井坐落在川江西安的风吹岭，坡向为东南，黑井古镇大部分建筑群也是坐落川江西侧，随着岸边梯状生长，坡向大部分朝向东南。

第二节　不同年代传统村落与滇盐古道关系

一、元代以前传统村落与滇盐古道关系

根据传统村落空间分布的分析，不同时期肇始的传统村落聚居格局也凸显各个时期不同的特点。直至唐宋时期，滇盐行销古道主线基本形成，至元代更加完善了区域的行销支线。但是目前遗存的传统聚落来看，唐宋时期的聚落较少，只存留部分村落格局和文保单位，大部分传统村落起源于元代。其空间分布呈现滇西北"独秀"的态势，主要原因在于在元以前的朝代，云南地区的政治经济文化中心集中在洱海地区（图 3-5）。

从盐区与传统聚落集聚的空间关系来看，滇西以诺邓井为核心的盐区周边集聚着大批量的元代建设的传统村落，滇中盐区的黑井周边分散集聚着 6 个传统村落。滇南盐区则没有分布元代建设的传统村落。

从盐行销古道与传统聚落空间分布关系来看，元代生长的传统聚落主要集中在滇藏盐马古道的北段大理，经宾川、鹤庆，至丽江的路段，最南段勐腊区域分散着 5 个传统村落。滇西分布着永昌道永昌和腾冲区域。另外滇东南五尺道安南段建水和石屏区域也集中着较多的传统村落。

二、明代传统村落与滇盐古道关系

明代是传统村落大力生长的集中时期，随着明代军屯、民屯，以及各级管理政策的入侵，特别是汉族迁入的"一"字形轴线一线，成为汉族聚落生长的集聚区。

从传统村落空间分布分析图来看（图3-5），滇中盐区的周边出现大量的传统村落集聚，连接了昆明至滇西区域。滇西腾冲地区和滇东南建水、石屏地区成为传统村落集聚生长的高峰。从整个空间分布格局来看，明代生长的传统村落基本与汉军民迁入的南方丝绸之路的廊道重合，空间集聚呈现"一"型集聚带。值得一提的是滇东南以异龙湖为核心的石屏区域开始快速生长，与这一时期滇东南矿产资源的开发有着重要的关联。而滇南盐区周边传统村落的生长极少。

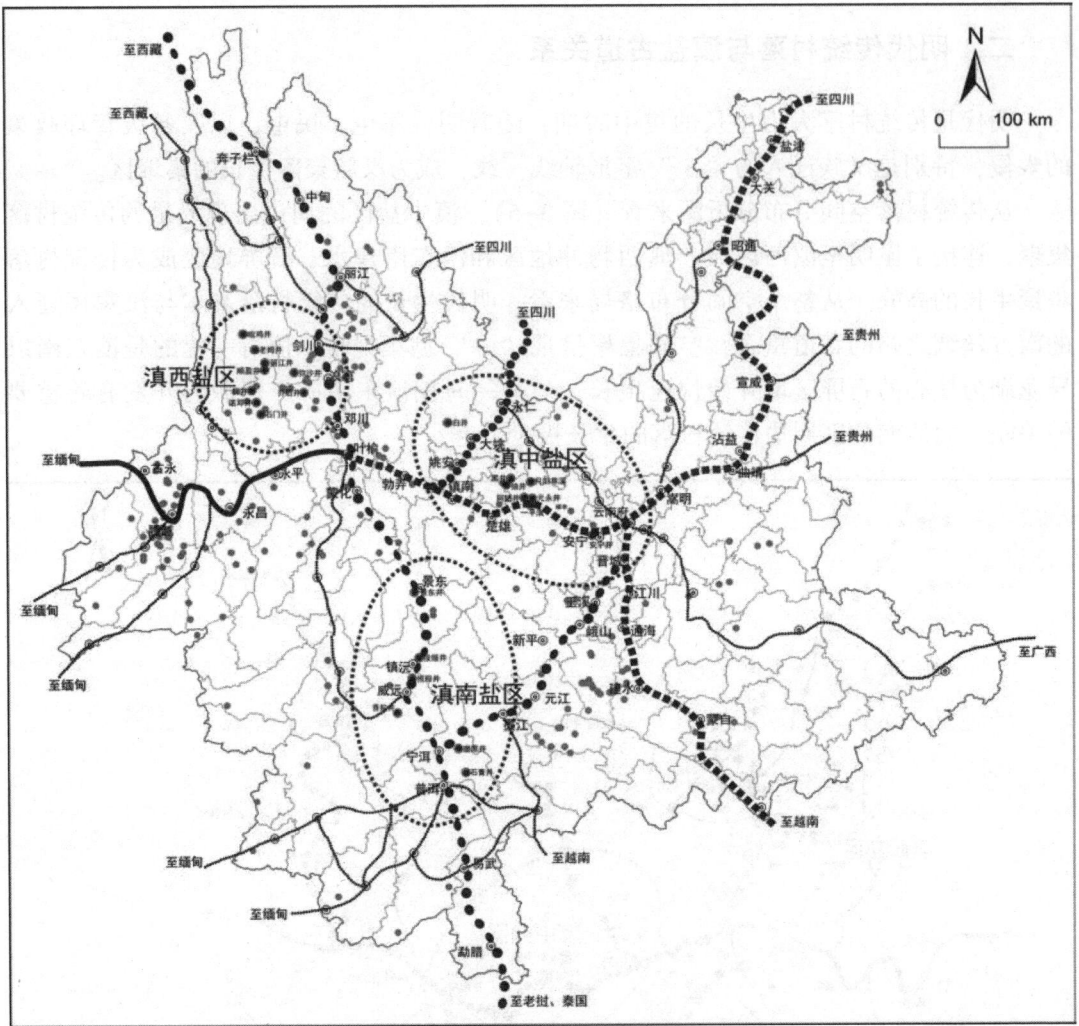

图 3-5　明时期滇盐古道传统村落空间分布格局图

（作者自绘）

三、清代传统村落与滇盐古道关系

清代滇盐古道沿线的驿站建设较明代有较大的调整，其一是加强了滇西永昌府周边驿站聚落的建设，这一区域的加强从清代腾冲地区、永昌以南大批量传统村落集聚可以得到验证，对区域传统村落生长有较大的作用。其二延伸完善滇东北曲靖府向贵州两线出口的驿站建设，清代随着在这个一区生长了部分传统村落。其三是延伸加强滇东南澄江府至广南府的驿站建设，特别是延伸景东向南，从镇沅州—普洱府—元江州—昆阳州一线的驿站建设，将整个滇南盐区纳入整个驿站体系，清代墨江、元江等区域传统村落的大量生长也随着盐道的完善而适应（图 3-6）。

清代传统村落整个空间格局基本呈现滇西腾冲、滇西大理、滇西北丽江和滇东南红河的空间集聚格局，分布在区域内的古盐道依次是滇盐古道北段、永昌道和安南道。这一时期支线网络上的也逐渐兴起聚落，诸如滇南孟连地区、滇西芒市和龙陵地区、滇东广南地区和曲靖地区，大量的传统村落开始生长。

云南遴选收录的 709 个传统村落，以及历年收录的国家和省级历史文化名城（镇村），累计近 800 个，仅仅是云南省大面积传统聚落的冰山一角，这一类聚落是比较有历史代表性，或历史文化遗存保存得比较好的。举个例子，如果按《传统村落评价认定指标体系（试行）》，腾冲地区的传统自然村落有 98% 都是达到此遴选标准。整个元明清时期是云南传统村落生长的快速时期，本次所遴选的分析对象作为一个示范点，只是大概分析出云南与盐资源有关的空间分布格局，其余的村落生长也大概呈现此类生长特点。

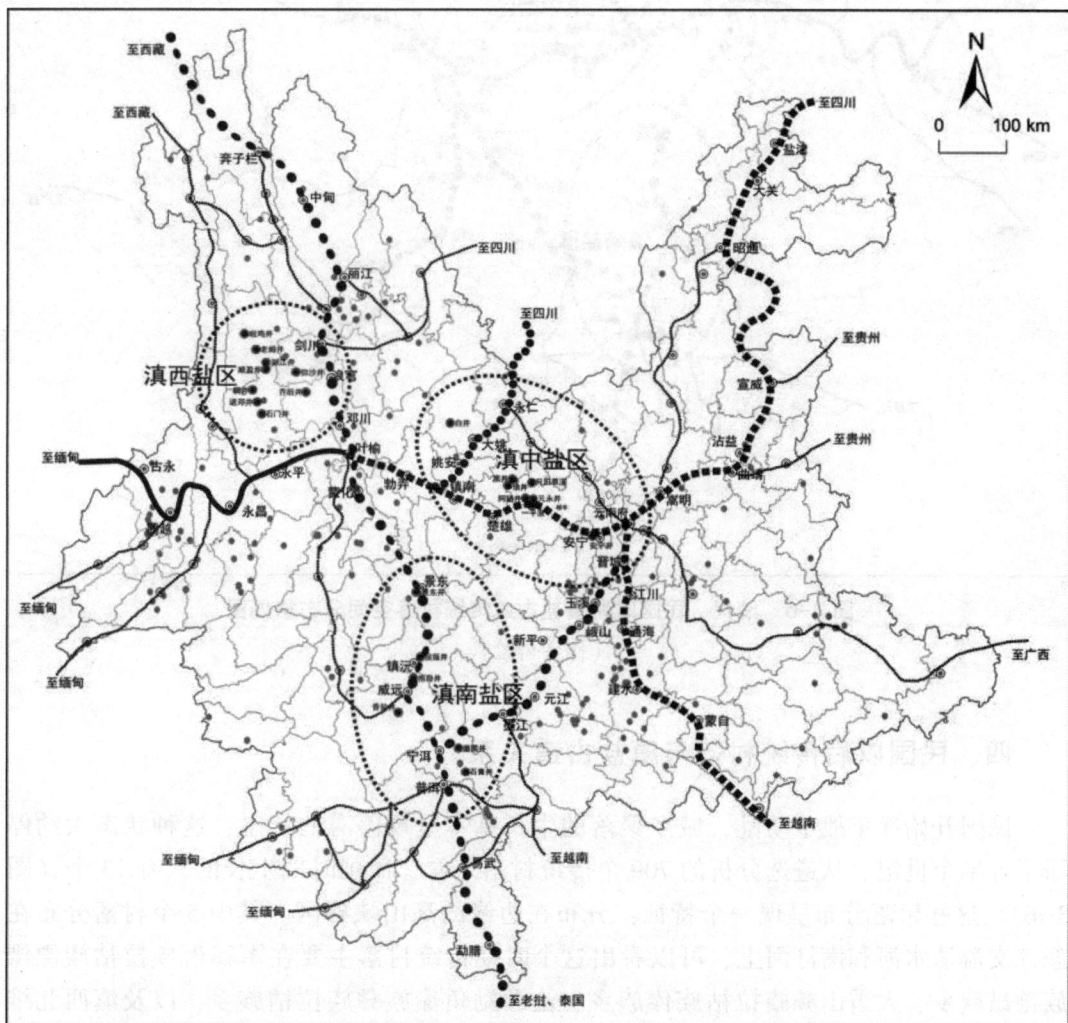

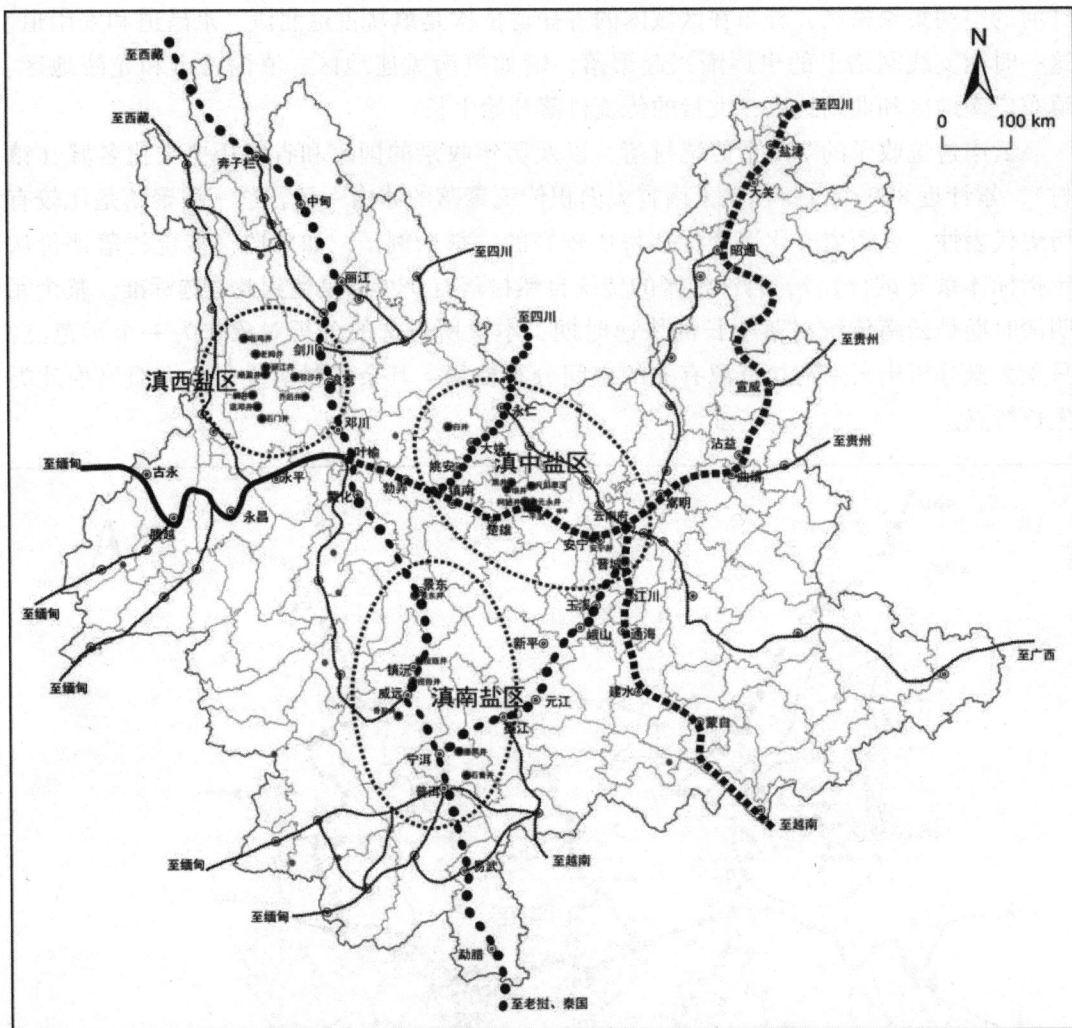

图 3-6　清代、民国时期滇盐古道传统村落空间分布格局图

（作者自绘）

四、民国以后传统村落与滇盐古道关系

民国开始逐年战争动乱，城乡聚落的生长基本呈现停滞的状态，这种状态大约停滞了近半个世纪。从遴选分析的 709 个传统村落来看，民国时期生长的只有 13 个（图3-6），这些聚落分布呈现一个特征：分布在边缘的高山峡谷区。其中 5 个村落分布在怒江支流清水河和南汀河上，可以看出这个时期传统村落主要在军赛佤族拉祜族傈僳族德昂族乡、大雪山彝族拉祜族傣族乡、沧源勐角傣族彝族拉祜族乡，以及滇西北维西傈僳族自治县等区域开始生长。

民国开始，滇盐资源促生传统聚落生长的动力不大，反而因盐资源开采结束，与盐资源区相近，或者说靠盐资源促动的传统村落开始走向衰败的趋势。分析其原因如下：

1. 因战争的因素，盐区、盐道一线的村落生长开始停滞；

2. "资源诅咒"便是最主要的内因，因交通网络发达，海盐、外盐内销，致使滇盐生产技术跟不上，产量满足不了需求；

3. 滇盐以井盐为特色，除安宁井外，其余均分布在高山峡谷区，恶劣的自然环境本身就很难生存，确切地说如果没有盐资源，这些地方也许从来不会有人去聚居，恶劣的自然环境除了盐卤之外，居民赖以生存的肥沃的农田基本缺乏；

4. 在盐资源带动力停滞后，大部分居民开始转变生活方式，走向农耕产业，但这些地方因缺乏肥沃的农田，逐渐被沦为后来的空心村，得以保留下来；

5. 随着历年熬盐生产积累，村落周边森林资源被砍伐，致使卤水枯竭、生态恶化，外加盐村生活方式改变后带来大量的土地开垦，人居环境质量逐步降低，也是村落被荒废的一个原因。

五、不同年代建设的传统村落与滇盐古道叠合关系

从遴选的 5 批累计 709 个传统村落来看（图 3-7），大部分是明清时期生长的传统村落，结合田野调查实践来看：目前云南地区所遗存，且仍然为人民使用，村落功能相对齐全，大部分建筑仍保留完好和文化功能延续至今的传统村落始于元代，明代是汉族传统聚落速增的时期，且主要沿着云南东西横向轴线两侧增长，清代聚落大面积增长现象在边疆少数民族山区较为凸显，特别是滇南、滇东南和滇西北地区比较突出。根据不同年代传统村落空间分布与滇盐古道网络叠加图来看，滇盐行销网络格局在元代基本形成，则这一空间格局一直沿袭至今。

若仅基于滇盐资源开发和滇盐古道网络形成的视角，随着历史的推进，云南盐资源开发与传统聚落在历史进展中呈现"圆形"、"东西"向"南北"模式递变。这三种模式变迁便不是孤立和随时间推进而形成的，其过程相辅相成、相互包含和促进。从历史推进和盐资源开发先后和兴衰来看，滇中盐区最早出现开采记载，其次是滇西盐区，最后是滇南盐区，其盐资源的影响程度同样如此。这种先后开采的顺序与政治经略中心从"滇中—滇东—滇西—滇中"的变迁有不谋而合的关系。

1. "圆形模式"：

"庄蹻入滇"及"汉武开滇"的历史记载可知，当时的发展中心在昆明盆地，滇王印的出土及汉武帝在滇池地区设益州郡也印证了这一点。滇池及其周围地区发展最快，以洱海为中心的滇西地区和滇南红河中下游一带次之，其他地区则发展缓慢。[①]《汉书·地理志》载，益州郡"连然（今安宁市）有盐官"[②]。盐官的设置说明在当时云南地区已经有一定规模的盐业生产和贸易。汉代滇盐生产地区，除连然外，还有滇西北的姑复、滇中的青蛉等地。这一时期盐资源的开采和各地的聚落发展基本处于空

---

① 刘学，黄明. 云南历史文化名城（镇村街）保护体系规划研究［M］. 北京：中国建筑工业出版社，2012：67.

② 《汉书·地理志》。

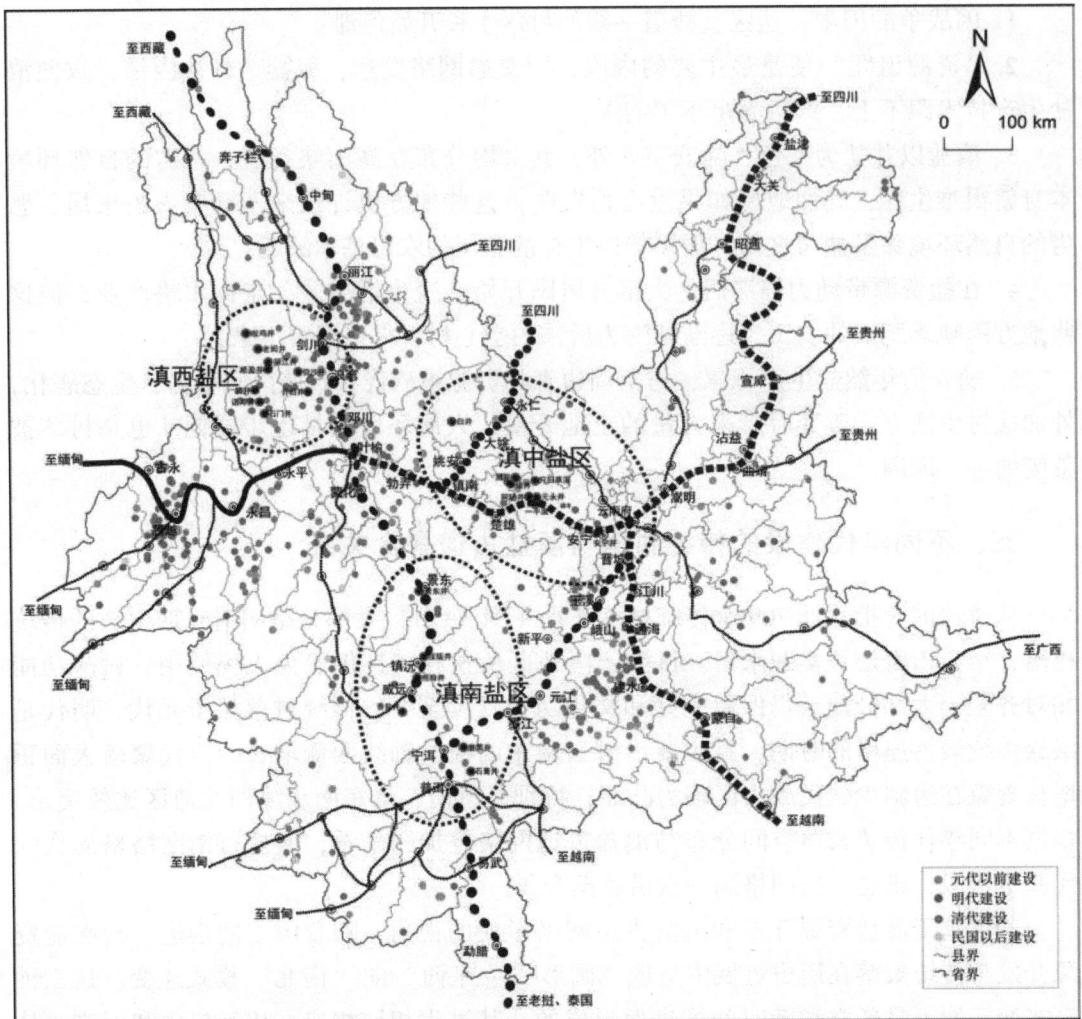

图 3-7 不同年代建设传统村落与滇盐古道空间叠合格局图

（作者自绘）

间"圆"的概念，这种以盐资源为中心拓展的聚落生长模式呈现区域性特征，与盐资源行销的局域性有一定的关系。从地理学角度来理解，可以从环境决定论去理解，一方面，盐资源存在着控制空间辐射的价值；另一方面，这个时期虽然道路交通有交流贸易的雏形，但毕竟较弱，整个网络还未形成。这种盐资源聚落的"圆形模式"生长态势一直延续到唐初。

在发端期的华夏文明，圆形模式也构成了中国人对宇宙空间的最早的认识和实践。如《易传·系辞下》："古者包牺氏之王天下也，仰则观象于天，俯则观法于地，观鸟兽之文与地之宜，近取诸身，远取诸物，于是始作八卦，以通神明之德，以类万物之情。"① 包牺（伏羲）氏作为中国文明始祖，他仰观俯察，遍览万物，然后抽象出八种卦象，共同组成一个简洁的宇宙图式。从后人对这一图式的承传来看，它整体是一个圆形结构。以普遍性的关于宇宙空间的圆形预设为背景，不同民族也有其独特性。比如古希腊人设想的宇宙是球形的，地球也是球形的，体现出"大圆套小圆"的同构性。在中国，从良渚文化遗址出土的玉璧、玉琮看，至少距今 4000 年左右，中国早期文明已形成了天圆地方观念。按《周礼·大宗伯》："（大宗伯）以玉作六器，以礼天地四方：以苍璧礼天，以黄琮礼地。"又按贾公彦疏："礼神者必象其类：璧圆，象天；琮八方，象地。"② 此后，这种天圆地方的观念则被赋予纵贯天道和人事的系统解释，但归根结底体现的是人类认识自然和应对自然所采取行动中最为原始的"以人为中心"或"以家为中心"这种封闭的认识论和实践模式。随着人类的演进和认识事物、物质需求、开放发展和文化交流的推进，这种相对封闭的模式将逐渐被打破。

2. "东西模式"：

三国至唐初，云南开发的重心转至云南东部的曲靖、陆良两坝区。东汉末年，云南东部豪强大姓实力膨胀，独霸一方，威胁蜀汉政权西南后方。蜀汉建兴三年（公元 225 年），诸葛亮率军南征，克益州郡平定南中（云南），对郡县进行调整，将平夷（今毕节）的军事管制机构"庲降都督"移至建宁郡之味县（今曲靖）。自此，云南七郡受庲降都督节制，云南政治经济中心由滇中滇池地区逐步迁至滇东，以滇东曲靖为政治中心的南中地区进入发展高峰期，一时成为蜀国在西南的重要经济支撑地区。唐天宝七年（748 年），南诏崛起并在唐王朝支持下灭爨，徙 20 万户迁入永昌郡。滇东经济、文化较发达的地区由于中原战乱不休，一时间遭到毁灭性冲击，相对于滇东地区来说，西部地区相对安宁，在南沼政权的统治下得到了较好的发展，云南的政治、经济中心由此向西转移到大理盆地。其后，并以洱海地区为基础向四方开拓疆土，建立了拓东城、通海城等一大批重要的城镇和军事要塞。这一时期，基本形成交通网络干线系统，干线系统上分布的一些聚落发展为扼制一方的军事据点，同时还具有商业交通枢纽、重要站口和商旅集散地的重要功能（如拓东城、永昌城，盐源等）。到南诏中后期，形成洱海盆地为中心区域，加放射状交通干线的城镇聚落体系格局。

唐代，政治中心从滇东昆明和曲靖等地迁至滇西大理。这种迁移，说明滇西与滇东之间的交通网络体系基本形成，东西向的经济商贸和文化交流已成一体，聚落生长在东西向沿线开始拓展。东西模式的雏形早在四千年前就已开始，巴蜀地区的商队驱赶着驮运丝绸的马帮，走出川西平原，沿着崎岖的山间小道，翻山越岭、跨江渡河，开辟了通往西藏、南亚、西亚以至欧洲的古老商道"蜀—身毒道"。③ 只是当时交通网络尚未形成，聚落发展未能大规模地形成增长模式。在聚落东西模式增长下，滇西盐区与滇中盐区基本连为一体，这个时期"一"字形的盐行销空间格局基本形成。

---

① 《易传·系辞下》。

② 《周礼·大宗伯》。

③ 全毅. 从南方丝绸之路到孟中印缅经济走廊 [J]. 云南大学学报（社会科学版），2018, 17 (05).

唐代所形成的这种东西模式对村落生长的原生驱动力一直延续至清代，元代传统聚落集中在滇西盐区及永昌道沿线，明代传统村落集中滇西北大理剑川、滇西腾冲和安南东沿线，而清代传统村落生长也基本延续这个态势。这种态势将盐资源开采原始的环境决定论逐渐转向列斐伏尔提出的"空间生产"理论。20世纪70年代以来，西方地理学发生重大变化，即从自然地理研究转入人文或文化地理研究，它的重要动因是列斐伏尔提出的"空间生产"理论。在他看来，随着现代城市的急速扩张以及整个社会的都市化，现代形态的生产已"由空间中事物的生产转向空间本身的生产"。同时，由于这种空间源于人的观念和实践的塑形或再造，所以它不是自然的，而是社会的；不仅构成人的存在境域，而且"往往蕴含着某种意义"。滇盐生产与行销从传统的区域服务限制到形成"东西模式"这种"空间生产"的转换，已不仅仅是盐销的问题，而成为一个传统聚落生长和经济社会发展的社会问题。

3. "南北模式"：

云南盐销历史和传统聚落生长历史的早期，汉代政治中心处于滇中，三国移东至曲靖，到唐宋向西迁至洱海地区后拓展滇西大地，至元代又迁移至滇中，整个东与西的互迁便是"东西模式"这种空间生产转换的实践。虽然东西向的"蜀—身毒道"演变构成了东与西的联系脉络，但是东与西这种方位性的概念之所以成立，在于它天然的昭示了南北。或者说南北是东西的后延形式，构成了东西文化轴线的两翼。

唐宋时期，借大理行政中心地位，滇藏连线区开始发展，以滇西诺邓盐区为中心，借滇南普洱茶资源和大理马资源，至元初基本形成了滇藏盐马古道的南北线。"盐马古道"逐渐畅通应该是南北模式的开始，而南北模式问题显著则应是在元代，元代对云南土司制度就是对南北模式的一种回应解决。元代以后，云南行政隶属关系纳入中国大一统的政权之下，至元十年（1237年）平章政事赛典赤行省云南。至元十一年（公元1274年）迁行省至中庆路（昆明），确立了昆明成为政治中心的地位。此时昆明经南诏、大理500余年的经营已发展至"商工颇众"的繁华城市，整个政治中心的变迁态势稳定。元王朝在总结了秦汉至唐宋时期羁縻政策经验的基础上，创立了"蒙、夷参治"之法，官有"流""土"之分，于是开始了"土司制度"，借助土司对边疆个别少数民族民族地区的社会、经济和文化进行间接性管控。元代专门在边疆民族地区设置宣慰司、宣抚司、安抚司、招讨司和长官司各级土司职官，在靠近内地或较发达的少数民族地区，则设置土官职官，其中，宣慰司为行省与郡县之间上传下达的行政机构。

明代土司制度逐步臻于完善，但明代的"移民屯田"使南北问题区域成熟。1381年，明朝为统一云南，派进入云南征讨的征南大军30万。到1382年，建立云南都指挥使司，为长期戍守边疆，着手设置卫所。由于云南各地少数民族的反叛及边疆统一危机等原因，相继在1386—1388年期间，为增援戍守云南，加强军事防御力量和对方控制力，再次大规模地向云南调兵十余次，至此，这一时期，至少有27万明王朝官军，加上官军家属老小，进入云南的南征军事移民人口大约有80余万。迁移进入云南戍守的官军根据当时的管理制度被组织到卫所建制之下，形成不同类型的聚居点，这些聚居点依托地理定性要求，大部分均分布于各军政和管理卫所的中心区、茶马古道、盐运或货运的交通干线地带及沿边疆边防前线，控扼镇戍。从 1382 年开始设置卫所至到明朝中叶，明代云南的卫所制的各种规制基本完善起来，建制基本完善，卫所的空间分布和发展区域趋于合理。特别是汉族在这个时期中大力融入地方文化和地方聚居群当中，已基本形成按明朝的军事制度形成合力的汉族移民定居区，"大率五千六百人为卫，千一百二十人为千户所，百十有二人为百户所"。元、明两代的移民和屯田及汉文化在云南的深入传播，是云南历史聚落的大发展时期。现有列级传统村落相当部分的历史格局和初始形态始于明代。汉文化的大量积淀也主要始于元、明时期，所以云南元、明、清时期的移民、屯田及儒学传播的重点区域、重点城镇及其周边，是挖掘云南历史聚落遗产。[①]

从明代云南屯田及卫所空间分布示意图（图 3-8）可以看出，南北管制问题和发展问题较为突出，云南盐资源及传统聚落发展问题从东西向南北转换的过程，是横向聚落发展文明走向终结的过程，也是云南地区传统聚落生长区域和民族容量不断放大的过程。这个南北为少数民族族聚居，横向中部为汉族聚居的空间格局将逐渐被打破，或者说南北问题带来的时代问题将逐渐被包容同一的多元聚居文化所统领。

清代土司制度"因明制"，只在明代土司制度的基础上稍加损益，清代为土司制度的延续时期。自清雍正年间后，土司制度逐渐在一些地区衰落、消亡（图 3-9）。从清代的"改土归流"空间分布地区来看，已经逐渐开始解决南北管理问题，这一现象在清代传统村落向滇南、滇西、滇西北沿边境少数民族地区增长，以及滇东南少数民族地区增加也得到验证。这一过程也是汉族文明向少数民族聚居区逐渐渗透的过程，或者说是多民族走向和谐聚居的文明进步的过程。在这个过程中来讨论盐资源先天的区域限制性和带动性的意义已不大，更多的应该是盐资源空间生产扩大的问题。通过滇盐资源的"生产—行销"逐步演变到"滇盐文化"空间拓展，以盐文化线路逐渐带动各个区域的传统村落生长，最终形成云南地区整个传统村落发展的内因问题。

经历元、明、清、民国时期的发展，特别是蒙自开关，滇越铁路通车，滇越贸易地位的上升，滇中昆明盆地终以区位优势及交通枢纽而成为云南政治、经济、文化中心。滇南个旧、蒙自、建水区域因滇越铁路和锡业开采两大因素使之社会经济、文化迅猛发展，尤其聚落建设在矿业反哺之下成就显著。而洱海盆地依托云南传统的滇缅印商贸及抗日战争滇缅公路交通道路的建设等因素仍保持云南滇西发展中心的地位，云南历史聚落体系在空间上呈现双中心放射状的空间形态格局，聚落分布从两大中心沿交通主干线呈放射状延伸，在不同的区域形成以次级中心城市作为发展支撑的聚落和人口相对密集的区域。[②]

① 刘学，黄明. 云南历史文化名城（镇村街）保护体系规划研究 [M]. 北京：中国建筑工业出版社，2012：125.
② 方佳伟. 我省新增 8 个中国历史文化名镇名村 [N]. 合肥地铁报，2019-02-27.

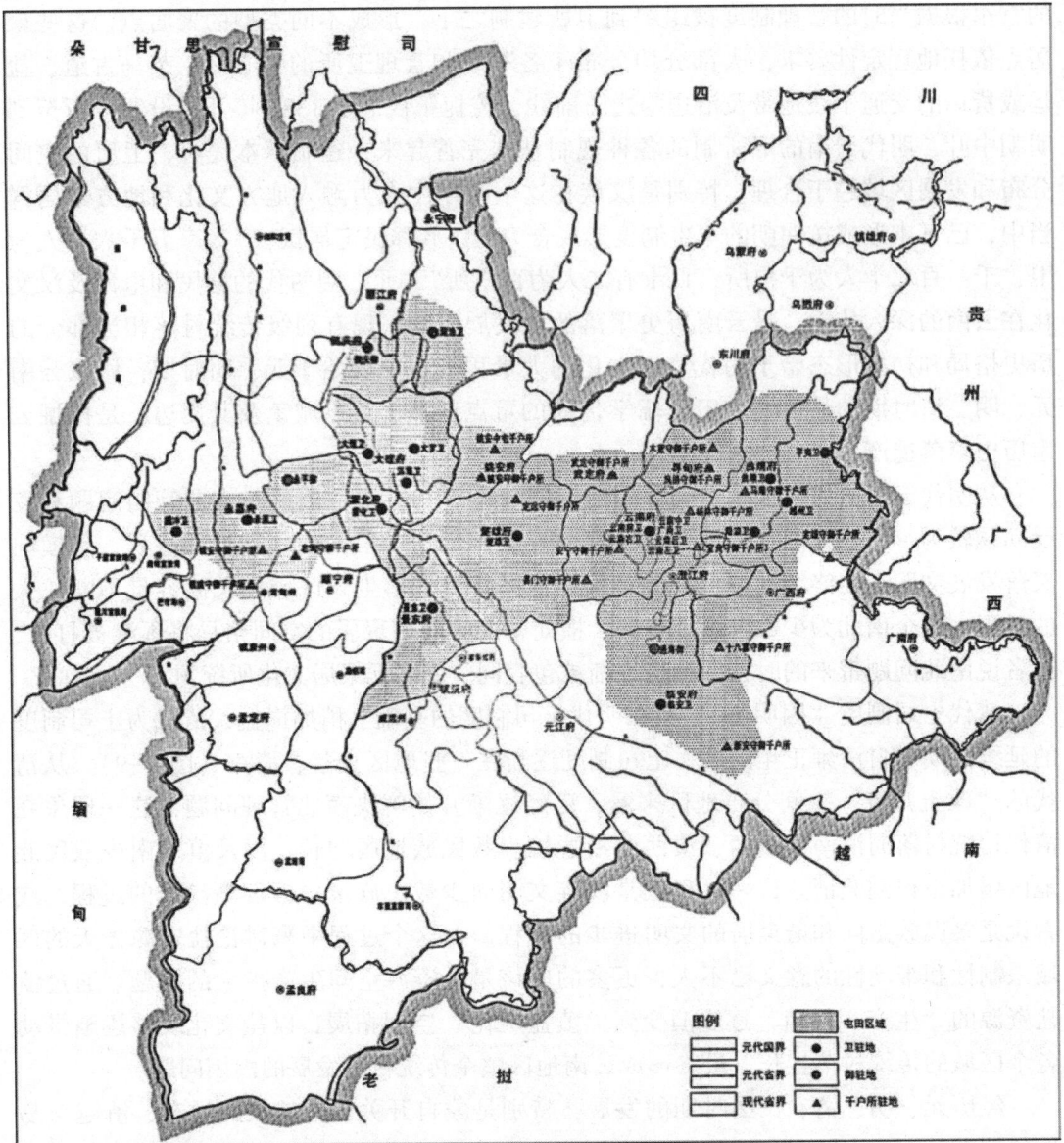

图 3-8　明代云南屯田及卫所空间分布示意图
(引自谭其骧《中国历史地图集》1982 年第一版)

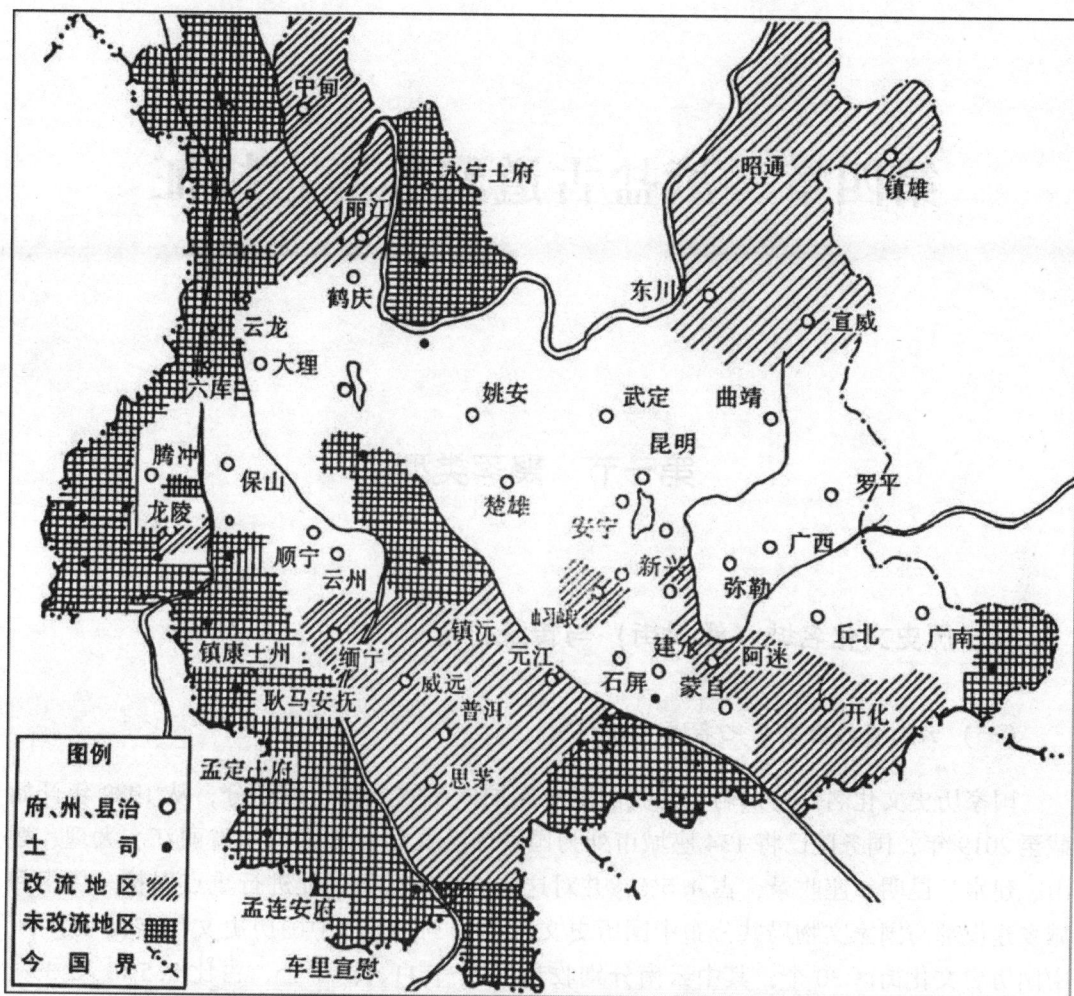

图 3-9　清代云南省"改土归流"地区示意图

（引自刘学《云南历史文化名城（镇村街）保护体系规划研究》2012 年第一版）

第四章　滇盐古道聚落形态特征

第一节　聚落类型

一、历史文化名城（镇村街）与传统村落

（一）云南省的历史文化名城（镇村街）

国家历史文化名城名镇名村是我国遗产保护体系的重要组成部分，从 1982 年开始截至 2019 年，国务院已将 134 座城市列为国家历史文化名城，云南省丽江、大理、巍山、建水、昆明 5 座收录，占 4.5%，并对这些城市的文化遗址进行重点保护。住房和城乡建设部与国家文物局共公布中国历史文化名镇 312 个、中国历史文化名村 487 个、中国历史文化街区 30 个，其中云南分别收录 11 个、11 个、1 个，占比 3.5%、2.3%、3.3%。云南省省级历史文化名城 10 个，历史文化名镇 14 个，历史文化名城 25 个，历史文化街区 2 个。累计各级国家、省级历史文化名城、名镇、名村和名街共 80 个（表4-1）。

表 4-1　　　　云南省各级历史文化名城（镇村街）分布情况

列级等级	现状	
	数量	名称
国家历史文化名城	6	昆明、大理、丽江、建水、巍山、会泽县
省级历史文化名城	10	腾冲、威信、保山、广南、石屏、漾濞、香格里拉、剑川、通海、孟连
中国历史文化名镇	11	禄丰黑井镇、剑川沙溪镇、腾冲和顺镇、孟连娜允镇、宾川州城、洱源凤羽镇、蒙自新安所镇、通海河西镇、凤庆鲁史镇、姚安光禄镇、文山平坝镇

续表

列级等级	现状	
	数量	名称
省级历史文化名镇	14	大姚石羊镇、维西叶枝乡、保山板桥镇、广南旧莫乡、洱源双廊镇、盐井豆沙关、保山蒲缥镇、勐腊易武镇、彝良牛街镇、永平杉阳镇、宾川平川镇、宁洱磨黑镇、鹤庆松桂镇、东川汤丹镇
中国历史文化名村	11	会泽白雾村、云龙诺邓村、石屏郑营村、巍山东莲花村、祥云云南驿村、保山金鸡村、弥渡文盛街村、永平曲硐村、永胜清水村、沧源翁丁村、泸西城子村、
省级历史文化名村	25	禄丰炼象关、喜洲周城村、宾川萂村、云龙宝丰、祥云大波那村、宣威可渡村、建水新房村、禄丰琅井、洱源牛街、隆阳区水寨村、景洪曼飞龙村、勐海章朗村、勐海勐景莱村、香格里拉尼汝村、香格里拉汤堆村、香格里拉白地村、德钦茨中村、德钦雨崩村、麻栗坡城寨村、建水苍台村、红河作夫村、东川箐口村、泸水金满村、师宗淑基村、元江他克村
中国历史文化街区	1	石屏古城区历史文化街区
省级历史文化街区	2	祥云县城历史文化街区、红河县城迤萨镇历史文化街区

（二）中国少数民族特色村寨

2009 年，国家民委与财政部开始实施少数民族特色村寨保护与发展项目，2013 年，国家民委组织开展少数民族特色村寨命名挂牌工作，下发《国家民委关于印发开展中国少数民族特色村寨命名挂牌工作意见的通知》，开始着手遴选极具代表性的村落进行保护。根据遴选通知要求，少数民族特色村寨遴选条件：其一，少数民族人口相对聚居，且比例较高，生产生活功能较为完备，少数民族文化特征及其聚落特征明显的自然村或行政村。其二，在产业结构、民居式样、村寨风貌以及风俗习惯等方面都集中体现了少数民族经济社会发展特点和文化特色，集中反映了少数民族聚落在不同时期、不同地域、不同文化类型中形成和演变的历史过程，相对完整地保留了各少数民族的文化基因，凝聚了各少数民族文化的历史结晶，体现了中华文明多样性，是传承民族文化的有效载体，是少数民族和民族地区加快发展的重要资源。①

自 2014 年开始至 2019 年底，全国共另选收录三批中国少数民族特色村寨，三批累计分别收录 340 个、717 个、595 个，云南收录 41 个、113 个、93 个，占比 12%、15.8%、15.6%。目前云南省少数民族村累计收录 247 个，占全国少数民族特色村寨比

---

① 李俊杰. 民族经济政策与民族地区发展 [M]. 北京：民族出版社，2013：106.

例达 15%。近年来，少数民族特色村寨保护与发展工作广泛开展，涌现了一大批民居特色突出、产业支撑有力、民族文化浓郁、人居环境优美、民族关系和谐的少数民族特色村寨，在保护少数民族传统民居、弘扬少数民族优秀文化、培育当地特色优势产业、开展民族风情旅游、改善群众生产生活条件、增加群众收入、巩固民族团结等方面取得了显著成效。

（三）中国传统村落

中国传统村落原名为"古村落"，自 2012 年至今，遴选收录 5 批累计 6799 个，云南收录 709 个，占比 10.4%，是除贵州省外，收录传统村落数量最多的省。根据《住房城乡建设部 文化部 国家文物局 财政部 关于开展传统村落调查的通知》，传统村落是指村落形成较早，拥有较丰富的传统资源，具有一定历史、文化、科学、艺术、社会、经济价值，应予以保护的村落。[①] 其一，村落的历史建筑、乡土建筑、文物古迹等建筑集中连片分布，较完整体现一定历史时期的传统风貌。其二，村落选址具有传统特色和地方代表性，村落格局鲜明体现有代表性的传统文化，鲜明体现有代表性的传统生产和生活方式，且村落整体格局保存良好。其三，村落中拥有较为丰富的非物质文化遗产资源、民族或地域特色鲜明，或拥有省级以上非物质文化遗产代表性项目，传承形势良好，至今仍以活态延续。

传统村落是目前全国最具代表性的传统聚落，从数字上来看可以说非常可观，但是截至 2019 年初，全国有约 52.58 万个行政村，261.7 万个自然村，从占比上来看，中国传统村落仅占全国行政村总数的 1.27%，占全国自然村总数的 0.26%。也就是说当我们走过 1000 个自然村，也许其中才有 1—3 个中国传统村落。

二、滇盐古道沿线的传统村落，

（一）传统聚落的分类

结合国家公布的各类传统聚落收录统计和田野调查分析，目前国家级历史文化名城（镇村街）属于产盐聚落的有 3 个，隶属分布在产盐区的有 4 个。省级历史文化名城（镇村街）属于产盐聚落的有 6 个，隶属分布在产盐区的有 4 个。中国少数民族特色村寨属于产盐聚落的有 14 个，隶属分布在产盐区的有 27 个。中国传统村落属于产盐聚落的有 51 个，隶属分布在产盐区的有 99 个。各类传统聚落属于产盐村落的有 74 个，隶属分布在产盐区的有 134 个。从各类、各级具有国家和省级代表性的传统聚落收录来看，累计 208 个，占比 20.10%（各级各类收录的传统聚落累计 1036 个）（表 4-2），这仅是与滇西三大产盐区有关的传统聚落，已经是很大的一个部分了。特别是中国历

---

① 闫玉, 鄢浪. 论民族手工艺作为传统村落振兴的文化资源——基于黔东南控拜苗寨文化现象的思考［J］. 贵州大学学报（社会科学版），2020，38（01）.

史文化名镇、名村和省级历史文化名镇名村中，涉及的产盐区的9个传统聚落均是产盐聚落，即禄丰黑井镇、姚安光禄镇、大姚石羊镇、盐井豆沙关、宁洱磨黑镇、云龙诺邓村、禄丰炼象关、云龙宝丰和禄丰琅井，说明滇盐对聚落发展内生动力的影响深远。

表4-2　　　　　　　　　　　各级传统聚落与滇盐生产关系统计

序号	各级聚落类型	产盐聚落（个）	盐区聚落（个）
1	国家历史文化名城（镇村街）	3	4
2	省级历史文化名城（镇村街）	6	4
3	中国少数民族特色村寨	14	27
4	中国传统村落	51	99
	合　计	74	134

若将这种产盐动力生产的聚落作为"圆形模式"聚落生长的话，那有滇盐行销所带来"东西模式"的聚落生长则是滇盐空间生长的另一种聚落类型，这类聚落主要与盐的行销有关系，大部分都是分布在滇盐古道的两则，大部分都是依托历史驿站周边和盐道两侧生长起来的。诸如，云南省80个（国家、省级）历史文化名城（镇村街），除去产盐9个聚落外，其余的71个均是历史上较为重要的交通驿站，这类因道而兴的传统聚落是大部分传统聚落最早生长的典型，也是分布数量最多的传统聚落类型。

当传统聚落生长发展至"南北模式"阶段，村落发展与滇盐的关系相对较弱，这类村落主要是依托驿站和农耕资源而生长的，连接他们之间的道路基本是滇盐古道支线，或者是支线的延伸。当然，部分聚落还是原生土著民族延续下来，或是为了躲避战乱而聚居生长的。

基于滇盐资源和滇盐古道视角，从以上三种聚落传统聚落生长机制可以看出，盐的产销便是最为主要的因素，根据盐"产与销"给聚落带来内生动力的强弱属性，可以将滇盐古道传统聚落分为因产盐而生、因运盐而兴和因近盐而起三种类型。

表4-3　　　　　　　　　　　滇盐古道传统聚落类型对比分析

聚落类型	生长动因	空间分布	快生时期	衰败主因	适应力
因产盐而生	盐资源开采	盐井及周边	元代以前	资源枯竭 环境恶劣	较弱
因运盐而兴	盐资源行销	盐道主线	元明时期	功能转型 区位劣势	较强
因近盐而起	原居、避灾、 农耕资源	盐道支线	清代以后	资源枯竭 交通滞后	较弱

（二）"因产盐而生"村落

从上述分析中发现，因产盐而生这类聚落在所收录的各类各级保护聚落当中占比达 20%，虽这些聚落的发展不仅是因为盐资源的独立原因，但是都与盐资源开采历史有着高度的相关性，这类聚落生长的主要动因基于盐资源的开采带来的商贸交流。一部分因周围环境较好、交通区位优势强进而发展成为镇级的聚落，如黑井镇（黑井）、石羊古镇（白井）、磨黑古镇（磨黑井）等便是较为典型的代表，有的甚至发展成为市，如安宁市（安宁井）。一部分因盐井产量、质量较特色，但是周边自然环境和交通劣势逐渐发展成极具代表性的大型聚落，如诺邓村、师井村、琅井村和抱母井村等聚落。还有一些盐井因井产量较低，但几口井聚居在一起，他们共同发展进而形成一些小聚落集群，一直延续长存至今，如中兴井村、老姆井村等村落集群。还有一种产盐村是拥有产盐所需的一些辅助资源，进而依托产盐区而生长起来，这类资源如劳工、柴薪煤炭等，诸如一平浪镇，因盐资源生产的"移卤就煤"工程，从一个小村落逐渐形成滇中集镇。

（三）"因运盐而兴"村落

因运盐而兴这类聚落兼具驿站集市和场所资源等条件，从盐资源行销的角度，他们生长的主要动因是"商贸"，这类聚落生长壮大所依托的不仅是盐资源，而更多的是政治经略的因素，从元明清三个朝代所设置的驿站就可以看出，通过政治经略经营所设置的驿站有独自的先天优势。一是，基本依托各大主干道而建设，并且选址在一定的空间时段内，他们之间的行走时间距离和空间间隔大体相等；二是，大多分布在交通要塞、道路分叉，以及地形地势相对较平坦的区域；三是，这些聚落周边往往分布着一定生长基础的聚落群，能很快壮大，并为这些聚落服务。云南地区因历史驿站而壮大的这类"因运盐而兴"的聚落在各级各类聚落保护收录中大约占到 65% 依上。较为典型的诸如中国历史文化名镇中收录的剑川沙溪镇、腾冲和顺镇、凤庆鲁史镇、文山平坝镇等，中国历史文化名村中祥云云南驿村、保山金鸡村、永平曲硐村等聚落。因运盐而兴这类聚落生长能力极强，他们能根据一定区域甚至跨界文化交流和商贸选择某一类发展动力，并迅速地进行生产生活方式的转型，生存在这些聚落周边的居民更多的是从事手工业、工商业的工作，而非赖以生存的土地资源。

（四）"因近盐而起"村落

因近盐而起这类聚落的发展往往是分布在滇盐古道的支线，或延长线上，这些聚落要么是原始土著居民聚居，因外界道路发展而扩大规模，要么就是为了逃避战乱和灾害，但是又选择相距城镇不是太远的山区。这类聚落的发展就是靠大自然赋予的资源禀赋，诸如大面积的良田、水利、森林和牧草等。他们需要盐，但是生长动因与盐资源的相关性较弱。中国历史文化名村中如沧源翁丁村、泸西城子村等。因近盐而起这类聚落适应能力较弱，往往会成为政治经略所忽略的对象，生存的居民生活质量提升得较慢，居民综合素质较低，这类型的聚落在现当代就是典型的空心村。

"因盐"相关度差异而形成的"因产盐而生""因运盐而兴"和"因近盐而起"三种滇盐古道沿线的传统聚落，其各自有各自的生产生活关系，盐资源仅是他们适应社会发展的一个动因，有的可能因盐而亡，有的可能因盐而兴，但是这种依赖度是阶段性的，而不是一成不变的。不同的阶段"盐"可能作为生活需求、生产资源、交流资源，甚至是文化资源。如今，随着乡村旅游、美丽乡村的大力建设，在未来大力推动乡村振兴战略的进程中，盐这种资源将被赋予不同的属性，也许就不会出现"因运盐而兴"这类聚落才会更适宜社会发展的现象。从滇盐古道传统聚落从"圆形"到"东西"，再到"南北"这三种模式梯变得过程可以看出，空间生产扩张的动因不是空间事物的本身，而是这类事物赋予空间的一种生产能量和生产文化。

第二节 聚落选址

一、南诏时期城镇体系

唐朝初期，在云南洱海地区出现了六个比较大的部落联盟，史称六诏，分别是蒙舍诏（今云南巍山南部、南涧大部及弥渡西部）、蒙嶲（方言 sui）诏（今云南巍山北部、漾濞大部）、越析诏（今云南宾川）、邓赕诏（今云南洱源的邓川）、施浪诏（今云南邓川青索，又说在洱源三营）、浪穹诏（今云南洱源）。在地理位置上，蒙舍诏在其他五诏的南部，又称为南诏。南诏王族蒙氏乌蛮，是今天彝族的先民。

南诏是具有相对独立的地方民族政权，隶属于唐王朝，是祖国大家庭中不可或缺的一员。皮逻阁统一六诏后，南诏迅速强大，进而称雄于祖国西南地区。其后阁逻凤、异牟寻、寻阁劝、劝龙晟、晟丰佑、佑世隆、隆舜、舜化贞，共传位十三代，历经250多年，几乎与整个唐王朝相始终。南诏最强时期，其疆域包括今云南全省和四川、贵州、广西一部分，势力达越南、缅甸、老挝。南诏的崛起和发展，为巩固祖国领土完整、加快西南边疆的开发，促进各民族团结、进步等方面做出了历史性的贡献。

据史料记载，唐贞观初年，南诏第一代国王细奴逻随父蒙舍龙就牧耕于今巍山巍宝山前新村，由此发展崛起。[1] 唐贞观二十三年（公元649年），细奴逻当上了蒙舍诏诏主，改国号为大蒙国，称奇嘉王。细奴逻制定了"独奉唐朝为正朔"的正确政治路线，加强与唐王朝的联系。唐永徽四年（公元653年），唐王朝敕封细奴逻为巍州刺史，经细奴逻、逻盛、盛逻皮至皮逻阁四代诏主。南诏在巍山经营发展了90余年，为

---

① 顾晓绿，赵恺. 大漠烽烟 唐帝国战争史 [M]. 北京：团结出版社，2016：75.

统一六诏、建立宏图大业奠定了坚实的基础。唐开元二十六年（738 年），皮逻阁谋乘胜兼并五诏，张建成建议厚赂剑南节度使王昱，请求合六诏为一。王昱向朝廷代请，得唐玄宗允许。《新唐书》："当是时，五诏微，归义独强，乃厚以利啖剑南节度使王昱，求合六诏为一。制可。""又以破洱蛮功，驰遣中人册为云南王，赐锦袍、金钿带七事。于是徙治太和城。"唐玄宗给王昱敕文里说，蒙归义效忠出力，讨伐"西蛮"，"彼（指五诏）持两端（附唐也附吐蕃），宜其残破"。皮逻阁出兵，唐派遣中使（宦官）王承训、御史严正诲参与军事，先灭越析，次灭三浪，又灭蒙嶲，很快统一六诏，南诏算正式立国。

细奴逻把都城修建于地势险要的垅圩图山，称垅圩图城，作为蒙舍诏政治、军事的中心。细奴逻在控制蒙舍川局势后，又修建了具有相当规模的蒙舍城（今巍山庙街镇古城村），这是南诏的第二个都城。按"控制蒙舍川局势"可以推测，大概建城年代应在细奴逻之前，即蒙舍城在唐太宗贞观年二十三年（公元 649 年）登上蒙舍诏（南诏王之位）前已建成。唐开元二十六年（公元 738 年）皮逻阁在唐王朝的大力支持下统一了洱海地区。739 年，皮逻阁把都城从蒙舍城迁到太和城。唐朝亦用兵于南诏，《新唐书》："初，安宁城有五盐井，人得煮鬻自给。玄宗诏特进何履光以兵定南诏境，取安宁城及井，复立马援铜柱，乃还……"这是滇盐历史记载夺取盐井的战争。唐兴元元年（公元 784 年），异牟寻自太和城迁都史城（今大理喜洲，又称大厘城），改国号为大礼国。唐贞元三年（公元 787 年），又把城迁至阳苴咩城（今大理古城），至此后，南诏国城址稳定于此。

南诏时期的城镇体系发展与南诏国历史变迁有莫大的关系，在南诏四迁城址，最后以羊苴咩城为中心向四周以"西开寻传""择胜置城"的形式开始拓展疆土，逐渐形成云南早期较为统一的城镇聚落的基本体系格局（图 3-1）。最为典型的"择胜置城"以拓俞城（永昌城）和拓东城（昆明城）为典型。

"柘俞城"，即"向西开拓边境之城"。《保山历史文化辞典》释："又写作拓俞城，即南诏所置永昌节度城，位于今保山城太保山下古城区，大理国后期为永昌府城。"樊绰《云南志》说："永昌城，古哀牢地……自澜沧江以西，其种并是望苴子，俗尚勇力，土又多马。开元以前闭绝，与六诏不通，盛罗皮始置柘俞城，阁罗凤以后，渐就柔服。"[①] 说明"柘俞城"始建于盛逻皮时代，从"开元以前闭绝"（713—741 年）和"始置"可以推断"柘俞城"始置年代应为在盛逻皮在位期间（713—728 年在位）的开元年间。皮罗阁灭五诏统一云南后，所设的"十脸""六节度"，为"永昌节度城"。清光绪《永昌府志》载永昌城"西枕太保山，唐天宝二年，蒙氏皮罗阁始筑土城"，这是南诏在永昌第二次拓城，时间为唐天宝二年（公元 743 年），这个时间与南诏将都城从蒙舍城迁至大理市中和镇南、太和村西所筑的都城"太和城"（739 年始）基本接近，可以推测，阁罗凤拓筑永昌城的形制应基于太和城的营建思想。而这种思想，一

---

① 张国儒. 三耕堂文集 [M]. 昆明：云南大学出版社，2008：58.

方面，太和城和拓俞城的营建延续蒙舍城的营建思想，另一方面，从樊绰《云南志》说南诏"城池郭邑皆如汉制"可以看出还受到这一时期中原地区汉城营建的思想，其形制可能有一定的延续。阁罗凤以永昌为枢纽的"西开寻传"。永昌历为交通枢纽之地，滇西粮仓。"柘俞城"之筑置为南诏沟通中外，向西发展，提供了坚实的支点。

唐宝应元年（公元762年），阁罗凤在大败了于仲通、李宓等的进攻之后，以永昌柘俞城为支点开始西征："亲与僚佐，兼总师徒，刊木通道，造舟为梁，耀以威武，喻以文辞。款降者抚慰安居，抵捍者系颈盈贯。矜愚解缚，择胜置城，裸形不讨自来，祁鲜望风而至"。祁鲜山即今缅甸克钦邦境内之甘高山，位于今密支那西南部的伊洛瓦底江西岸。南诏特于摩零山上筑城、置腹心，理五道事云（缅甸境内）。另《云南志》载："阁罗凤西开寻传通骠国"。① 阁罗凤西开寻传南通骠国的同时，一路"择胜置城"。先向南设"罗君寻城"（今梁河曼东），又，向西建"利城"（勐宋地区），再向南设"押西城"（"镇西城"，今盈江县太平江），再向南设"苍望城"（今缅甸八莫地），顺流通骠国首都（今缅甸卑谬）以制骠国，又建"摩些乐城"（今瑞丽），进而基本奠定了直至明清的西南版图，稳定了西南边防。

表4-1　唐代云南主要城邑分析表

现境内城址	现今地名	现境外城址	现今地名
拓俞城（永昌城）	保山	长伴城	缅甸拖角
越礼城	腾冲	寻传城（大川城）	缅甸打罗
藤弯城	腾冲	摩零城	缅甸蛮莫
罗君寻城	梁河曼东	金宝城	缅甸昔马
利城	梁河勐宋	弥城城	德宏盏西
押西城（镇西城）	盈江曼冒	广荡城	缅甸坎底
摩些乐城	瑞丽	门波城	缅甸昔懂
拓南城	景东	丽水城	缅甸密支那
银生城	西双版纳	安西城	缅甸猛拱
朴睒城	凤仪	苍望城	缅甸八莫
		金生城	缅甸孟拱

唐代以前今滇池北岸文献中记载有苴兰城、谷昌城、昆州城、益宁城等几座城池，但有关城址、规模和建成时间等记载均不一致和不够详细。筑城确凿记载的是发端在南诏时期（公元765年）的拓东城。南诏建国前后，滇中以东一带的爨氏统治力逐渐下降，诸爨间互相攻杀兼并，唐王朝委派南诏军队东进，平息爨乱，南诏利用这次平

① 林超民，段玉明，何耀华. 云南通史（第3卷）　唐五代宋时期（公元618—1254年）[M]. 北京：中国社会科学出版社，2011：112.

叛的合法身份，夺取姚州（弄栋城）及其他三十二州，向东拓展疆土。后经过天宝战争后彻底将唐朝势力赶出云南，南诏在吐蕃的支持下向东拓疆。公元765年，阁罗凤命子凤伽异在滇池坝子筑城驻守，名"拓东城"。拓东城是昆明坝子最早的城址，后来在南诏统治力量的东面整盘布局中地位越来越重，成为陪都、东京，直到大理国时期的作用一直延续（大理国时期称为鄯阐府城），大理国以鄯阐为东京，在鄯阐设有东府。

《南诏德化碑》记载来看，拓东城的设置是为了控制东北至昭通、东川，至贵州威宁一带的爨区，以及南至红河沿岸大部分地区。南诏以"西开寻传""择胜置城"的方式向洱海为中心四周拓疆国土。东面筑"拓东城"，南北置"拓南城"，西北为最早开拓，置"镇西城"（今盈江曼冒），北边筑"宁北城"（今剑川），各要塞委派重臣。

据《昆明市志长编》考证，南诏拓东城周长约六华里，是一个狭长形的土城，由于防御的需要，东、南、北三面有城墙，河上有木桥可通滇池，类似南诏太和城。拓东城的具体布局今已不得而知，樊绰《云南志》说南诏"城池郭邑皆如汉制"，因此其特点应与同期内地的一些城池相近，当然也有可能如《纪古滇说集》说的城似龟。[①]或者说可以从与拓东城建筑时间相近的南诏都城太和城、阳苴咩城的布局风格中得到启示。拓东城作为东部的枢纽，类似西部的永昌城，筑城后整个南诏国的东部并以拓东城为中心向四周拓疆国土，形成围绕拓东城壮大弄栋、威楚、石城、会川和建昌城等诸多东部、东南部和东北部区域。

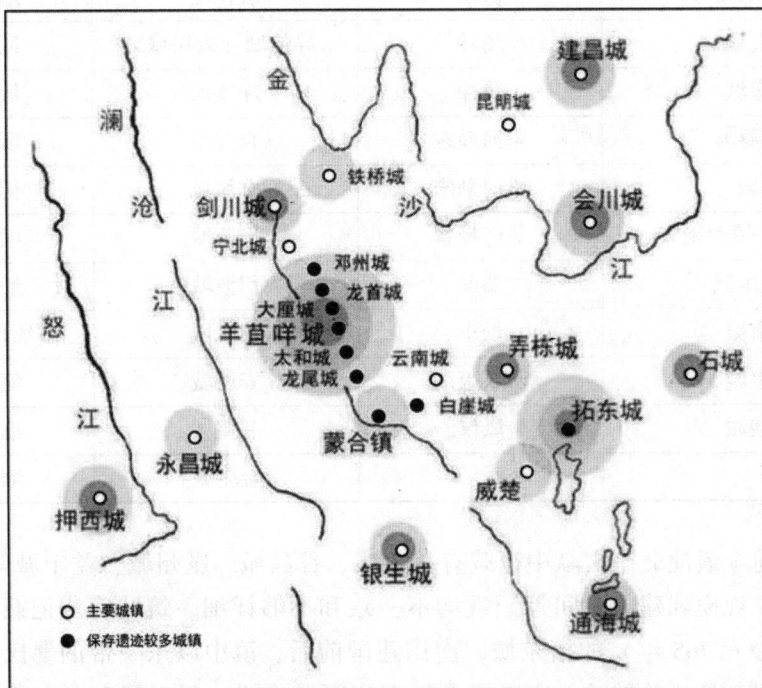

图4-1　南诏时期云南地区城镇体系空间结构

---

①　龙东林. 昆明历史文化寻踪［M］. 昆明：云南科学技术出版社，2008：89.

南诏王阁罗凤时南诏建国，739 年始在今大理市中和镇南、太和村西筑都城，称"太和城"。历时 8 年于 747 年建成，太和城西倚天然屏障苍山，东俯视洱海，只筑南北两道土夯城墙，面积约 3 平方公里。在阁罗凤定都太和城的同一时间，还一直在西洱河蛮原有城池的基础上拓筑羊苴咩城。779 年，到南诏王异牟寻时，从太和城迁都阳苴咩城。羊苴咩城在今苍山中和峰下，今大理古城西侧，布局和形制与太和城相似。至大理国，任以羊苴咩城为国都，直到元初，此城作为云南的政治、军享、经济、文化中心，存在了五百多年。《云南志》对城的规模和建筑有详细的记载："阳苴咩城，南诏大衙门，上重楼，左右又有阶道，高二丈余，以青石为磴。楼前方二三里，南北城门相对，太和往来通衢也。从楼下门行三百步至第二重门，门屋五间。两行门相对，各有膊，并清平官、大军将、六曹长宅也。入第二重门，行二百余步，至第三重门。门列戟，上有重楼。入门是屏墙。又行一百余步至大厅，阶高丈余。重屋制如蛛网，架空无柱，两边皆有门。楼下临清池，大厅后小厅，小厅后即南诏宅也。客馆在门楼外东南二里。馆前有亭，亭临方池，周七里，水深数丈，鱼鳖悉有。"① 在羊苴咩城五百多年的历程中，也成了云南地区各大城市的营建的典范。

二、区域盐井自然规定性

（一）安宁井与安宁州城

安宁井作为滇中第一大井，从西汉年间，"益州郡连然有盐官"，至 1982 年 6 月，省地矿局第一大队探查到居全国内陆盐第二位的特大型石盐钙芒硝矿，安宁井在滇盐中均有举足之重。从清光绪年间安宁州堪舆图可以看出，安宁井位于螳螂川与沙河的交接区，坐落于安宁城外。螳螂川是滇池唯一的出水口，是滇池与金沙江的流通脉络，是金沙江流域在云南的第一大井，这是从整个流域体系来看安宁井的地位。另一方面，安宁井位于滇池西部，从滇西西部整个石盐钙芒硝矿分布来看，安宁井为与矿区的最西边，仅是矿区的一角，这说明安宁井拥具先天的自然资源禀赋优势。

安宁州城乃明万历四年州守姚继先所筑，"西锁太极圭山、三门倚螳螂"的整体格局营造。其建设与周边自然环境巧妙结合，既可保障城市防御，又能满足居民山水审美及文化之需。安宁境内因有螳螂川自南而东而北，曲折漾洄，逆势环拱于城外，故安宁古人亦巧借自然水系之势，使东、南、北三门皆倚之而为其城壕，以加强防御。此外，安宁州城跨太极山而建，雉堞巍环。山顶建有太清、玉虚之宫，山下筑有北极、文昌、五显之殿，另有昊天阁踞一山之巅，形成城市标志。土民游赏登临，祈福祷灵之余，凭栏相望，则可尽览四方景致："远则龙马岱崁，彩凤龙葱，诸山环青拱翠，若万灵之来朝；近则堂涣一碧，烟火万家，官舍、民居、乡村、市落历历如指诸掌。"②

---

① 丁海斌. 中国古代陪都史 [M]. 北京：中国社会科学出版社，2012：186.
② 王树声. 中国城市人居环境历史图典（16）云南贵州卷 [M]. 北京：科学出版社，2015：76.

图 4-2 明清时期安宁州舆图
（引自清光绪《云南府志》）

如今盐井区已成为安宁城市的核心区，盐井已消失，仅作为城市景观小品的塑影安置在螳螂川的滨河绿带中。盐井南侧永安桥和东开府区域已为东湖，整个区域基本是安宁市区的公共空间和公园休憩区。基本形成了整个安宁城市休闲文化的核心，这也是对安宁盐历史文化的一种承传，延续至今。

（二）诺邓井与沘江环境

滇西最大盐井地云龙历有"云龙八井"记载，即是诺邓井、石门井、大井、天耳井、山井、顺荡井、狮井、宝丰井（金泉井）。从雍正《云南州志》中所载的清代云龙州境图可以看出所有盐井均分布在澜沧江流域的支流沘江沿线（图 4-3）。

云龙八井是整个滇西盐区的核心体系，穿插在沘江流域，位于最北的是顺荡井，依次往南是师井，其位于沘江支流上，最南边是宝丰井（金泉井），其位于云龙县城。其余五井以诺邓井为中心，分布在诺邓村及其周边。诺邓井位于诺河支流，诺河发源于东北方向的山脉，顺西南峡谷经过三公里流程汇入沘江，在诺河与沘江汇合的河床上，形成"S"型的转折水湾，东西距离有 880 米，南北距离有 1000 米。因图形类似道家的太极图，并受到风水理念的影响，整个地方被赋予美好的风水含义，称为"太极锁水"，它是诺邓西南面的入村门户。庄坪山和诺邓满崇山的山脉连成一体，形如雄狮翘尾蹲伏；鹅脖子岭岗从对山蜿蜒而来，活似大象伸鼻而卧，有"狮象把门"之称。[①] 整个"太极锁水"是云龙八井的门口，是构建整个盐井体系的核心。

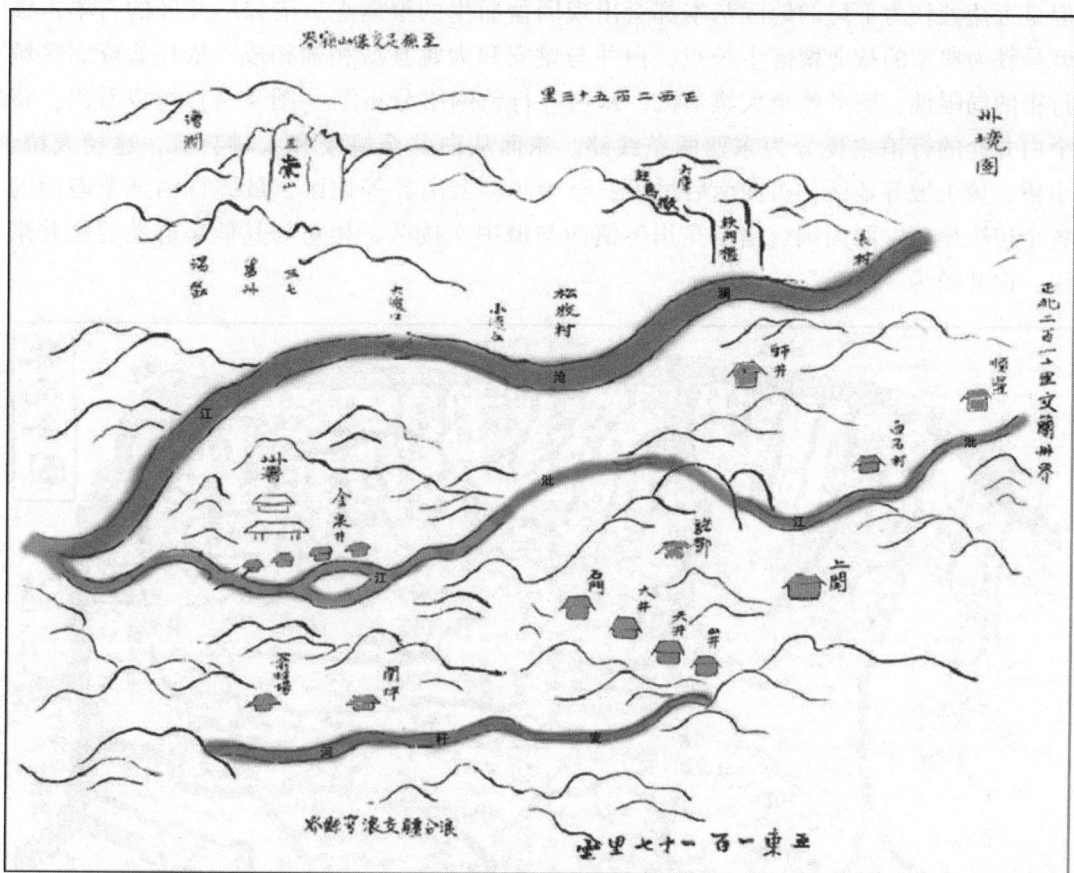

图4-3　清代云龙州境图
（改绘于雍正《云南州志》）

（三）白井与州域环境

白盐井位于大姚县城（古称荷叶城），据载，元世祖至元十一年（1274年）始置大姚县，县因大姚河流经城南而得名。大姚县东邻永仁县、元谋县，南至姚安县、牟定县，西接祥云县、宾川县，北邻永胜县、华坪县，东面和北面基本金沙江环抱，形成与外界相对隔离的屏障。整体环境体现"风云雷雨山川城隍坛"营建思想，从道光《大姚县志》中所载清代大姚县境全图（图4-4）中可以看出，白盐井位于大姚城东南位置，东接姚州城和大姚县城，整个大姚县境被金沙江的支流所环抱和间插，形成山水城一体的整体空间格局，白井位于黎溪的上游的宝石江区域，背依平凤山和百草岭。

[①]　舒瑜. 微盐大义 云南诺邓盐业的历史人类学考察 [M]. 北京：世界图书北京出版公司，2010：135.

聚落与盐的关系与其说是聚居区近盐而生和盐因聚居而现，不如说是盐井与聚落相互相成，盐资源先天的自然规定性极强，有的可以说是基本没有聚落生长的自然地势，但是近盐处较为平坦的地区基本都会出现因盐而生的聚居点。诸如白井区的石羊古镇就是较为典型的盐业聚落生长点，白井与姚安和大姚县城相辅相成，依托盐资源区域行销的局限性，服务整个大姚地区。从白井行销网络分析图（图4-4）可以看出，整个白井盐的行销主要分为东西两条线路。东面从白井至姚安和大姚县城，途径大桥、小桥、黄土坡等地区，折向南后过姚安至南华、云南驿等地区，最终行销至东南面的各个传统聚落。西面则行销至宾川等滇西与滇中交接区，相对与其他集群性的盐井来说，白井较为"孤独"。

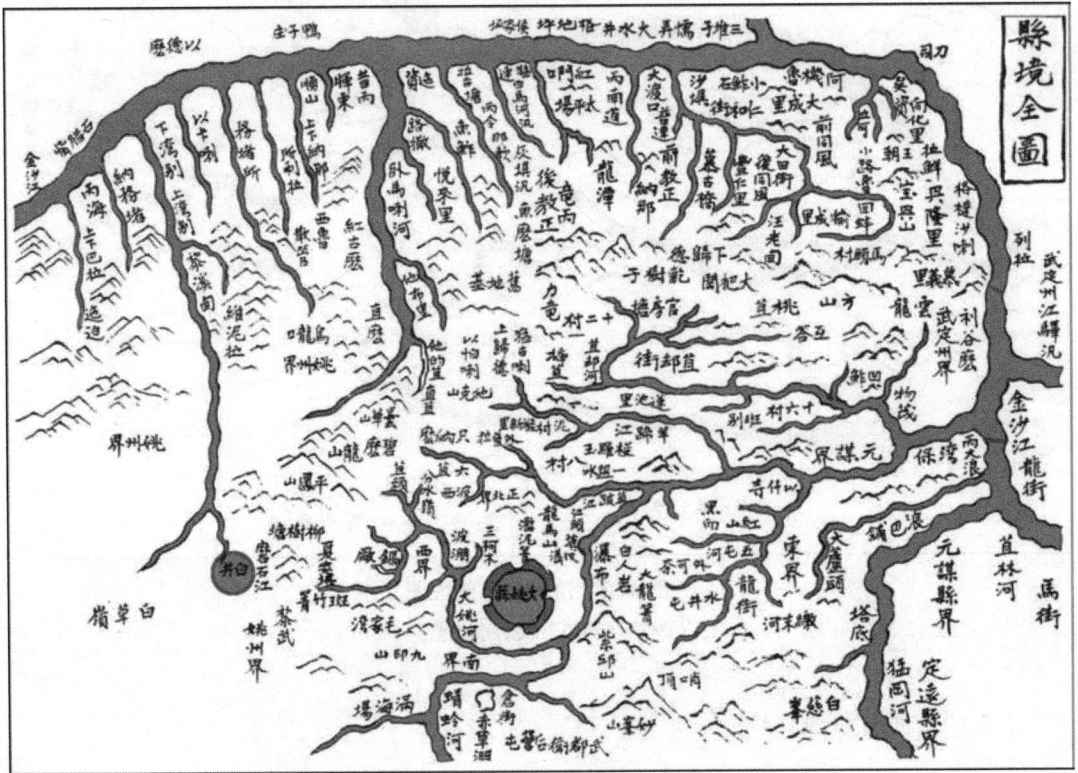

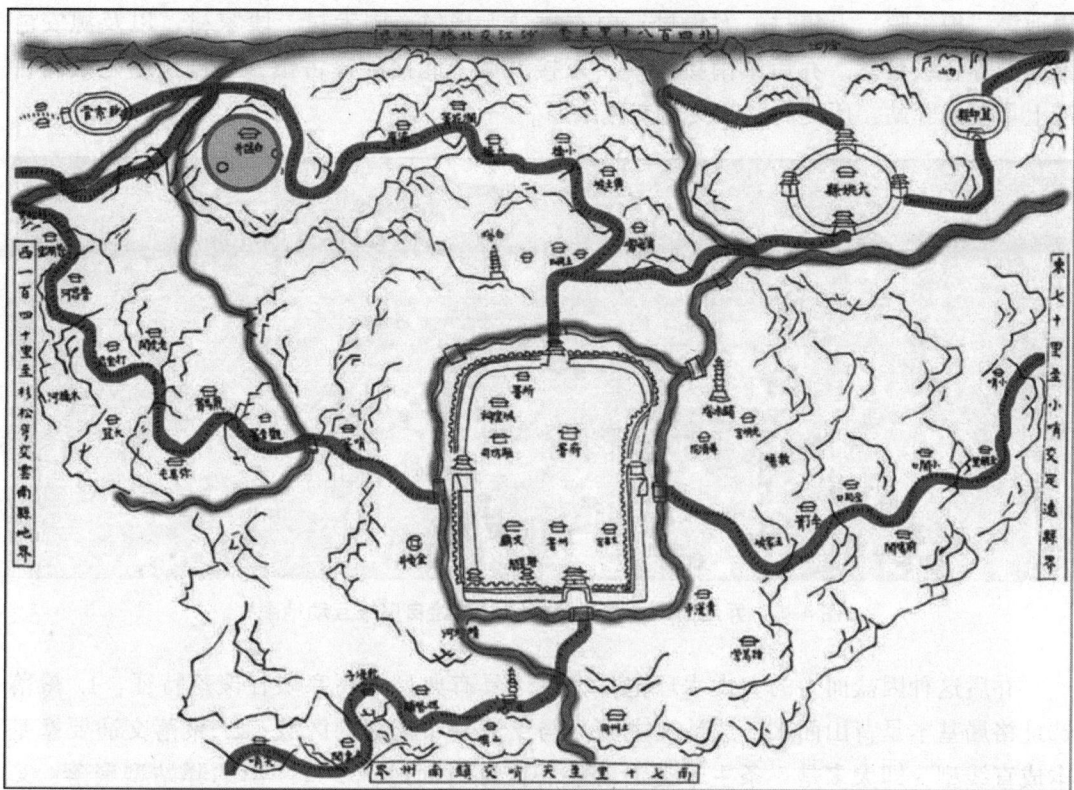

图4-4 清代大姚县境全图
（改绘自道光《大姚县志》、康熙《姚州志》）

三、典型聚落选址分析

因盐而生的传统聚落选址具有典型的地域特色，根据滇盐井空间分布，结合实地调研和聚居环境特色将其选址分为山水环抱型、高山峡谷型和住山种坝型三种，三种聚落均因盐井的分布环境和自然地理限制，在盐资源的开发过程中形成独具特色的距离聚居空间。

（一）山水环抱型：乔后镇

乔后镇依托乔后井发展起来，聚落所在的区域主要是乔后河谷区，其余是高寒分散山区，澜沧江支流黑潓江接镇而过，镇区主要是黑惠江支流沙平河、三台沟、大沟和黑寨沟的交叉区域。乔后聚落背靠中梁山，面临黑惠江，山水之间形成了近似圆形的盆地，一条道路穿坝而过，东面与黑惠江围合成基本农田，无任何零散的住户居住期间，西面是聚居区，背山面田而居，整个聚落选址构成了典型的"山水环抱"格局（图4-5）。

乔后是典型的产业聚落和驿站聚落，因盐的先天资源禀赋而促使聚落生长，引领区域内一些聚落群的聚居生长。以乔后村为中心，自北向南依山就势的生长着上柴坝、碧地箐、梅子哨、上集村、大集村、白衣村、上坝村、同禾村、段家村，以及源安邑聚居群等各级聚落。乔后镇南接漾濞、东接洱源，北接沙溪古镇，至剑川，是茶马古道上重要的驿站，历史商贸和文化交流浓厚。

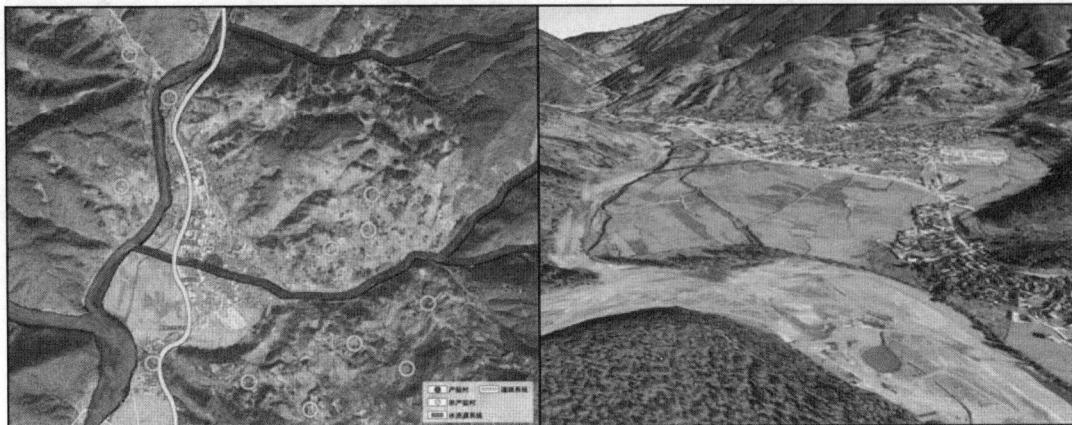

图 4-5　乔后镇山水格局分析图（改绘自奥维互动地图）

乔后这种因盐而生的"山水环抱"型聚落具有典型的高寒峡谷聚落特征：1. 聚落选址格局基本是背山面水，选址在主河流与支流分布密集的区域；2. 聚落交通要塞基本成直线型，即大多是一条主干道沿着峡谷区穿村而过，一进一出的驿站型聚落；3. 聚落有较强的土地保护意识，在保证聚落安全防御的前提下，大部分村落聚居在山坝交接区和半山坡地，保护了大面积的农田；4. 区域聚落体系基本形成"块状""串珠状"等空间格局。

（二）高山峡谷型：黑井古镇

高山峡谷即是一种自然地理环境的描述，又是聚落空间聚居格局形态的描述。主要体现四个聚居特点：1. 聚落成"带状"延伸，这种延伸所形成的空间形态是集道路体系、信息流向、功能区划和文化承传为一体的空间轴线体系；2. 一般都是两山夹一河，所形成的峡谷环境，这种地形导致优质土地资源的严重缺乏，若再缺乏交通、资源特异性和商贸优势，那聚落的发展极容易走向停滞或走上"资源诅咒"的厄运；3. 聚落聚居体系基本都是沿着峡谷纵向拓展，因先天的环境劣质，加上因盐资源开采所需柴薪资源开采，居民的环境保护意识较差，宜居环境的需求是限制其发展的关键因素；4. 交通商贸条件发展较好，因特殊资源禀赋和优质土地资源的限制，聚落中人工性质的交通条件建设相对较好，是区域内重要站口、驿站或者政治中心。

黑井古镇是典型的高山峡谷型聚落，其选址环境属于亚热带季风气候区，盐井位于聚落的北部西侧风吹岭山沟中，整个聚落自南向北依托川江而生长，基本形成带状形态，基本形成"山—聚落—川江—聚落—山"的"V"字形的择址空间。古道道路体系较为发达，铁路、县道交叉而成，是滇西的资源开发型驿站聚落。聚落体系依托黑井镇为中心，形成网状体系（图4-6），整体以川江沿线的滨河聚落为主轴，东侧北端聚落集聚较少，南段以河沙坝为中心形成集聚组团。西侧围绕着麻树岭形成大面积的传统聚落集聚区。黑井古镇至今仍保留着极为完整的传统聚落格局，据载有21处各级文物保护单位，典型的文物遗存大镇。古镇坊巷特色多具唐宋风貌，大部分颇具明清风格，民居、碑刻、石雕、古塔、石牌坊、古戏台，以及古寺庙、古盐井、煮盐灶户等各级、各类遗存较多。①

图4-6　黑井古镇山水格局分析图（改绘自奥维互动地图）

（三）住山种坝型：弥井村

住山种坝型是滇盐产区传统聚落对聚居环境适应过程中最为典型的宜居模式，其展现三个特色：1. 盐资源分布在较为平坦的山坝交接的山谷区域，聚居环境为因水系冲积而形成的小型坝区，有大面积的优质的基本农田、湿地和林地；2. 聚落聚居在山坝交接的半山区域，沿着山坝沿线集群生长，最大限度地保护着基本农田和水系资源，空间断面形成"山林—聚落—农田—河流"的格局；3. 盐资源是聚落生长的原始动因，但随着聚落的聚居空间的拓展，农耕产业主导着聚落后续的发展，村落对盐资源的依赖程度逐渐降低，随着交通网络的发展，聚落形成工商业和农业一体的产业发展体系。

弥井自然村四面环山，坐落于弥沙河的下段的山坝交接区，分布在弥沙河的两岸，村落历史悠久文化底蕴深厚，盐业的兴盛曾使弥井盛极一时（图4-8）。滇西产盐区的"三大井"，即弥沙井、乔后井、云龙拉井。元、明、清朝代在此设大使署、巡检司、盐课司，作为"母井"的弥沙盐井统辖周边的乔后井、云龙拉井等分子，弥沙盐井主要是指旧井、滴水井（岩壁），潜井（西桥墩），以及东桥墩下的沙露井、大井、小井

---

① 因开发不足和交通不便，旅游业遭遇瓶颈 黑井古镇：办旅游难觅好"管家"［N］. 都市时报，2012-06-11.

图 4-7　弥沙乡山水格局分析图（改绘自奥维互动地图）

和矿井，是个盐井体系。弥井是"盐马古道"的发源地之一，千百年来，因盐业的兴盛来自五湖四海的盐商马队汇集于此，带来了不同特色的文化、习俗和宗教，所产盐经过盐马古道，途经沙溪运往各地，是盐马古道上遗存现今的一个较为典型的产盐聚落。[①] 村中仍保留着盐神母、三圣宫、昭应寺、古戏台等文物古迹，古盐井、古桥、古道、古戏台、土木房、古巷道、石砌墙等乡村文化景观遍地如是。极具地域代表性的"渔樵耕读"文化习俗一直传承下来，是弥井的象征，也是这里的产业、生活方式和风情习俗。

图 4-8　弥村山水环境现状图

---

① 剑川弥井"达额勾"民俗文化活动丰富多彩 ［N］. 大理日报，2015-06-03.

第三节 聚落生长形态

一、"井—村"联动生长模式

盐井即是盐村这种现象在产盐区是较为普遍的现象，一村一井或一村多井是聚落发展最为普遍的开始，随着盐井的壮大，一井多村的聚落体系基本形成。通过分析各个典型盐井村的空间选址特点，进一步探索盐井村与周边村落所形成的聚落体系特征和内在的逻辑关系。滇盐三个盐区产业聚落体系的生长模式从聚落生长视角可以分为井村联动生长型和井镇联动生长型（图4-9）。产盐聚落的肇始原动力即是盐井资源，随着井盐的生产和行销，聚落逐渐壮大，进而带动周边聚落生长形成区域性的聚落体系。三大盐区的各级盐井因产量、质量有强弱之分，随着历史发展所带动的聚落也有强弱之分，这种盐井资源与聚落生长的关系相辅相成，共同形成内在的联动生长关系。这种"井村"联动发展主要有三种类型："弱井弱村""强井弱村"和"强井强村"。

弱井弱村即盐井村因盐井自身的生产力较弱，其自身发展受到限制，带动周边聚落发展的能力也较弱，但聚落能持续生长至今的也有其生存的特色之处。如元永井、弥井和石膏井，盐井所在的村落因地理环境限制，聚居程度较低，对周边聚落的生长牵动能力也较弱（图4-10）。元永井和石膏井属于滇西的山谷区聚落，因自然地形环境限制，聚落聚居程度较低。弥井属于山坝交接区的盐井，农田条件相对较好，历史文化底蕴浓重，聚落以农耕产业为主体，发展较强。弱井弱村型聚落体系模式盐井村相对孤立存在，在峡谷、道路延长线或盐井村外围的山坝交接区出现部分簇群。

强井弱村即盐井村发展较好，随着盐井生产能力的拓展，村落逐渐壮大，内部基础设施、聚居空间和文化设施较为齐全，但盐井村带动周边聚落发展能力较弱（图4-11）。一方面，受地理环境的限制，周围缺乏聚落聚居的地址，缺乏土地资源；另一方面，则是离盐井村外不远处有聚居条件更好的聚落聚集区。这里盐井聚落体系如诺邓村、香盐井村、师井村和抱母井村等。诺邓井是滇西最大的盐井，但是诺邓村落体系则不显著，仅以诺邓村为中心，周围只零散分布着几个聚居点。一方面，诺邓村四面环山，诺河穿村而过，属于半山峡谷型聚居特色，基本农田较少，除盐井外没有利于聚落发展的资源禀赋，地理环境限制着聚落体系的成群发展。另一方面，离诺邓聚落不远的南边便是云龙县城所在，因沘江冲积成坝，相比诺河峡谷环境聚居条件较好，沘江沿线均聚居着大量的聚居区。香盐井村与诺邓村较为相似，香盐村位于香盐镇西南侧，香盐河东北至西南方向横穿整个村落，益智公路也穿村而过，将整个村落分割为东西两个集聚区，是较为典型的轴线型集市村，由于盐业的兴盛，这里曾经是车水马龙的繁荣之地。香盐镇位于景谷县西南端，距离县城较近，整个镇的兴起与香盐井的发展不可分割。县镇村连为一体，县镇因公共基础设施和地理环境优越而吸引大量的聚落生长。香盐井村一村依托盐井独大，周边未能形成聚落体系。

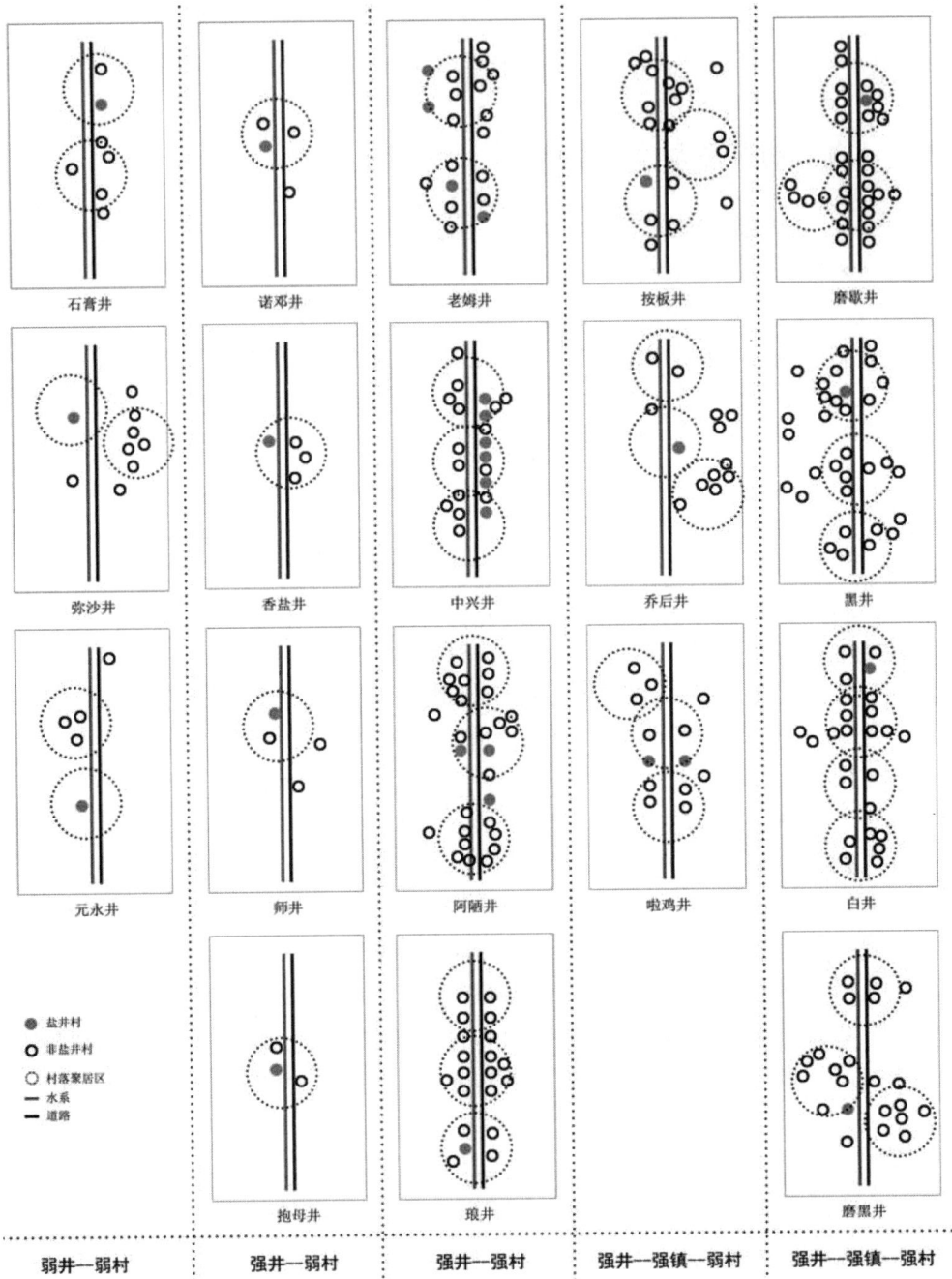

图 4-9　滇盐产业聚落体系生长模式分析图

图4-10　石膏井、元永井区域聚落体系分布情况

　　强井强村即盐井村依托盐资源先天优势逐渐壮大，形成区域内聚落发展的典型代表，随着盐资源开发与行销，带动周边聚落逐渐生长形成规模性的聚落体系（图4-12）。强井强村型聚落体系体现三个典型特征：聚落空间格局成"串珠"状结构，每个"珠"点有盐井村带着多个传统聚落结合而成；整个聚落体系有一个或多个盐井村，村落之间靠水系延续井盐文化，靠道路建构商贸集市，依托自然地形构建文化、商贸发展轴；盐井村是整个聚落体系的文化和经济核心点，聚落体系靠盐文化来驱动和构建聚落之间的"发展链"，在盐资源兴盛和衰退过程中，聚落发展动力的转变不仅仅是依托盐资源，而是形成了聚落体系的空间生产价值，聚落体系功能的转型已形成一种发展共同体，整个演变过程不会因盐资源的"资源诅咒"而影响整体发展。

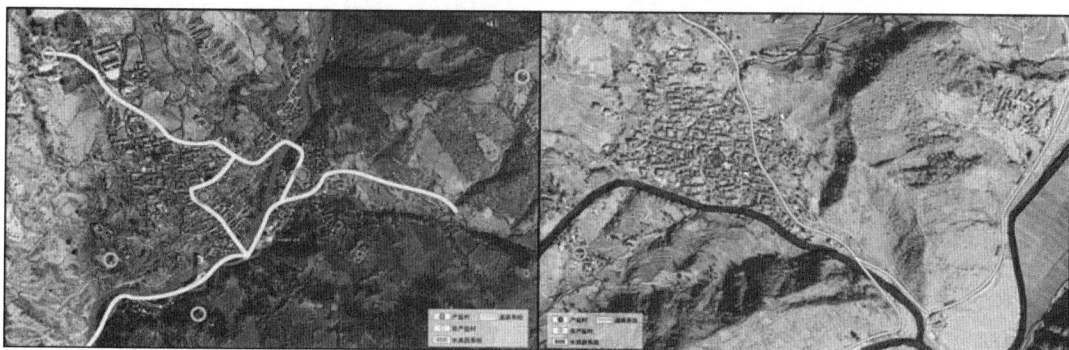

图4-11　诺邓井、师井区域聚落体系分布情况

　　在村落体系形成过程的分析中没有发现"弱井强村"类型。一方面，从滇盐三大盐区盐井的空间分布来看，虽然各级盐井较多，但是盐资源的分布相对集中，这致使产盐聚落相对集中，很少出现因一弱盐井带动区域聚落集聚的现象。

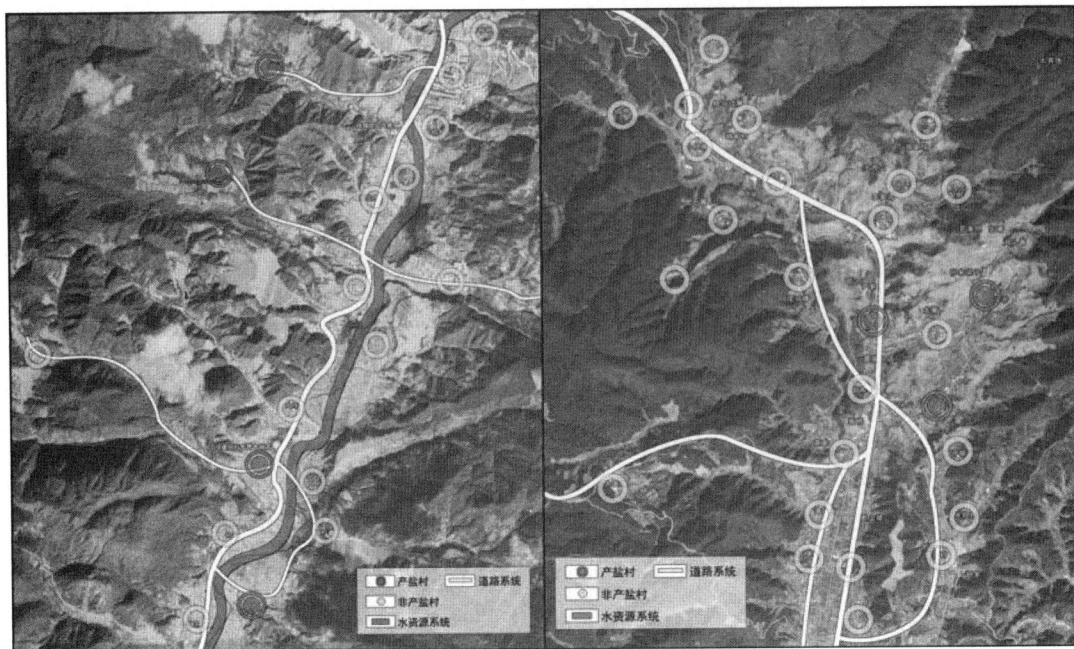

图 4-12 老姆井、阿陋井区域聚落体系分布情况

二、"井—镇—村"联动生长模式

产盐聚落随着盐资源开发和行销拓展，借助交通和基础设施建设的优势，部分条件优越的村落会壮大成为镇（市）。这种发展模式看似简单的从"井—村—镇（县市）"这种建设规模的拓展，实质其中的行政属性的变迁和管理模式的变革才是真正内生的动力。当聚落从一个产盐村发展成为镇，镇行政管理属性的提升，对各级管理制度、产业链体系的构建已经超越了盐资源本身的牵引。而是借助各个产业一体化发展的综合效益。另一方面，镇以及以上行政属性的空间生产能力是促使盐井区聚落增加的主要原因，投资环境好、公共服务基础设施发达，以及宜居环境提升等都是村落摆脱盐资源源生动力的持续生长的主要原因。这种"井镇村"联动发展主要有两种类型："强井强镇弱村"和"强井强镇强村"。

"强井强镇弱村"型聚落体系即盐井村已形成较大规模的聚落，依托盐井村形成区域内的镇，依托镇在周围形成一定的聚落集群体系（图 4-13）。体现几个特征：聚落发展核心已不是盐井村和盐资源，而是依托盐井而发展起来的镇和空间体系；盐井文化是城镇历史文化和经济发展的文化主轴，是整个聚落体系发展的历史见证；在聚落体系格局形成之前，产业发展经历以盐资源开采为主到工商业、服务业和农耕产业等多位一体的产业体系；城镇因地理环境的先天限制，对周边聚落发展的带动较弱，"弱村"的现象随之出现。按板井、啦鸡井等盐井聚落体系是属于这类型，啦鸡井位于怒江州，是典型的高山峡谷型城镇，离其最近属营盘镇，位于澜沧江边，北边最近为福贡，南边为六库，东边则为兰坪，相距至少是 2 个小时的车程。聚落的发展因啦鸡井而兴起，如今，井盐的经济效益已基本消失，城镇发展主要依托区位优势和世居少数民族的聚居需求。

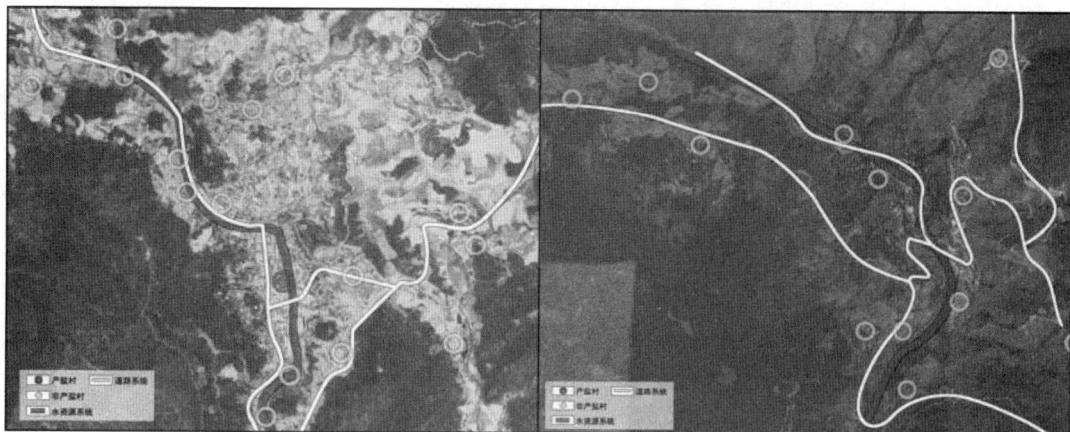

图 4-13 按板井、啦鸡井区域村落体系

"强井强镇强村"型聚落体系即在盐井村、镇具有较为全面的发展，因区位环境、地理资源禀赋等条件，周边分布着大量的聚落，形成较为完善的聚落体系。与"强井强镇强村"型聚落体系相比，最大的特征是周边的聚落集聚成群，形成聚落网络格局共同体。诸如磨歇井、黑井、白井和磨黑井等所形成的镇村体系（图 4-14），这些聚落体系格局与前四类聚落类型相比有较为复杂的体系特征：聚落镇区范围内聚落体系成"串珠"大格局；聚落体系中主体村镇成"组团"状，且组团格局是聚落联动的核心；此类型聚落体系交通基础设施较为发展，大都是通往省内各大城镇群的核心要道，磨黑镇和磨歇镇最为典型。磨黑镇是普洱通向滇中地区的主要通道，集交通要道（元磨高速、昆洛公路）、自然资源（盐井、茶林、咖啡田及瓜果园）和亚热带季风气候条件为一体，聚落围绕着镇区南北向带状延伸，形成"T"字形空间聚落体系。

图 4-14 磨歇井、白羊井、磨黑井区域村落体系

第四节　聚落景观构成

一、盐井景观

盐井是产盐聚落景观结构中的文化核心，单个盐井决定着某个聚落的产生、发展和嬗变，一个盐井群所构成的体系能控制一个区域的聚落体系。盐井景观的构成可以从盐井（点）、盐井线（群）和盐井片（面）三个方面来分析。

盐井（点），即单个盐井，如滇西产盐区"云龙八井"顺荡井、师井独立分布在北段，形成"一井带一村"的发展模式。盐井作为产盐村内地标性的乡村景观，是盐文化活态展示和盐生产生活体系的承传；宝丰井（金泉井）作为南部的盐井，整个发展过程将产盐聚落促生成区域性的集镇，甚至县城，是整个城镇历史文化景观的主体。

盐井线（群）是集群性盐文化景观，在承传独个盐井特征的基础上依托盐井的分布位置，构建成线群态的乡村文化景观遗产，如以诺邓井为中心的诺邓井、石门井、大井、天耳井和山井五井景观，构建了整个诺邓村盐文化的核心地标。滇中盐区中兴井村的盐井体系，以中兴井村为核心，南接上五井村、三家井村、高家井村，通过四个盐井构建线状盐井聚落体系，与西侧的中兴井水库构建倒"U"形的线状盐井景观空间。

盐井片是盐井、生产区和生活区共同构成的乡村盐景观，集自然景观、盐井景观、农业景观和聚落景观为一体。在滇藏茶马古道上的盐田便是最具代表性的盐井景观区，千年盐井矗立于澜沧江边，圆柱形如碉堡，更似烽火台，似乎是对历史上发生在此的盐资源争夺战——"羌岭之战"冤魂的祭奠。密密麻麻木桩撑起的产盐棚架和生活区连在一起，棚上泄露下来的卤水凝固后，在棚下能看到垂挂的钟乳，走进其间，能感受到千年古法制盐、千年工艺和因盐而成的千年聚落文化。棚架上储卤、晒盐等场所犹如"田"，而那不仅是盐田，是一面面折射千年历史、千年文化的镜子，滔滔不绝的澜沧江水与之相辉，无不在诉说千年血泪的故事。盐井资源散布澜沧江两岸，一样的盐井，一样的泸水，晒出来的盐却不一样，东岸盐白如雪、西岸盐红似血，融天地为一体，展千年历史盐图故事。

二、自然景观

滇西三大产盐区，其产盐聚落多为自然景观，少为人为景观。天然景观主要体现在高山峡谷、流域冲积坝和沼泽湿地等自然区，而人为景观与聚落景观相接近，主要是居民直接影响和长期作用的自然面貌发生明显变化的景观，如因砍伐森林而导致的荒地，因开垦森林而形成的农田，以及风水林等。产盐村的自然景观是仅次于聚落景观变化程度最快的，聚落无限拓展，自然环境的萎缩、破坏，甚至带来环境问题。滇中盐区禄丰一平浪镇"移卤就煤"工程从自然环境适应视角来看，可以说也是分析产业聚落自然景观演变最为典型的案例。据载，1931年，当时的云南盐运使张冲在视察禄丰境内盐区时，见以柴煮盐造成"四周山空，柴源枯竭"，后来经过勘察自然环境，决定采用"移卤就煤"来解决这一问题。①

滇盐三大盐区自开采食盐以来，"掘池储卤，泼卤薪炭""黑井千家，皆灶户也""柴薪烧制、圆锅熬盐"的传统制盐工艺一直延续至今。"柴"作为盐资源开发的牺牲品，是产盐区自然环境变迁的内因。盐资源的"起—兴—衰"，与之相对应产业的发展则是"农—盐（手工业、商贸）—农"的轮回过程，而自然环境在这个变迁中则是逐渐消失和破坏。其中，熬盐柴薪的采取、聚落拓张的木材砍伐和土地的侵占、农业复兴需求带来开垦山林是这个产盐区自然环境遭到破坏的三大源头。

自然景观的破坏造成的问题最为严重的是水资源的缺乏，导致卤水的缺乏，盐资源衰退。产盐传统聚落至今最为严重的空心化、产业退化、人居环境恶劣等问题均是乡村振兴战略推进所面对的问题。

三、农业景观

农业景观是多种乡村元素的复合体，其主要构成为产、地、景、人和文这五部分。"产"主要是指乡村景观的物产，包括人工生产的物产和自然生长的物产，范围较为广泛，融合种类较多，可容纳农林牧副渔和乡村区域的野生物产。"地"主要指生产空间，包括农林地、农田地、草地、湿地、水域等农特产业的有效载体和窗口。"景"主要指可有利于乡村发展的农业生产、农村生活的环境和背景，以田园、山川、村落和生产生活场景等为主体背景，相互交融联系。"人"即用于农业生产的服务人员的各种角色和典型形象，是农业景观中有机文化的主要角色，是农业景观活的体现，而且得是农业景观的主人。"文"即是农耕文化，包括农业景观生产领域的风土人情、传统文化，农业景观除了生产功能外，还是文化品质、文化内涵和农业文化透过文化形态的承传延续，是农业景观的精神源头和文化根脉。

产盐区农业景观的变化主要依托产业在历史阶段上的转型，产盐区最早居住的居民主要以农业生产、狩猎放牧或者打鱼谋生，随着盐资源开发所带来的红利，这些传统产业转变随之衰退，随着产盐聚落人口的拓展，农业开始逐渐复苏，直至盐产业衰败，产盐聚落除发展为县镇外的聚落，其发展产业基本回归农业。但大部分盐聚落分布在高山峡谷区，优质的农田林地较少，原因盐而生的聚落逐渐衰退，产业以农业为主，林果和养殖业为辅。

随着乡村旅游的开发，现代休闲农业、文化旅游和传统聚居文化的展现，农业景

---

① 《楚雄彝族自治州交通志》编纂委员会. 楚雄州交通志［M］. 天津：天津人民出版社，1992：153.

观作为一种盐井的文化遗产，具有较大的开发价值。特别是与产盐环境相适应的中药材、农特产品和文创产业的发展，是活力衰退但聚居景观保护较好的这类传统聚落发展的潜力因素。

四、聚落景观

聚落景观是产盐村景观主体，因地理环境、民族生产和生活方式的不同，聚落景观表现出不同的地域特征。传统聚落遗存至今最大的特征是遗存这大面积连续不断的民居，散布着大量的宗祠、戏台、盐局、产房、古桥、古井和古碑等文化遗产。如前文所述的盐田村，其民居建筑和产业设施融为一体，小至弱小柱墩石桥，大至区域的自然景观，均有机地融合在一起。聚落景观主要包含民居簇群、街巷集市、地标节点和文化系统四个方面构成。

民居簇群和盐业建筑是传统村落地域文化特色的重要载体，不同聚居环境、不同民族活动都各自拥有自己的聚居活动习俗，就会产生不同的传统建筑（群）系和艺术表现形式。而不同的建筑风格艺术，又往往反映不同地区、不同民族的文化特点。[①] 传统村落民居建筑成为民族文化传承和延续的空间载体，也是传统村落遗存中最有开放潜力的主体构成单元。滇中盐区传统聚落的类型主要是彝族的传统院落和土掌房，滇西盐区主要是白族的三坊一照壁、四合五天井和台式四合院，滇南盐区部分是异化的合院式和干栏式。

街巷集市是聚落景观中最为典型的簇群地段，如诺邓井村的台梯子集市，黑井古镇的滨河街市，均是产盐聚落典型的街市。街市以两侧的民居院落为基础，形成"U"字形的街巷空间，其间交叉处常设"四方街"作为公共活动中心。街巷的入口和出口处择址设施牌坊和贞节坊，村落中营建宗祠、庙宇。街巷集市承载着聚落的交通的主道、商贸功能和公共服务设施，是重要的文化轴线和功能链。

地标节点是聚落文化标志、精神堡垒和遗产网络主题，聚落的地标节点是居民对地方文化归属感、文化自信的寄托。在产盐井村的主要地标节点，如盐井、晒盐产、龙王庙、龙祠、玉皇阁和盐局等盐文化地标；牌坊、庙宇、大院落、四方街、戏台和风水林等聚居地标；古桥、古道、古水渠、古台阶和古树名木等自然地标。聚落内的地标节点以盐井文化为核心，通过各个地标节点将生活、生产和精神寄托连为一体，展现隐藏在表象景观背后的文化内涵。

文化系统是聚落景观中隐性部分，是世居家族和商贸人流历经时空变迁和积淀的产物。聚落文化系统是个多元复合的体系，集生产、生活和宗教文化为一体，是盐井景观、自然景观、农业景观和聚落景观之间的隐性链，是整个聚落可以持续生长的内生动力。

---

① 斯心直. 西南民族建筑研究 [M]. 昆明：云南教育出版社，1992：86.

第五章 产盐聚落个案研究：诺邓古村

第一节 聚落形态特征

一、聚落选址特色

诺邓古村是因诺邓井盐的开采而逐渐形成的白族聚居村落，公元863年唐代樊绰的《蛮书》中就有关于诺邓井的最早记载，以此推算诺邓村名至今已经有1300多年的悠久历史，目前被誉为"千年白族村"。该村总面积约31.1平方公里，现有耕地面积4015亩。自2000年12月8日云龙县人民政府就开始把诺邓古村纳入旅游开发，近几年诺邓古村才慢慢被外界人士所知。2002年1月被列为"云南省历史文化名村"；2005年8月确定为"云南省开发建设型旅游小镇"；2005年9月被推选为"中国最具旅游价值古村落"；2007年6月被列为"中国历史文化名村"；2007年12月被列为首批"中国景观村落"。诺邓古村是以白族为主聚居形成的村落，形成于南诏国时期，因盐业而逐步发展起来，由于历史、地理等原因，保存着浓郁、古朴的原生民族文化特质，村落中的各主要构成元素保存较为完整、极具特色。古村的历史文化价值底蕴丰厚，建筑类型多，整个村落布局结构严谨，具有自己独特的聚落景观形态。

从距今六千年的仰韶文化聚落遗址中可以看出，当时的人们已经对地理环境有所认识，开始对聚落的居住环境进行选择，因此，"青龙蜿蜒，白虎蹲踞"的风水思想可追溯到仰韶文化时期。白族深受风水理念影响，世代相沿"依山傍水、坐西面东"的选址原则，在选址上，背靠大山，正面开阔。他们认为："有靠山，才做得起人家。"《蛮书》云："渠敛赵……西岩有石和城，乌蛮谓之土山陂陀者，谓此州城及太和城，俱在陂陀山上故也。"[①] 从白族的村落分布看，大多都背山面水，坐西向东，坐落在依山的缓坡上，具有"背山面水、藏风、聚气"的吉地特征。从居住方面上分析，这样的选址满足了风水学中理想选址模式和生活功能需求，地势还能够满足基本的安全需

---

① 张黎明. 白族民居文化的形成与汉文化的影响 [J]. 楚雄师范学院学报，2007（12）.

求、避免潮湿水患之忧。诺邓古村周围群山环绕,有"众山之祖"之称的满崇山雄踞北方,能够挡住北方来的寒流,东北延绵山麓则似"文笔石砚""金钟玉鼓"。整个村落被诺河分为河东和河西两个片区,河东片区占整个村落面积的 35%;河西片区占65%。河东片区位于香山的缓坡上,形成了背靠香山,面对诺河的布局;河西片区坐落在满崇山的半坡上,建筑依山而建,背靠满崇山峦,面对诺河(图 5-1)。

诺邓村属于典型的山地型村落,建筑分布在东西两个方向的山坡上,具有良好的日照,且利于通风。山谷中的诺河是古村范围内的五条小箐沟汇流而成,这样利于"聚气",古村的分布沿着诺水的走向则是"顺气"的表意①;而南面是"堵气"的一面,并且是个背阳面,不利于古村的发展。诺邓村周围还存有很多上百年的黄连木和大榕树,形成诺邓古村周围的风水林。诺邓古村聚落的选址背山面水,小气候条件较为良好。

诺河发源于东北方向的山脉,顺西南峡谷经过三公里流程汇入沘江,在诺河与沘江汇合的河床上,形成"S"型的转折水湾,东西距离有 880 米,南北距离有 1000 米。因图形类似道家的太极图,并受到风水理念的影响,整个地方被赋予美好的风水含义,称为"太极锁水",它是诺邓西南面的入村门户。庄坪山和诺邓满崇山的山脉连成一体,形如雄狮翘尾蹲伏;鹅脖子岭岗从对山蜿蜒而来,活似大象伸鼻而卧,有"狮象把门"之称。"太极锁水"与"象狮把门"围文气、财气于内而不外泄,围瘴气、决气于外而不入侵,共同保证了诺邓村的良好风水。"太极锁水"东面山中部面向诺邓古村中的最高建筑群——玉皇阁道教建筑群,与其相呼应;南面山中部面朝虎头山的三清殿,两者均为道教建筑群,与道教太极图外附的八卦方位极为相似,太极地貌与中国道教信仰中最高的神宫神殿联系在一起,形成"天人合一"的风水意象。

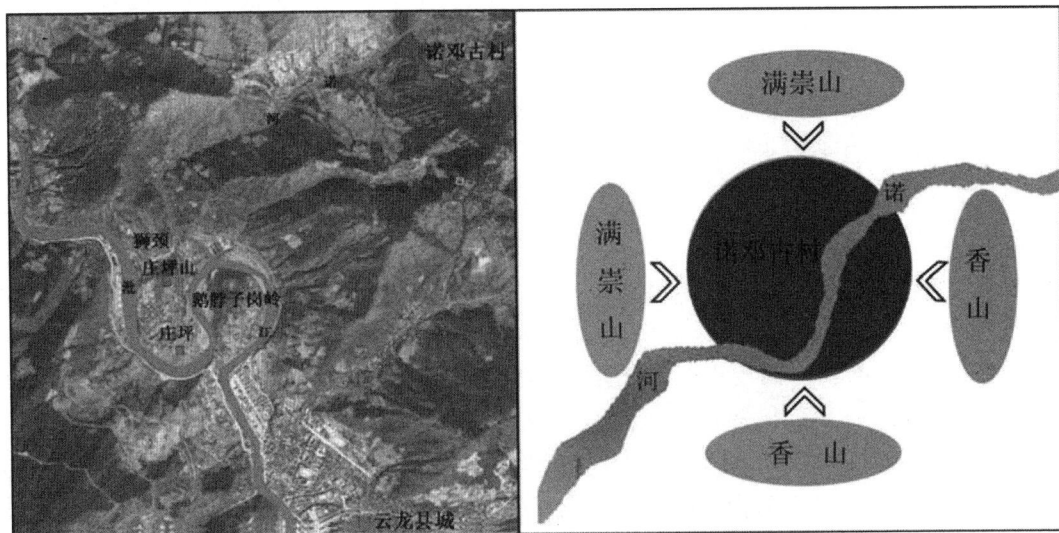

图 5-1 诺邓古村山水格局示意图

---

① 中国科学技术协会. 山地城镇可持续发展 山地城镇开发建设与经济发展 [M]. 北京:中国建筑工业出版社,2014:174.

诺邓古村的选址遵循中国古代村落选址的风水观，自然山水与人工建成环境相结合，人文景观与自然环境相融合，构成了"山—村落—水—村落—山"的格局，呈现出"人—聚落—山水环境"相互和谐的状态。

二、聚落产生与发展

（一）古村产生

村落是聚落的一种基本类型，早期的聚落和村落是互通的。关于聚落的起因，学术界从社会学、考古学和历史学的角度主要提出了四种理论：水力论或环境理论，城市因为良好的耕作、灌溉条件而发展；宗教论或宗庙起源论，因宗教的凝聚力而产生了人的聚集，聚落由此产生；经济论或市场起源论，长距离贸易的产物，起源于内部交换过程的区域中心；军事论或防御据点起源论，因军事原因而形成的聚落。诺邓属于第三种，它是由于盐业经济贸易而逐渐形成的聚落。[①]

西汉时期，《云南通志·盐务考》记载，汉代云南有二井：安宁井、云龙井，云龙井即诺邓井，诺邓井的开井始祖是邓氏一族。西汉元丰二年（公元前109年），汉武帝在征服了滇国后，设立了比苏县，诺邓井就在比苏县境内，东汉王朝把包括比苏县在内的六县划出，成立了"益州西部属国"，当时的缴盐赋者就是比苏县境内云龙沘江流域的盐民。永平十二年，比苏改隶永昌郡，晋时改属西河阳郡，梁末比苏县被废。唐代，樊绰在《蛮书》中提到"剑川有细诺邓井"，"细诺邓井"就是现在的诺邓，当时云龙的部分地方属于剑川节度管辖。直到明历四十八年划归云龙州之前，诺邓在较长时间归属南诏、大理国，也就是洱海周围白族先民的聚居地，由此可见，诺邓受白族文化影响有很深的历史渊源。[②] 在一些诗文的记载里"诺邓"也称"诺阳"，即"诺水之阳"，从诺邓东北方向发源的诺水，流经村中，顺西南峡谷而下注入沘江，"诺阳"意为诺水之北。清康熙末年云龙知州王符题《诺邓桥碑记》中第一句即"诺水之产邓井"。因此，诺邓村的先民，应该是如今白族的土著远祖，南诏之前较早时期为"随畜迁徙"的土著，早期该地仅有几户以农业为生的散户，还未形成村落的雏形。直至西汉，诺邓井的出现才伴随着诺邓村的逐渐形成。

诺邓村以前叫"诺邓井"，关于"诺邓"二字的来源有多种说法，但都与盐井有关，诺邓人都认为有了盐卤才有诺邓村。诺邓村的古盐井在整个村落的形成过程中处于重要引擎位置，对整个村落的经济文化起着隐性的引领作用，是古村形成的内在支配性因素。诺邓以盐业发展为动力，在特殊的地理环境和社会文化背景下，逐渐形成最初的原始村落雏形；随着盐业的快速发展、外籍人口大量迁入以及土著先民文化和儒释道三教文化的融合，诺邓村依托独特的自然山水格局逐渐扩张，形成以盐业经济

---

① 杨毅. 集市场所与聚居形态分化探析［J］. 昆明理工大学学报（理工版），2005（04）.
② 李文笔，黄金鼎. 千年白族村——诺邓［M］. 昆明：云南民族出版社，2004：142.

为主导，人工环境与自然环境的交界为自然边界的村落（图5-2）。

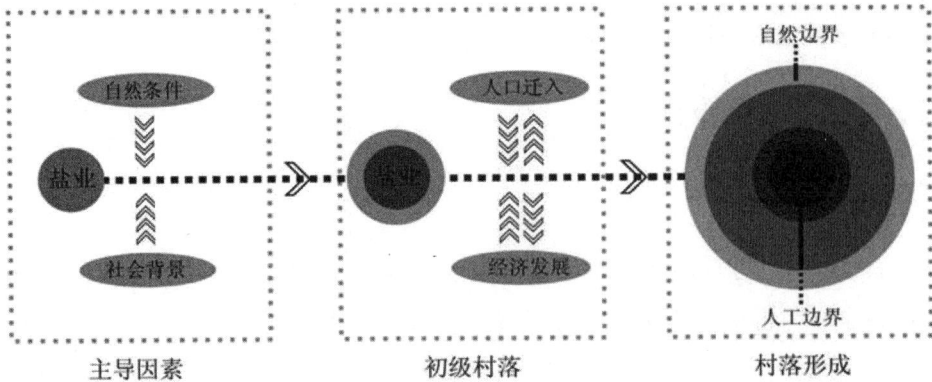

图5-2　诺邓村落形成原理图

（二）古村演变

诺邓古村的演变过程复杂且漫长，是一个螺旋式的自组织发展过程，主要依赖于诺邓盐业的兴衰，西汉、唐宋时期在诺邓盐井周边逐渐开始形成聚居地，到明清时期村落基本定型。唐代，国家对盐业未加控制，盐的生产规模不断扩大，运销获利逐渐增加；到元代，诺邓形成了以盐业为主的区域性贸易中心。随着盐业贸易的发展，很多外籍人士迁入诺邓，始祖为铨应公的杨姓就是元末明初，从四川到云南邓川，最后迁到诺邓；始祖为厚保公的杨姓一族也是元代由江西抚州临川县移居到诺邓。明洪武十六年（公元前1383年），五井盐课提举司设于诺邓，标志着诺邓村成了当时滇西地区的政治、经济中心。经过元、明、清时期的人口迁入和集聚，诺邓形成了以杨氏、李氏和黄氏为主的20个姓氏，分别来自江苏、福建、江西、河南、四川和云南内的大理、洱源、邓川，云龙县内的宝丰等地，这些从外迁入的移民和本地土著和睦相处，久而久之，被本地文化所同化也成了土著。土著仍为"源"，外来文化是"流"，外来姓氏与本地土著之间和本地白族先民与外来白族的融合主要体现在语言、宗教信仰、生产生活和教育文化之上。

最初，诺邓古村以古盐井为核心，沿诺河和山体形成发展轴，伴随着盐业发展和人口的大量迁入，在发展轴上逐渐聚集形成村落生长点，村落呈现"带状"发展。随着盐业经济区域性贸易的形成，聚居核心区周围居住圈逐渐扩大形成村落的扩展区，发展轴上的生长点也不断增加形成次级生长点，聚落逐渐形成"核心区（盐井）—发展轴—生长点—扩展区—次级生长点"的演变规律（图5-3）。聚落聚居形态逐渐以"带状"模式向"组团式"的山地模式转变，最终因盐业发展的稳定，形成稳定的聚落形态。

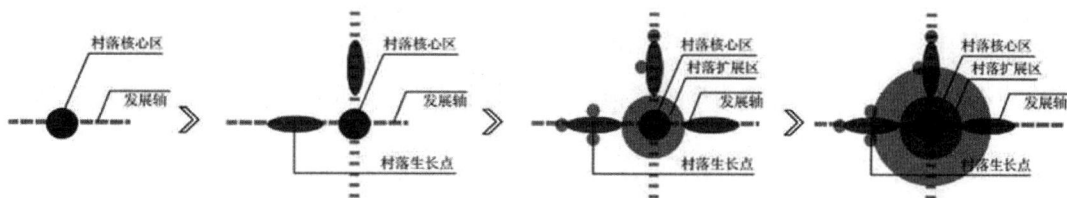

图 5-3　诺邓村落演变模式图

根据古村落的演变规律及诺邓古村的历史演变资料，诺邓古村演变过程主要分为四个阶段（图 5-4）：

第一阶段：汉代至明朝初期，村落处于初级发展阶段，古村的形态主要受地理条件和社会文化的影响。古村以盐井为发展的核心区，在道教文化的传播影响下，形成了玉皇阁建筑群的雏形和初级地方聚居风貌，由于村落规模较小和盐业发展的缓慢，村落内建筑呈"散点状"聚居，村落发展呈现"点状"聚居规律。

第二阶段：明朝期间，村落发展处于迅速扩张阶段。明初，"五井盐课提举司"设于诺邓，下面设立了诺邓井盐课司大使，中叶时期有三任提举。据相关资料记载，五井盐课提举司每年上缴中央政府的盐课高达三万八千多两白银，而明代国家黄金时期的中央财政收入才四百万两，一般年份也才两百万两左右，可见，诺邓当时在国家的重要地位。嘉靖年间，民居建筑和玉皇阁等建筑已经具有一定规模，"书声响逸、鼓乐喧哗"是对诺邓村当时境况的贴切描述。明清时期成为诺邓古村发展鼎盛时期的原因可归结为：（1）随着明初平定云南，江南、中原大量富户和居民被移民至滇西；（2）盐卤丰旺，中央对盐业未加控制，盐业开发规模大、盈利大；（3）诺邓地理位置和当时的政治环境，使白族先民各大姓、名家从城市迁往农村，从内地坝区迁往边疆、山区；[①]（4）盐业的利润，吸附了很多外姓人士；（5）盐业经济带动了诺邓村的多元文化，为教育发展创造了优良条件，致使很多功名的仁人志士定居于此。

诺邓村聚居方式在这个鼎盛时期从以盐井为核心而聚居逐渐向外围延伸"放射状"发展，逐渐形成"盐井—诺河"和"盐井—玉皇阁"分别沿河流、山体的发展轴，村落发展模式由"点状"发展转变成"带状"发展模式，"带状"发展的本质是生长源为线形生长带，促使形态沿轴向发展，形成外向开放的特点。该时期村落形态趋于完善，建设基本完成，建筑类型多样、形态丰富，形成了区域性的盐业贸易中心，呈现出相对稳定的聚落形态特征，构筑了含义丰富的地域文化，基本形成独具特色的聚落形态。

第三阶段：清朝至民国，村落发展处于稳定阶段。由于盐业贸易的发展，聚落内的交通条件得以发展，影响范围逐渐扩大，但因地理环境对村落发展的限制及各地盐业发展的兴起，聚落发展趋于饱和状态，聚落形态的发展基本稳定。由于聚落内轴向发展的动力，这个时期的聚落主要沿轴向两侧扩张，结合路网的不断完善，显现出明

---

① 李文笔，黄金鼎. 千年白族村——诺邓 [M]. 昆明：云南民族出版社，2004：36.

显的"组团状"聚居形态，诺邓村形成了河东聚居片区、河西聚居片区和玉皇阁宗教建筑群三大聚居组团。民国期间，因国内常年动乱，随着盐业经济优势的失去，诺邓赖以生存的优越条件也随着而逝，聚落形态基本没有改变，诺邓村的发展处于停滞期。

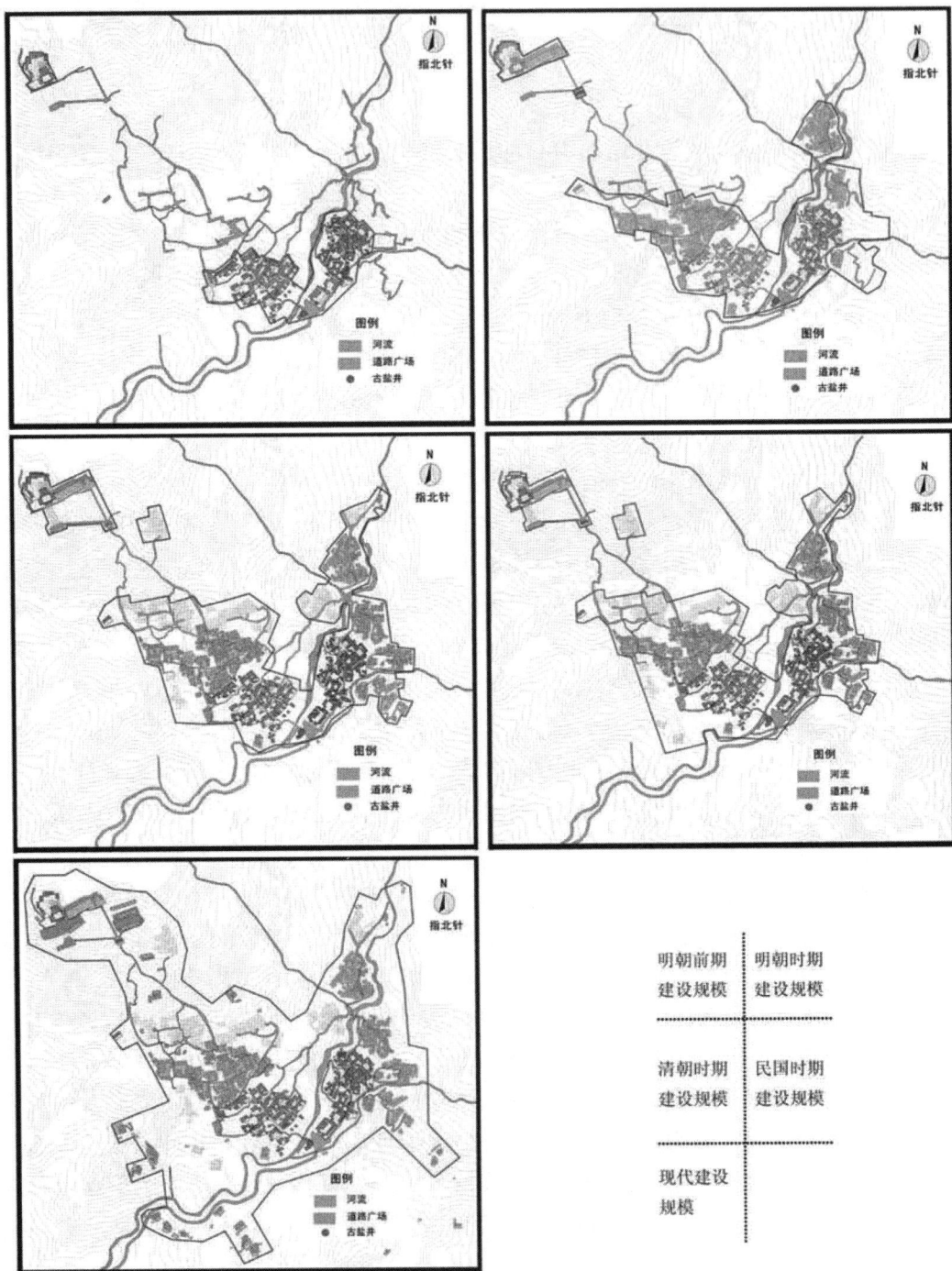

明朝前期 建设规模	明朝时期 建设规模
清朝时期 建设规模	民国时期 建设规模
现代建设 规模	

图 5-4 诺邓古村历史演变图

　　第四阶段：民国至今，诺邓村处于寻求发展阶段。从 20 世纪 50 年代盐业的生产运销收回国营后，基本形成了以东部地区生产海盐为主，中部和西南地区生产井矿盐以及西北部地区生产湖盐的三大块盐业布局结构，西南山区小井盐发展基本停滞。由于现代交通工具的出现，散点状的民居院落分布在西南方向的入村道路附近，有便利的交通，整个村落呈现出离散度较高的不规则布局形态。1996 年，诺邓盐井完全停产荒废，诺邓古村变成一个以开垦种地为主的农耕山村，回到了自给自足的农耕生产时代。从该时期开始，诺邓村逐渐走向衰落，不再有移民移入，相反，很多村民都通过读书、招工就职、经商等移出诺邓村，中华人民共和国成立初期诺邓村有 382 户 1864 人，到2000 年末，只有 283 户 993 人，而今也只剩不到两百户的常住住户。

　　诺邓古村衰落的主要原因：（1）工业文明，海水制盐成本低廉、工艺娴熟，诺邓村盐业经济结构单一，抵不过工业革命的浪潮；（2）中华人民共和国成立后，诺邓村的井盐生产方式由原来的单户变成了集体盐场生产，生产效率低下；（3）现代社会的发展，交通工具越来越多，而诺邓交通闭塞，所处的地理位置决定了村内的运输仅靠马驮和人背，限制了诺邓与外界的交流；（4）从多年"井上人"的角色转为"农耕人"的转变，村内可耕种的土地有限，农户耕种经验有限，需要很长时间来适应。

　　诺邓盐业自始至终都是诺邓村形成和发展的隐性主导因素，加之良好的自然地理和人文环境吸引了很多外来人才，带来了先进文化与本地文化融汇发展，成就了诺邓的繁华。现代社会飞速发展带来的冲击致使诺邓难以适应现代的生活方式，大量人口外流，大量木结构建筑严重损坏，缺乏维护，导致诺邓村走向衰落。目前，在诺邓古村中还能看到当时繁华的印迹，只是繁华仅属于过去，如今古村犹如一位历经沧桑的老者，朴实、沉稳中透露着高雅非凡的气质。

三、空间格局

（一）聚落布局形态分析

1. 聚落布局形态演变分析

　　云南传统聚落主要有准规制型聚落、多元结合型聚落和多民族自然生长型聚落三种类型。根据形成背景、发展历史、现实状况和地域特性，诺邓古村属于多元结合型聚落。聚居形态主要依托山水体系演变发展，满崇山和香山的山体形态、高度和走势等因素决定了诺邓古村聚落发展的总体布局，最初几个孤立的居民点以近水、就路而居，沿河流、道路布置。随着经济的发展，居民点沿河、山体发展，连接成了"线型"居民带，出现了依山就势的聚落生长点，逐渐产生轴线。盐业的发展伴随着大量人口的迁入，为了加强道路与河流"带状"聚落之间的联系，随着物质、文化交流的扩大，与河流平行和垂直的街巷也逐渐形成，主要形成以盐井为核心，以诺河和满崇山山脊为轴线的两条"带状"聚居地，到一定程度后，民居带扩展为块面的区域，发展形成"点"—"线"—"面"的布局演变序列（图 5-5）。其中，"线型"民居带将诺邓古村划分为细小块面的同时，也使"线型"空间与"面状"空间更紧密地相互结合。①

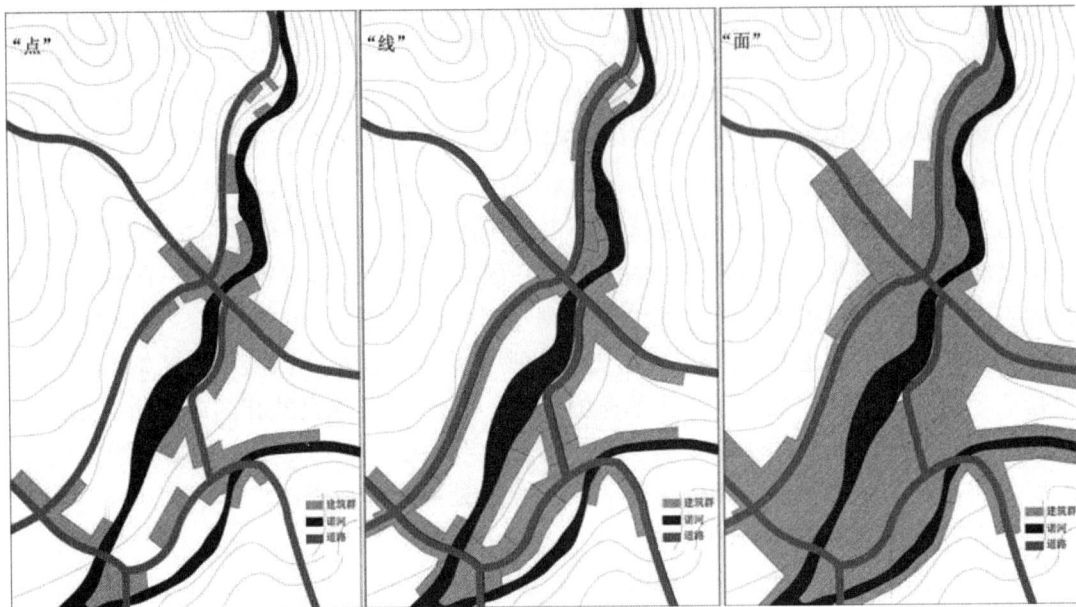

图 5-5　聚落布局形态演变图

　　诺邓村的聚落布局首先形成以盐井为核心的集聚型聚落形态，随着盐业区域性贸易的形成和人口的大量迁入，村落依托地形变化，沿道路和河流逐渐形成带型和组团型聚落。在复杂地理条件的影响下，村落发展受到山水格局的限制，村落整体布局顺应山势和地形自由布置，形态上表现出较大的灵活性和随地形起伏的自然性，没有固定的形态发展方向，随地形的变化呈现出灵活自由的布局形态，是自然形成的"自由型山地聚落"；古村在形成之初的形态比较规整，在发展过程中，受到周边地形条件的限制，整个村落呈现出离散度较高的不规则形态，体现出独特的分离式村落形态；从村落的整体布局形态看，村落的主要街巷相交叉，呈"十"字、"T"字或"Y"字型，衍生出众多的街巷和建筑，街巷和建筑在各组团内部集中布局，整体上呈现出分离式村落形态，内部则呈现出多个不规则的聚居组团。

　　2. 建筑簇群布局形态分析

　　在诺邓这样地形较复杂的区域，建筑根据地形的变化灵活构筑，形成成组成群的簇群布局形态。诺邓古村的复杂地形是村落形成的内敛力，促使建筑产生一种"高密度"聚集的倾向，簇群呈现出集约性的发展，形成相对紧凑的布局形态（图 5-6）。当簇群形成一定的规模后，周边缺乏必要容纳条件，越过承载极限，簇群就跳出原有的范围，在附近寻找适宜的用地发展，这种发展遵循着同样的方式进行。②

　　①　赵万民，李泽新. 安居古镇［M］. 南京：东南大学出版社，2007：102.
　　②　赵万民. 巴渝古镇聚居空间研究［M］. 南京：东南大学出版社，2011：96.

经过不断地超越承载极限，寻找附近的适宜位置进行生产、生活，呈现出"跳跃式"的发展形式，最后，形成诺邓古村五个明显的聚居组团（图5-6）。古村内中间部分建筑呈"簇群状"，外围呈"散落状"依附在山体环境中，建筑单元构成的丰富性形成单调山体环境中富有变化的活跃元素，使整个村落的总体平面形态呈"U"字线，整体上呈现出分离式村落形态。

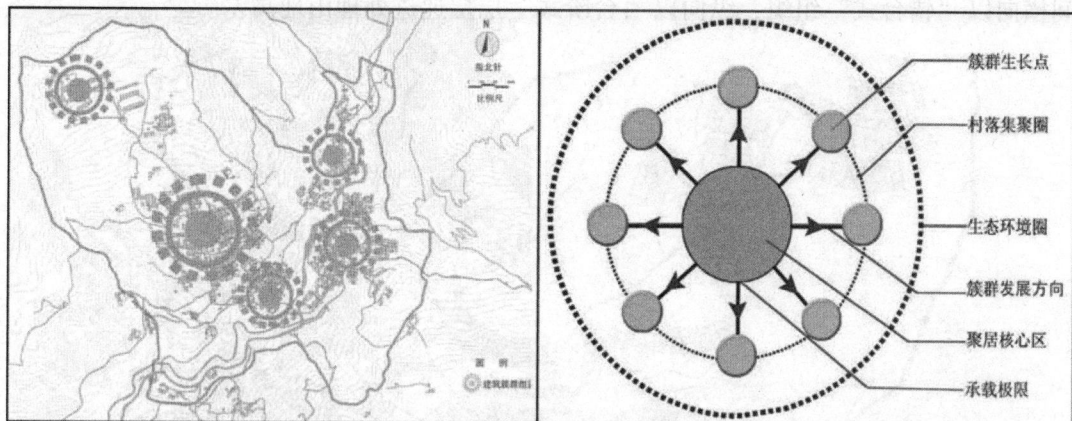

图5-6　建筑簇群组团及演变模型图

诺邓古村是典型的山地型村落，其发展、演变深受周围山体地形的制约，聚落布局形态特征表现出"院落—建筑簇群—聚落"三级逐层递进的布局形态。建筑簇群在此过程中处于主导地位，是古村聚落形态形成的关键因素。簇群内部建筑数量较多，都是结合地形采取自由布局方式，通过该方式来组织整个聚落。建筑契合地形高低起伏，呈现出层层叠叠、错落有致、层层抬高的形态，整个聚落的布局适应山势、地形自由布置，山体、诺河及植被等要素的变化丰富了聚落的景观层次。诺邓古村建筑簇群的布置方式主要有三种：与等高线平行的建筑簇群（A型建筑簇群）、与等高线垂直的建筑簇群（B型建筑簇群）和与等高线倾斜的建筑簇群（C型建筑簇群）（图5-7）。

A型建筑簇群是诺邓村内的主要布局方式，建筑朝向多为南偏东布置，B型建筑簇群南偏西，C型建筑簇群南偏西。A、B型建筑簇群主要位于山体缓坡上，坡度较大，而C型建筑簇群主要位于山谷地段，坡度较小。这三种布置方式的采光、通风效果都较好（图5-8）。[①]

分布在河西片区的A型建筑簇群，主要受河西片区复杂地形的制约，聚落形态呈现出"外凸"的形式，建筑沿山坡层层聚居，簇群以院落为单位平行于等高线布置，依据满崇山地形形成北高南低的"台阶式建筑簇群"，通过错台来解决簇群之间相互遮挡光线的弊端。A型建筑簇群横向"并列式"组织院落，纵向以"错落"形式组织，形成了错落有致的簇群布局形式；B型建筑簇群穿插在A型和C型之间，院落以垂直

---

① 武汉市建筑设计院. 建筑工程设计实录·办公、文教、住宅建筑篇［M］. 北京：机械工业出版社，2007：83.

等高线的形式布置，此种类型较少，主要由于纵向建造建筑对建筑结构更改较大并对山体破坏较大，但此种簇群聚居类型能充分利用太阳光和空气流来改善簇群间封闭空间的通畅性；C 型建筑簇群主要分布在河东片区，使河东片区聚落形态呈现"内凹"形式，建筑为了更好接受光照和遵循背山面水的选址格局，改变背面正靠香山的布局，建筑簇群以倾斜于等高线的形式布置，避开东面满崇山遮挡光线的弊端，这样，院落间横向以"错台式"组织，纵向以"台阶式"层层递进处理山地高差。

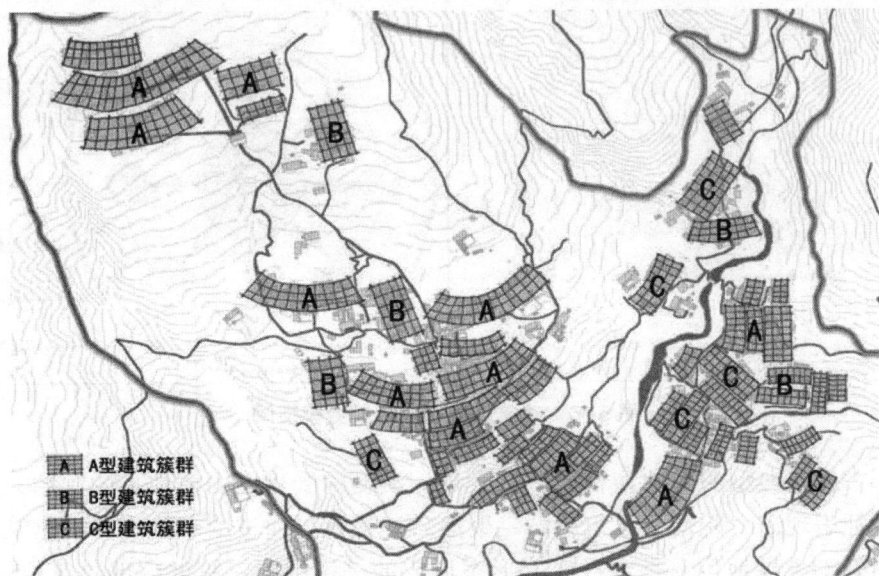

图 5-7　建筑簇群布局图

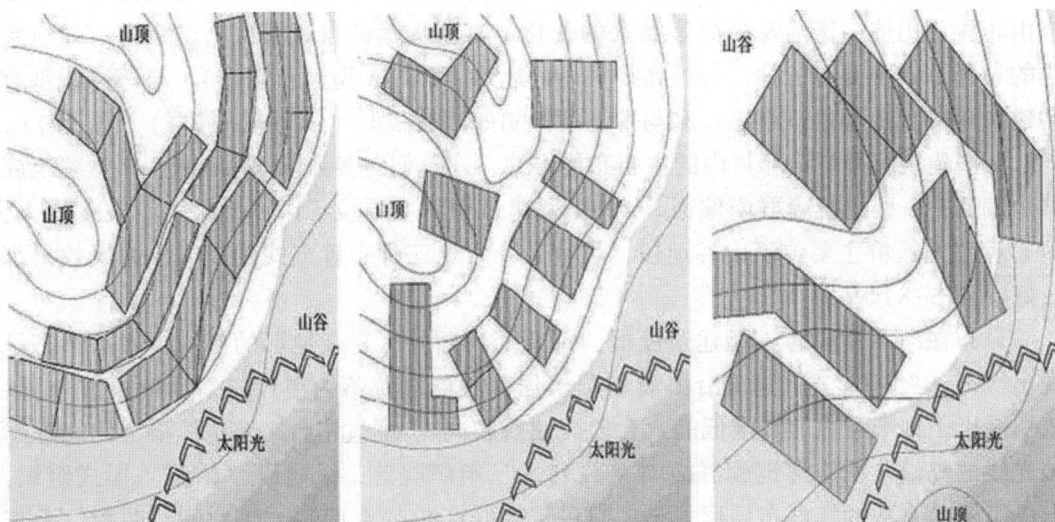

A 型建筑簇群聚居模式　　　B 型建筑簇群聚居模式　　　C 型建筑簇群聚居模式

图 5-8　建筑簇群模式

（二）聚落空间形态分析

1. 聚落空间形态构成分析

地形地貌是决定聚落形态的首要因素，诺邓古村地形复杂多变、高差较大。村内最高处：河西片区满崇山玉皇阁建筑群的高程为 2045 米，最低处：河东片区古盐井位置的高程为 1870 米，最高点与最低点之间的高差约 180 米，这样的地势限定了聚居地的分布，从而影响了聚落的整体空间形态。

村落空间高低错落，形态丰富，背景山体打破了"平地型"村落天际线的单调，街巷呈树枝状纵横贯穿村落，突出村落的空间结构，村中建筑、街巷和自然绿化有机结合，形成层次丰富的空间，增强了村落景观形态效果。[1]

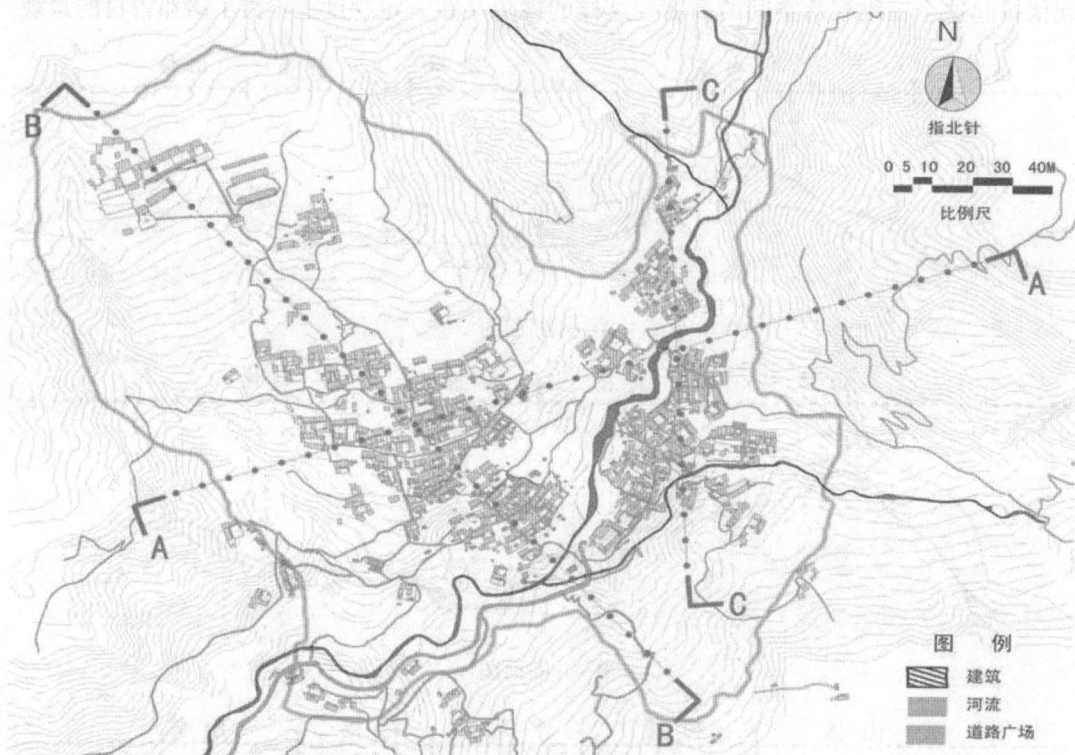

图 5-9 聚落与山水关系轴线图

诺邓古村聚落在空间断面上形成"V"字形。整个村落的天际线呈现出"凹凸"的混合形式。河东片区外部天际线整体上呈现出"凹形"态势，内部天际线起伏变化不大，致使空间具有内聚性和向心性，河东片区地势较为平坦，在聚落内部行人对内部空间的体验有一种仰视的视觉效果；整个河西片区的天际线主要表现为"凸形"，处于该空间内部视野较为开阔，通风、采光效果较好，给人一种畅怀、开阔之感。该片

① 白佩君. 论塔尔寺的神圣空间及圣迹文化圈构建 [J]. 青海社会科学，2016（3）.

区地势高差较大，主要道路垂直等高线布置，通过石台阶处理高差，建筑簇群大部分沿等高线布置，在垂直等高线方向上形成层层跌落的形式，建筑整体外立面呈现出层层跌落的"阶梯外凸"状，建筑物的"实"与街巷空间和节点空间的"虚"相结合，并穿插绿色植物斑块，使河西片区整体上形成层次丰富的垂直梯度景观。

诺邓古村聚落与山水关系在空间断面上主要呈现"山体—村落—水系—村落—山体"和"山体—村落—水系—山体"两种层递序列，两种格局均深受山体势态的影响。古村沿山体半坡"发散式"分布，呈现出"河流—聚落—山体"的"放射型"递进关系，河流是聚落的中心带状空间，既区别了河西、河东片区，又丰富了古村整体景观，村落分布于河流两侧，处于中间层，而外围被山体包围，形成了古村生态格局的保护屏障（图5-9、10）。由于绵延的山体是诺邓古村的背景，山体的层次变化与轮廓线的起伏撑起这个三维聚落空间的高度。这样的视角又在一定程度上丰富了诺邓古村的景观

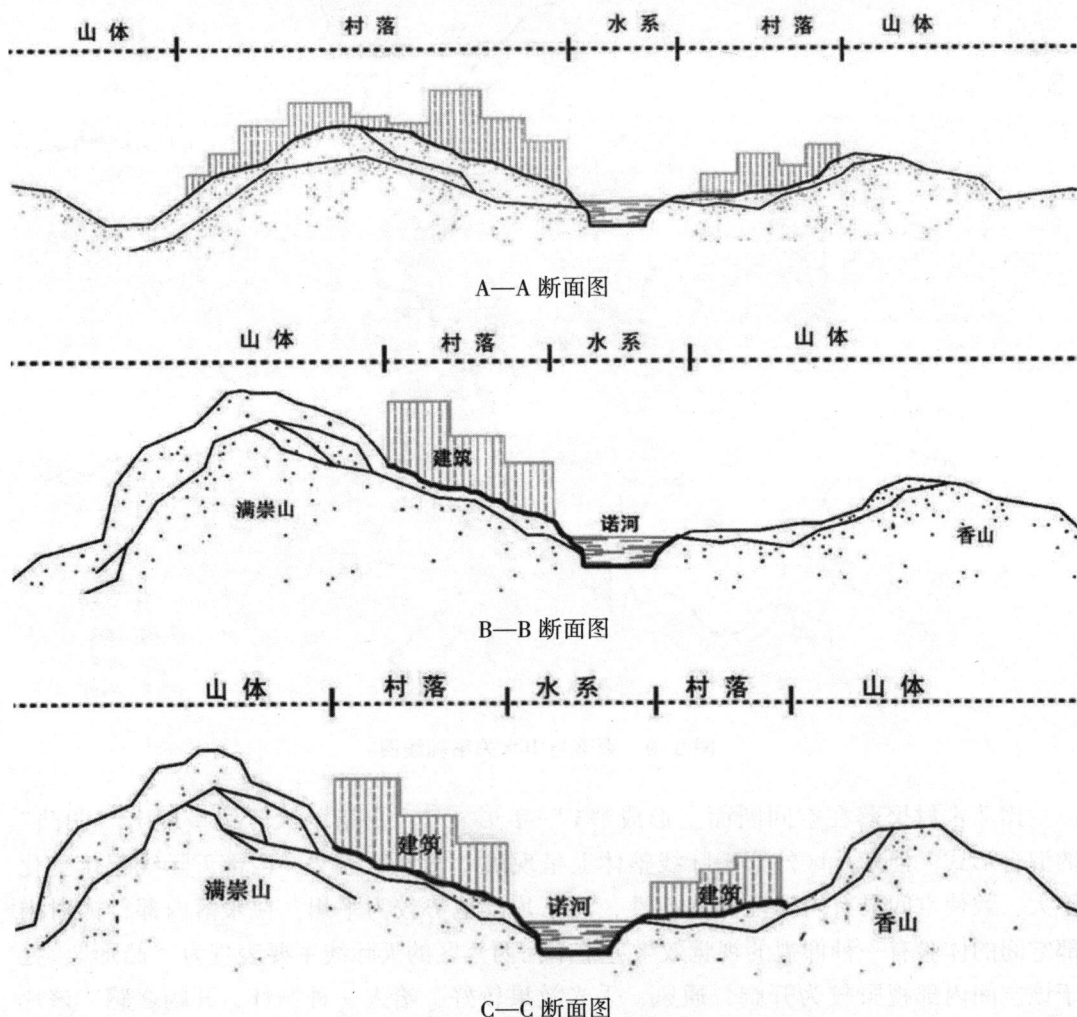

A—A 断面图

B—B 断面图

C—C 断面图

图 5-10　聚落与山水关系断面图

层次。同时，建筑布置在山体的倾斜面上使建筑物对山体地表的屏蔽作用大大减小，增大了建筑物对山体的依赖性，又让山体具有足够的呼吸空间，这也是山地型聚落与平地型聚落的一大区别特征。

2. 聚落空间序列分析

诺邓古村是以盐井为核心，往河西、河东两片区呈"放射状"向外延伸自由发展的。村落没有固定的空间形态，因地形复杂，街巷方向自由灵活，建筑院落依山就势自然布局，村落与周边地形环境和谐融合，总体格局上体现出向心性和辐射性。诺邓村内街巷呈"树枝状"纵横贯穿村落，建筑布置于街巷两侧，呈现出聚落内聚居组团有序的开合空间序列，呈现出"开敞型空间"—"半封闭型空间"—"封闭型空间"的聚落空间序列特征，从而增强了村落空间的秩序感（图5-11）。

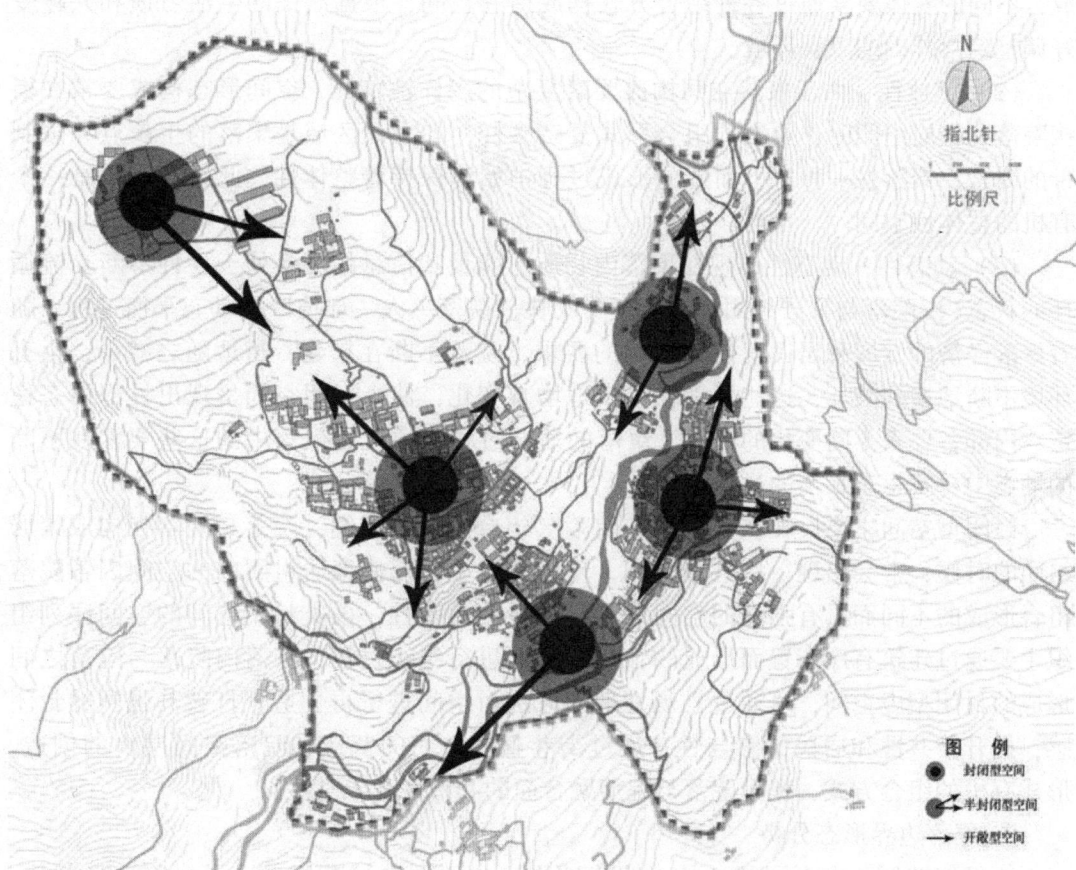

图5-11　聚落空间序列图

开敞型空间反映"聚居组团与环境"的融合关系，主要体现在聚居组团与周边环境的交界地带，以及聚居组团周边公共性的集散空间和农田、林地等景观斑块处。该类空间是聚落空间安全格局的缓冲区和生态屏障，空间呈现较强的公共性和开敞性。诺邓古村因受山体地形条件的制约，村落不像在平坦地形上一样连续发展成村落的完整形态，而是依据山体、水系等环境因素形成"跳跃式"发展，基本按着依山傍水的聚落发展格局侵占不同的自然环境地段，形成多个聚居组团，呈现多个开敞型的过渡空间，这些开敞空间与周边自然环境相互融合，形成聚落各组团的最外圈层空间。

半封闭型空间主要反映在"院落与聚居组团"的衔接上，是聚落中村民公共活动的中心地带和聚居组团与院落空间的敏感地带，该区域是聚落发展的生长面和限制带，是"院落—人—环境"三者和谐发展的矛盾区。主要表现出三个特性：

（1）多样性，即构成"院落—人—环境"空间序列的各种要素丰富多样，对于构成聚落空间序列各要素的划分比较模糊，除了建筑、古树和盐井等实体要素外，如院落与街巷之间、街巷与节点和院落与农田、耕地之间的界面都可视为构成空间序列的要素。对于构成聚落空间序列要素的丰富性主要体现在街巷的组织和院落外环境的构成，不同的实体要素通过各种结合方式构成街巷空间，根据居民的生活习惯和兴趣爱好调整院落外围的景观环境。

（2）整体性，由于聚落空间构成要素复杂的多样性特征，空间形态构成要素在衔接院落和聚居组团时，要素的组合形式复杂多样，加之此区域是聚落的生长点和限制带的因素，聚落在一种自下而上的形成过程中始终保持着整体性，此区域实质是一个有机的整体性空间。

（3）动态性，动态性体现在聚落内物质、能量和信息的交换处于一种不断交流循环的状态，① 院落与聚居组团衔接区主要反映"院落—人—环境"的动态平衡过程。随着聚落经济的发展和居民对院落使用的要求，院落不断在扩建，耕地随之减少，生态环境不断地遭到破坏，这些要素在不断地增减变化，使半封闭空间呈现出外部形态稳定、内部各要素不断变化的状态。聚落的演变过程实质就是聚落中的这些要素在不断的动态中寻找生态平衡的过程。

封闭型空间主要反映在"院落与院落"组合形成的空间，院落与院落在构成聚居组团的时候，常会出现一些共享空间、环境和设施，促使聚居组团内的空间因各院落组合形成的不同而具有强烈的空间序列和明显的封闭性，该类封闭空间的空间序列组织主要通过建筑有序布置而形成的轴线和界面进行组织过渡。聚落内院落与院落之间形成的封闭型虚空间，可通过景观处理的方法对空间进行再创造，打破其强烈的封闭感，提升公共性和居民的参与性；通过街巷整体空间的营造和院落空间层次的创造，形成有机的组合方式，提升院落与院落融合面的和谐性和丰富性。

3. 聚落边界形态分析

边界能够划分出不同的地块，明确地界定出不同地域范围。诺邓村因地形起伏、建筑错落布置而形成竖向空间形态的边界即天际线，河西片区的天际线变化较河东片区层次丰富，立面轮廓的边界效果较强。由于诺邓村聚居于半山坡上，整个聚落的立面轮廓随地形而起伏变化，平面的轮廓也因建筑的布置和山体而形成凹凸的边界，共

---

① 马树才. 宏观经济管理模型与方法 [M]. 沈阳：辽宁大学出版社，2000：58.

同构成了诺邓村聚落形态的三维空间。[①]

诺邓村内部自然环境与人工环境的交界形成的自然边界，自然边界较为明显，便于区别、识别，它也是村落空间形态中最稳定的因素。诺邓古村中自然边界主要呈现出三种断面构成模式："建筑—道路—耕地/林地""建筑—耕地/林地"和"建筑—道路—挡土墙—耕地/林地"，三种模式之间交错相接，形成"L"形或"U"形界面，最终形成诺邓村聚落范围内明确的自然边界线。主要是以道路和院落的墙体作为划分界限，各户人家都会用墙体把自己的院落围合起来，界定出自己的范围，区别出院落的内部私密空间和外部开敞空间。

除了自然边界、轮廓线以外，聚落中还存在一种非连续性的象征性边界。聚落入口与聚落周围没有实体的围墙，但当人们进入古村，心理上就无意对入口范围有了认同感；进入聚落内部心理上就有一个聚落范围的界定边界，在这个心理范围内，就会有一种安全感，远离了这个心理界定的范围，会觉得不在聚落内，并产生不安全的恐惧感。心理空间的界定要素多半是断续存在的，没有明显的边界特征，因此，它是一种非连续的象征性边界，更多的是心理意识强加其上而产生的心理边界。在这个心理边界范围内活动，能从心理上获得一种满足感。天际线、自然边界和心理边界共同界定了诺邓古村的聚落空间范围。

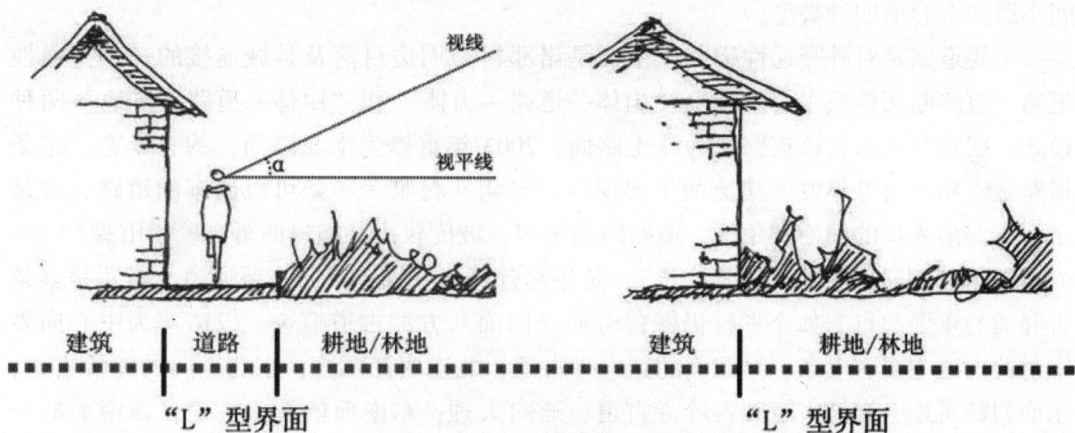

图5-12　边界实景及模式图

视野是眼睛观察物象时视锥开角的大小。通常情况下，在水平视野60°范围内的物体可以看得比较清楚，而更清楚的范围则为30°视野，在60°到120°之间的物体开始产生变形。可以得出，人最佳的视角为仰视30°以内、俯视45°以内、平面视角范围约45°。

"L"形开敞界面，一侧为硬质建筑立面，另一侧为软质自然植被景观，仰视α值均在仰视30°—45°范围内，容易产生与自然的亲近感和空间的融合感。

"U"形半开敞界面空间，仰视α值均在仰视30°—45°范围内，基本没有俯视效

---

① 赵万民，李泽新. 安居古镇 [M]. 南京：东南大学出版社，2007：35.

果，行人以道路为中心，两侧均为半封闭空间的硬质立面，容易产生空间封闭感和安全感。

"L"形开敞界面空间，仰视、俯视的 α 值均在仰视 30°—45°之间，一侧临空的状态与另一侧建筑立面相对应，产生俯视和仰视两种视野，形成的视野范围大且开阔，容易产生一种居高临下的感觉。

四、街巷系统

（一）街巷系统布局

1. 街巷系统分布

街巷空间是联系与沟通各种行为场所的主要纽带，街巷空间的形态、尺度、构成方式等是为使居住活动的顺利进行而逐渐形成的，街巷将各家各户联系在一起，促成了邻里的依赖性和互动性，成为维系村落内院落组群关系的重要场所。它在聚落景观形态的形成中具有较高的使用价值和美学价值。诺邓古村街巷功能与形态灵活多变，街巷的布局、尺度和走向等要素，与山体、建筑有机融合，结合人们生活需要逐步形成稳定完善的街巷系统。诺邓村街巷系统按功能可以分为：主要道路、主要街巷、宅间小路和古驿道四种类型。①

主要道路是对外交通性道路，主要是诺邓村与周边村落及县城连接的一条交通性道路，道路断面构成主要呈现出"山体—道路—山体"和"山体—道路—耕地"两种模式。据资料显示，该道路原为泥土路面，2003 年重修为水泥路面，约 3 米宽。这条道路是诺邓村与外界发生交流的主要窗口，是诺邓村唯一一条可以通车的道路，也是诺邓村聚落入口的门面和象征，道路路面平坦，坡度较小，蜿蜒曲折布置于山脚。

古驿道，即以前的"盐马古道"，是诺邓曾经与外界交流的主要通道，诺邓是多条古驿道的重要起点，如今古村仍保留着通往四面八方的古道痕迹。以诺邓为中心向外辐射的古道主要有七条：村北面的新山寺古道，北连丽江西藏；东北方向的蛇岭古道；东面的鹦哥地、温坡古道和古岭寺古道，通向大理；东南面的香山古道；西南面的三台坡古道，南至保山；西面的天池古道，西接腾冲缅甸。七条古道都是泥土路，宽0.5—1.5 米，宽窄不一，坑坑洼洼，足见当年马帮在驿道上的艰辛。目前，有的驿道已经被周围的植物遮盖，有的驿道已被遗弃在深山里，有的则作为现在的道路使用。

主要街巷是诺邓村的两条主干街巷，宽 2.4—3 米不等，以盐井为核心形成环状，并与七条古驿道相连接构成诺邓村"一环七射"的放射状路网。以诺河为界，诺邓村的主要街巷把河西片区分为了五个院落聚居组团，河东片区分为三个院落聚居组团。河西片区因高差较大，并考虑到与河东片区和盐井的联系，主要道路几乎都是垂直于等高线，少数平行于等高线布置。垂直等高线的道路，高差变化较大，以台阶、缓坡

---

① 李百浩，万艳华. 中国村镇建筑文化 [M]. 武汉：湖北教育出版社，2008：68.

道来处理之间的高差，形成三步一阶，五步一台的"台阶式"或"缓坡式"街巷。两种街巷的路面都不做任何加工，"台阶式"街巷路面的踏面和踢面都凸凹不平，呈不规则状。河东片区因地势相对平坦，主要街巷平行于等高线布置，穿插于河东片区院落组团之间，与两条古驿道相连接把河东片区分为三个院落聚居组团（图5-13）。

2. 街巷形态构成

街巷是一个聚落内的肌理、骨架和空间结构，在聚落中起着交通联系作用，是聚落形态的重要组成部分。诺邓村的街巷因地形复杂，布置灵活多样，适应性较强。街巷平面主要呈现不规则"树枝状"和简单的"网络状"，布置形式上主要是垂直于等高线和平行于等高线两种。垂直于等高线的街巷主要是以石台阶、缓坡道或两者的混合形式来组织，平行于等高线的用适当的缓坡道来组织。街巷断面形态构成主要有"建筑—街巷—菜地—建筑""建筑—街巷—建筑""建筑—街巷—耕地/林地"和"林地/耕地—街巷—耕地"四种模式（图5-14）。

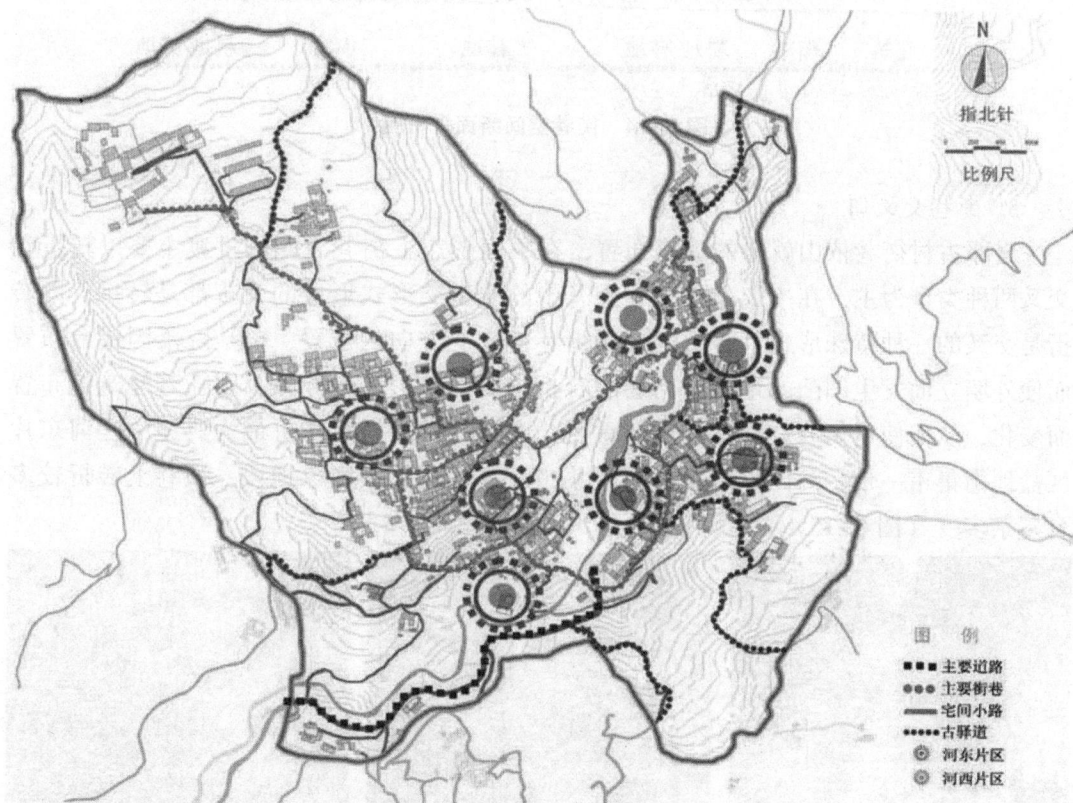

图5-13 主要街巷和院落聚居关系

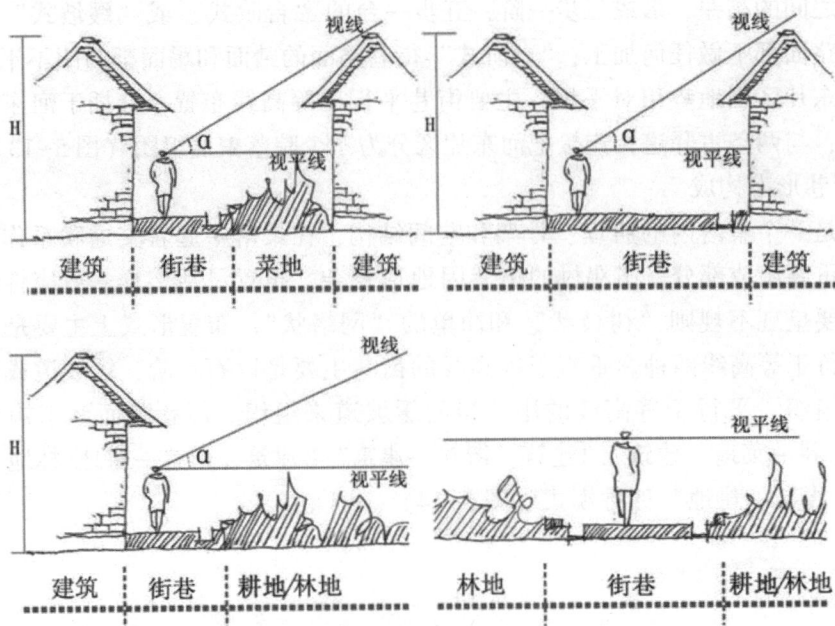

图 5-14 街巷空间断面分析图

3. 街巷交叉口

诺邓古村街巷依山就势的纵横布置,在平面形态上街巷之间的过渡主要以转折和交叉两种类型为主,在一定条件下,交叉中的非正交形式形成的交接都是转折,即转折是交叉的一种特殊形式。转折主要是街巷中改变方向的位置,也是院落因错台布置而使外墙立面发生凹凸的地方。街巷的转折主要由地形变化导致,它随着建筑的布置而变化,从而使得街巷空间不会单调重复。诺邓古村中街巷转折最为典型的是河东片区盐地街集市一带、河西片区中台梯子集市、提举司和银匠家地段,街巷上转折较多且复杂多变(图 5-15)。

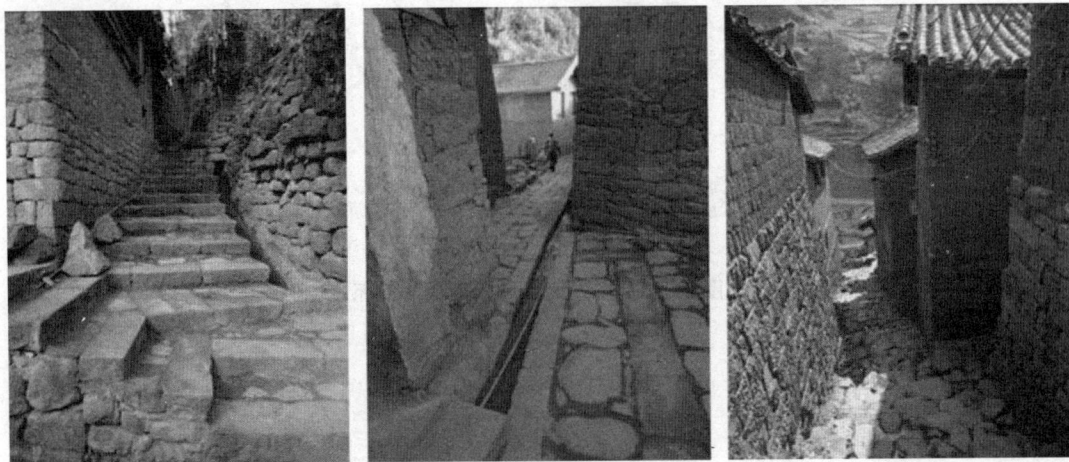

图 5-15 街巷转折现状图

　　诺邓古村街巷一般不是独立的曲折线，基本都有 1—4 个支路插入，形成 5 个以下岔口的街巷交叉口形式。这种街巷空间体系主要是为了适应地形变化而自然产生的，除了明确划分街巷区域，形成节点空间，还能够满足防火和交通需求。诺邓村的街巷交叉类型主要有"T""L""Y"和"十"形交叉口，以"T"字形的居多，"T"字形的交叉口存在对景关系，能给人们明确的空间形象，两个"T"字形的交叉口镜像组合形成错位的"十"字型交叉口是诺邓古村街巷空间交叉口的典型类型。"L"形交叉口主要分布于集散的节点空间位置和建筑簇群的连接部位，这样的交叉口常有峰回路转之感，易于创造多样的街巷空间。[①]　"Y"形路口一般在主、次级街巷空间之间形成，具有分散视线、分散人流的作用。正"十"字形交叉口在诺邓较少，在河西半坡上的"十"字路口都稍微偏斜或错位，这跟风水有关，在半坡上"十"字路口容易漏财气，因此，"十"字路口常主要被错位的"T"字形的交叉口替代，也是为了适应地形的变化和建筑簇群的组合（图 5-16）。

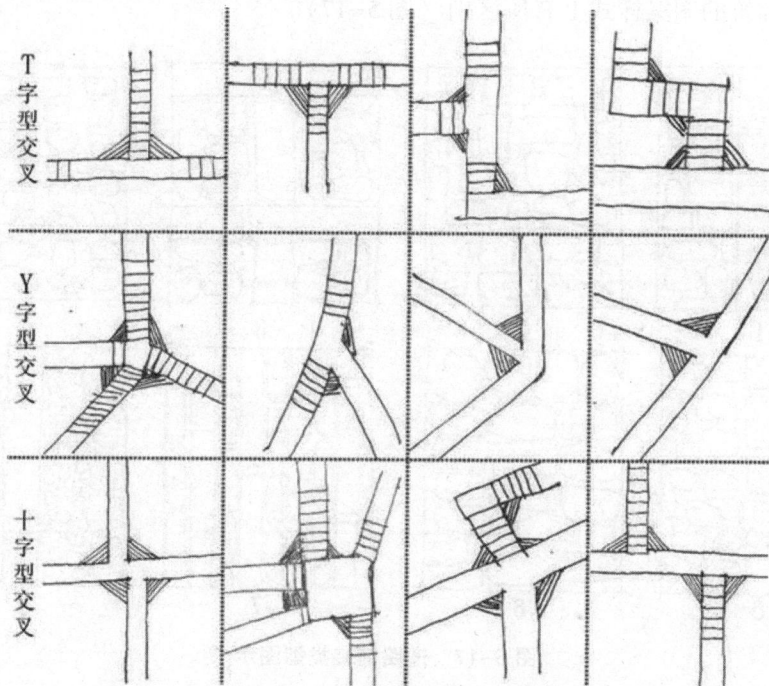

图5-16　街巷交叉口现状图示

4. 街巷铺装形式

　　诺邓古村不同的建筑簇群与自然相融合造就了不同的街巷空间，街巷在处理山体高差上遵循建筑簇群的布置方式，街巷空间的高差处理方式有三种：坡道、平台和台阶，诺邓这样的街巷高差处理方式也是为了适应马驮和人背的运输方式。诺邓村聚落

---

① 谭立峰，等. 河北传统防御性聚落 [M]. 北京：中国建筑工业出版社，2018：72.

内在街巷高差处理上实时实地地选择其中一种处理方式，通过三种处理方式的混合衔接使街巷空间呈现出丰富变化的形态。三种处理模式在诺邓古村街巷处理中有一定使用范围，坡道处理和平台处理主要用于古村内的主要街巷、平行于等高线的街巷等地形高差较小的区域，而台阶处理方式主要用于次要街巷、垂直于等高线的街巷和地形高差较大的区域。

在古村中街巷硬质铺装表面处理方法和选料上与街巷高差处理方法相关联，诺邓古村内仅有一条通往县城的路是水泥路面，其余道路都是卵石和块石铺砌的路面。在无数的坡道、平台和台阶中，台阶的铺筑主要以最大直径20—30厘米左右的大卵石或粗糙的毛石铺砌，所选石材均为当地的一种砂岩，非常坚硬、摩擦系数很高。街巷路面的平面拼接图案多种多样，但在拼接形式也有一定规律，规则且较大的块石主要使用在主要街巷上，拼接的形式也以规则式为主；大小不一的卵石路面和稍小的石料主要铺筑次级街巷，拼接方式主要以自然式拼接为主。街巷的铺筑在石材的原料、形状上统一，在铺筑的图案样式上有所区别（图5-17）。

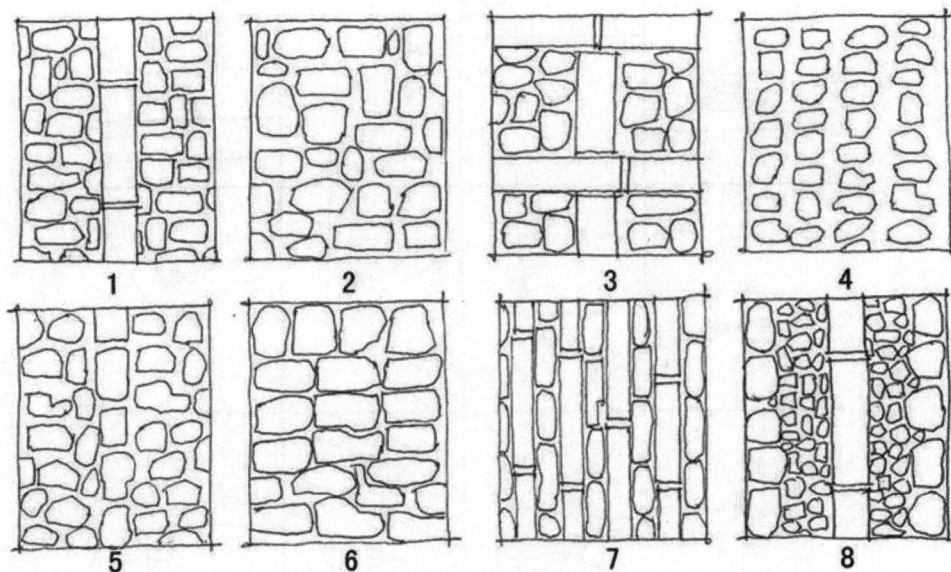

图5-17　道路铺装类型图示

（二）街巷空间尺度

1. 街巷空间组织

街巷是在道路的基础上形成的，随着道路两侧建筑的不断增加，建筑密度越来越高，逐步形成两侧封闭的街巷空间。诺邓古村中街巷空间的构成要素包括界面、基面、顶面、转折、岔口和植被等要素，街巷不仅是聚落建筑簇群与建筑簇群之间重要的分割线，还是聚落中人与人多样化行为产生的线性场所空间，该场所空间具有强烈的动态性。街巷基面对空间起到引领性作用，而界面、顶面、转折和岔口却隐含在建筑簇群中，形成街巷空间的面状要素，建筑簇群则是面状要素的依附体；植被是街巷空间中的点状标志物，起到装饰和标志作用。通过带状的基面连接面状的建筑簇群和点状的空间标志物，形成复杂多变、高低起伏的街巷空间（图5-18）。

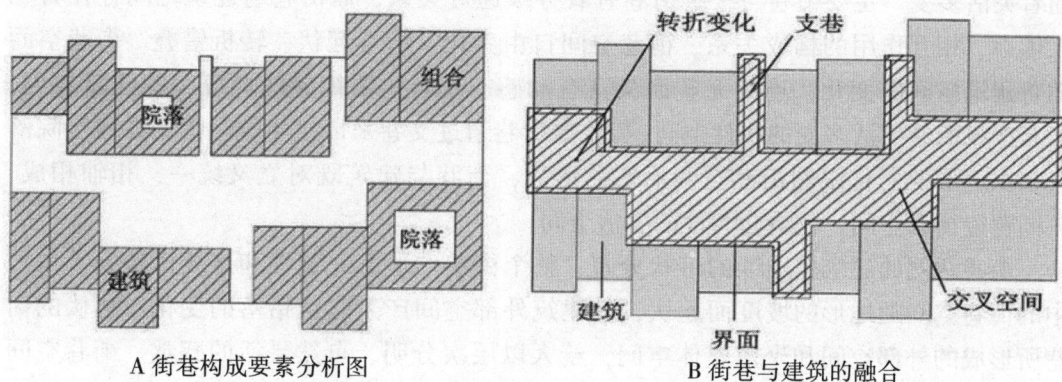

<table>
<tr><td>A 街巷构成要素分析图</td><td>B 街巷与建筑的融合</td></tr>
</table>

图5-18　街巷空间分析图

　　街巷构成要素融合率越高的地段街巷空间越丰富，主街巷与支巷之间形成的交叉和转折相互穿插构成的节点是街巷空间构成的重要元素。街巷空间节点的丰富程度体现着街巷空间序列变化的层次性和繁简程度。古村主要街巷有五条，依托地形变化和聚居特点集中分布在簇群聚居区。河西片区主要街巷有四条：提举司衙门至生态博物馆街巷带、道长家至银匠家街巷带、台梯子集市至杨丽梅院至古盐井街巷带，河东片区以龙王庙至盐局的盐地街中心街巷带为主要街巷。诺邓古村的特色景观节点主要集中在河西片区的提举司衙门和台梯子集市至盐井地段；河东片区主要集中在万寿宫至盐局地段（图5-19）。

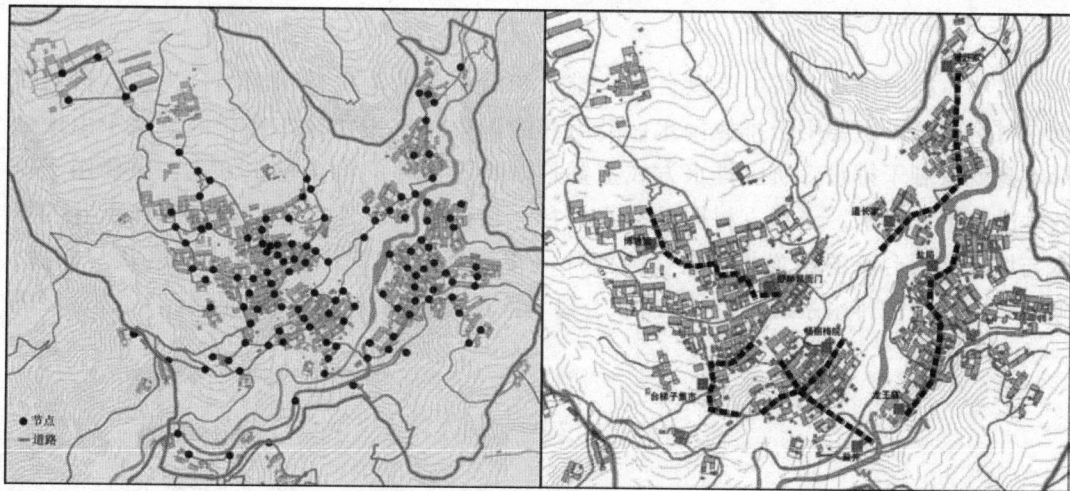

图5-19　街巷与空间节点关系图

2. 街巷与建筑的关系

诺邓村内部街巷大都以建筑作为界面，街巷的分布和构成与建筑的关系非常密切，特别在诺邓这样的"山地型聚落"中，建筑空间的布置灵活自由，致使街巷的布置也随着灵活多变。主要街巷与次级街巷有着分级递进关系，而街巷与建筑之间存在着相互依存、相互作用的构成关系，街巷空间自由变化、节奏起伏、转折错叠。街巷空间随着建筑空间的变化，连续完整而又富有动感，既有主要街巷两侧统一的建筑界面，又有次级街巷灵活多变的线性空间。[①] 主要街巷通过支巷来衔接建筑院落，各建筑院落又根据地形的变化限制街巷空间形态的形成，街巷与建筑既对立又统一，相辅相成，共同营造街巷空间，创造公共性的生活空间。

街巷两侧的建筑呈连续的带状分布，整个街巷的形态完整性和连续性较强。古村中的街巷空间随地形的坡度而起伏，使建筑外部空间产生起伏错落的变化，起伏的街巷所形成的外部空间和聚落整体空间，给人以层次分明、自然灵活的感觉。街巷空间与建筑空间相互渗透，它是建筑外部的延伸，建筑因街巷的介入而产生空间序列，而建筑的退让又使街巷产生进退和空间的收放关系，从而形成步移景异的效果。[②]

诺邓古村的街巷依附着地形变化随建筑簇群自由分布，建筑簇群对街巷具有内在控制力，建筑簇群布置方向决定着街巷的走向，建筑密度越大的建筑簇群对街巷的内聚力越强，表现出街巷空间较强的连续性和封闭性，反之，则较弱。

诺邓古村的街巷空间尺度适中，并有主次之分，街巷系统的形成、发展与自然地形相适应，街巷和街巷交叉口的布置，街巷的空间尺度是结合地形、自然环境和人们的生活习性而逐渐形成的。在诺邓街巷系统的布置及细部、空间尺度的处理上方显诺邓先民的智慧，在经久未变的街巷中，可以体会到诺邓古村的历史厚重感。

(三) 排水系统

诺邓古村的排水方式主要以自然　排水和沿街巷的沟渠排水相结合为主，自然排水在村落周围，主要用于排放雨水；沿街巷的沟渠排水主要分布在村内。由于山地地形本身就有利于排水，所以排水方式主要是沿街巷简单的沟渠排水方式，主要用于排放生活污水和雨水。诺邓古村内的排水独特、自由而又秩序，独特性表现在街巷的排水与坡道和石台阶的布置相结合。河西片区排水系统局部呈简单的"网络状"布置，整个诺邓古村的排水系统呈"树枝状"，排水沟沿着街巷层层下流，最终汇入诺河（图5-20）。

① 赵万民. 松溉古镇 [M]. 南京：东南大学出版社，2009：45.
② 赵万民. 龙潭古镇 [M]. 南京：东南大学出版社，2009：93.

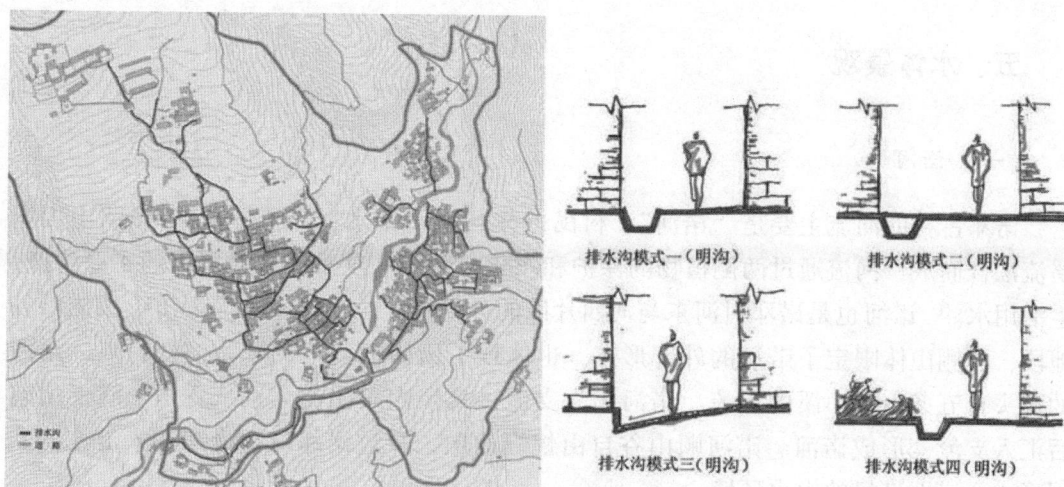

排水沟模式一（明沟）　排水沟模式二（明沟）

排水沟模式三（明沟）　排水沟模式四（明沟）

图5-20　街巷排水系统与模式

　　沿街巷排水沟的布置是依托诺邓古村复杂的地形变化，通过"树枝状"的街巷顺势汇聚流入诺河。街巷排水除自身块石路面渗析排水外主要是采用明沟和暗沟两种沟渠排水方式，排水沟沿路布置主要有四种断面模式。其中，建筑与建筑构成街巷界面的排水沟存在三种模式：其一是在街巷路面一侧砌筑排水沟模式，为防止废水侵蚀建筑基础，排水沟主要砌筑在地势较高和建筑基础较高的一侧；其二是暗沟排水方式，主要使用于街巷较窄且交叉口较多的区域；其三是坡路排水模式，此种模式是古村排水存在缺陷的一种方式，该模式有两种修筑形式，一种是街巷路面向地势较高或建筑基础较高的一侧倾斜，形成排水坡面；另一种是街巷路面向路中倾斜形成"凹"型路面排水。这样的排水方式只要排水量稍大就容易造成路中或靠墙基础处积水，破坏路面和建筑本身的同时，影响道路的通行。第四种是建筑与耕地构成的街巷界面，排水主要以坡道排水和沟渠排水方式为主，排水沟砌筑和坡道排水倾斜均在耕地/林地一侧，主要是防止废水对建筑物的侵蚀。

　　从诺邓古村街巷排水系统现状分析看，目前村内的排水仍存在着一些缺陷，主要表现在以下几个方面：（1）河西片区局部网状的排水网络简单，没有形成系统，排水量稍大时，排水效果不理想；河东片区"树枝状"排水系统汇入诺河支流混乱，很多入河支流均穿过耕地，造成严重的水土流失现象；（2）部分"台阶式"街巷中利用坡道排水，致使在雨季行人无法在该街巷中通行；（3）雨水、污水和粪水混排，部分农家粪水排入街巷，给村落环境造成严重污染；（4）排水沟砌筑质量较差，基本为石块砌筑，部分排水沟已经老化，街巷部分建筑已被侵蚀；（5）部分暗沟随着历史的洗刷已经被堵塞，暗沟断面较小，无法满足雨季时较大的排水量；（6）污水入河渠道较少，无法满足聚居区整个汇水面积的汇水量排放，导致大量污水排入农田，造成严重的农田污染。

五、水体景观

（一）诺河

诺邓古村的河流主要是"诺河"，村民也称其为"诺水""腰带水"，诺河由山涧溪流汇合而成，河流通过两侧植物的保护和净化，曾经一度是诺邓村居民的主要生产、生活用水。[1] 诺河也是诺邓村河东与河西片区的分界线，位于香山和满崇山形成的山谷地段，两侧山体限定了诺河的外部形态，也体现了山体环境下的水系演变特点，诺河的源头有五条山谷小溪的溪流，诺河作为支流，其余四条溪流分别从香山、满崇山前后汇入支流，形成诺河。诺河顺山谷自由蜿蜒而出，穿过诺邓村，最终注入沘江，共同形成了诺邓良好的山水环境。

如今，诺河流经诺邓村的水面宽仅为1—2米不等，主要提供诺邓村耕地、牲口等用水。河流的断面主要呈现四种模式："缓坡驳岸—河道—缓坡驳岸""陡坡驳岸—河道—陡坡驳岸"、"人工垂直驳岸—河道—阶梯式驳岸"和"人工垂直驳岸—河道—缓坡驳岸"（图5-21）。因河流管制措施滞后和基础设施不健全，河道边缘基本没有步道通过，河流存在严重的垃圾污染和驳岸塌方流失现象。

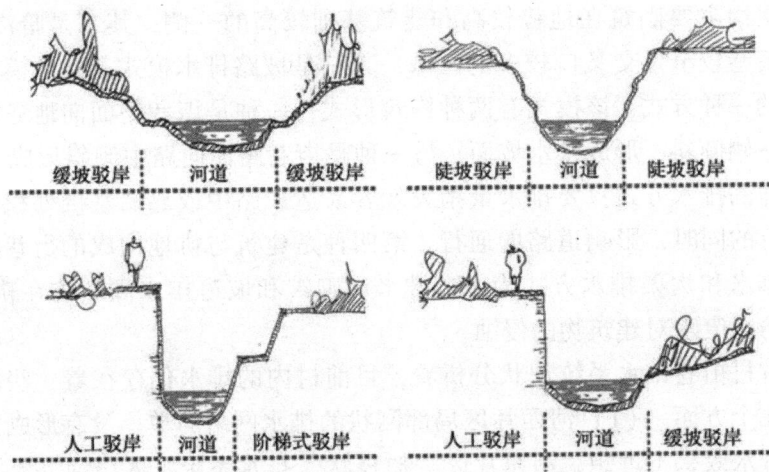

图5-21　诺河现状断面模式图

（二）水井

诺邓古村中的淡水井目前还保留有十二口，因河西片区地势较高，取水不方便，古水井分布较多；河东片区地势平坦，靠近诺河，水井分布相对较少。在聚落的演变过程中，这些水井是诺邓村中具有可识别性的地标构筑物，古村中的水井有别于其他地区的水井，该地

---

① 张建庭. 杭州文博（第7辑）[M]. 杭州：杭州出版社，2008：52.

的水井主要是收集储蓄从山泉渗出来的水，水源从水井的井底或山上慢慢渗出，留在井里，形似水井，实际上是起到蓄水池的作用。这些在半坡上的水井开挖地点非常有讲究，要在山上选好能渗出水质较好的水源地，沿着水源的流向在合适的地点开挖，规格以宽1.5米、深1.2米左右为宜，水井开挖好后在井洞的周围三面安砌石板，上方还用石板做井盖，挡住周围的灰尘和杂物，并围合成宽0.8—1米，高1.2米左右的长方形门洞，可以容下一个人取水。在井盖的上面一般会放一个水龙神，每逢过年过节，诺邓人都会来烧香敬传说住在水井的水龙，水神制约人们节约、保护水的同时，也体现了村民们对多神崇拜的信仰。水井前面还会有一小块空地和一个石头台，用来放水桶，方便背水，水井的下面一般有排水沟，主要用于排放用过的废水。现存水井中大部分已经干涸（图5-22）。

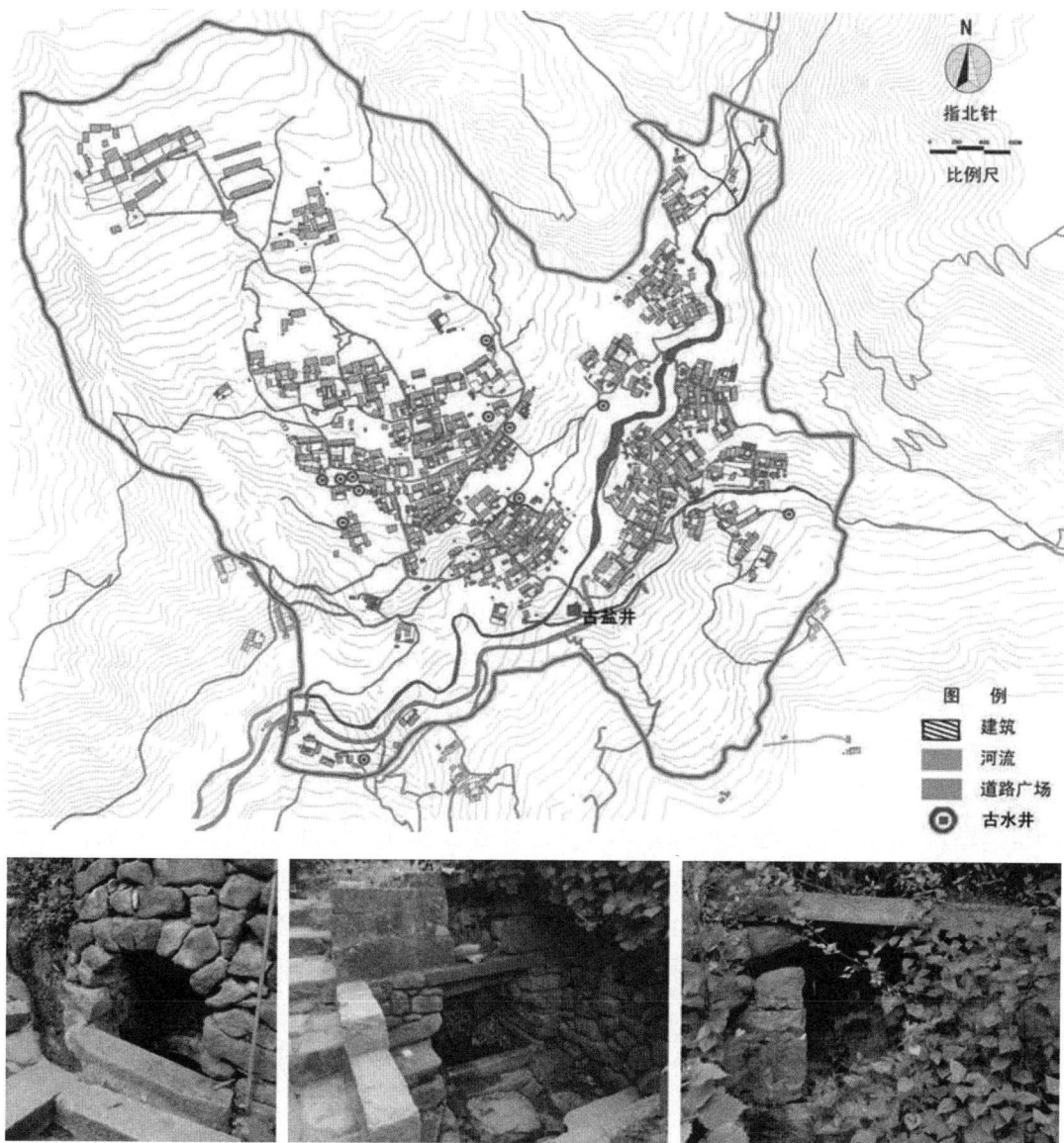

图5-22 诺邓古村内水体景观分布图

六、公共空间

（一）聚落入口

中国传统古村落的选址除了重视整体景观的同时，还注重局部景观的构造，而在局部村落景观建构时，尤为重视村落出入处的水口地带景观，水口是村民出入村落的要道。[①] 村口是进入村子的起点空间，是外围环境与村落的分界面，具有一定的标识性和引导性。水口即文中的村口，一个好的村口在风水上就是顺财气之地，是村落的门面，该空间容易辨识，具有特定的标识物。

诺邓村村口是依靠周围标志物来确定的，进入村口之前有一块因转弯而扩大的空地，即现今的停车场，它是诺邓村周围难得较为平整的空地，在未进入村落之前会误认为就是村口，事实上，真正的村口在距该地 200 米左右处，如果说村口是诺邓古村的首页，那么这里就是诺邓村的序。诺邓村村口位于诺河与小溪交汇的河谷地带，是由古戏台、古盐井、周围山体和错落布置的建筑群立面界定的空间。古戏台，在传统白族聚落中常位于白族村寨的中心，诺邓村的古戏台就在入口处，作为入口空间的标志物之一。盐井的北面有盐井桥，是通往村落西片区的入口，与层叠的建筑群相比，地标性较弱。进入村落就要进入建筑簇群中，而在建筑前的位置就自然成了村口。诺邓村的村口空间没有刻意的处理，也没有明确的界定出村口的位置，而是在周围标志物的存在之下在人们心中形成的心理空间。

（二）集散广场

大榕树在白族人民心中是一种风水树，大理地区白族村落中较多，村民们称为"大青树"，常结合村落周围的风水林种植在村口，寄托了人们希望村落像"大青树"一样永久昌盛的美好愿望。它是聚落内可识别性最强的标识物，久而久之，也成了主要的集散空间。

大榕树集散空间，位于诺邓村河西片区几何中心，广场一角的大榕树，有四五百年的历史，由于年代久远，体量较大，它是诺邓村中最具标识性的村落标志物。该空间也是题名坊的前院，是一个封闭空间，北面是题名坊，西面是民居的侧立面，东面是民居院落，南面是下一层平台民居的后立面及街巷。该集散空间与题名坊、"会魁第"木牌坊和提举司衙门三道门相衔接，形成三个较为复杂的连续空间组合，每个空间又因高差划分为几个次级空间，三个主要空间布局在一条中轴线上，结合地形高差层层递进。[②]

第一空间分为了三个高差不同的长方形休憩平台：第一个平台结合入口，是最大

---

① 李海燕，张东强. 诺邓古村落空间形态研究 [J]. 山西建筑，2012, 38 (36).
② 李海燕，张东强. 诺邓村落空间形态研究 [J]. 山西建筑，2012, 38 (36).

的，平时人们休憩主要在靠近大榕树的区域，与下面街巷有 2.3 米的高差；第二个平台是进入第二空间的一个过渡空间，比第一个平台高出 0.8 米的高差，第三个平台是一个入户空间，有石桌凳，几乎被大榕树遮盖，空间较小，是村民日常休闲的主要空间，比第二个空间低 0.3m。大榕树与入口台阶相邻位于该广场东侧一角，在该广场的西北面是见证黄姓家族荣耀的"题名坊"。

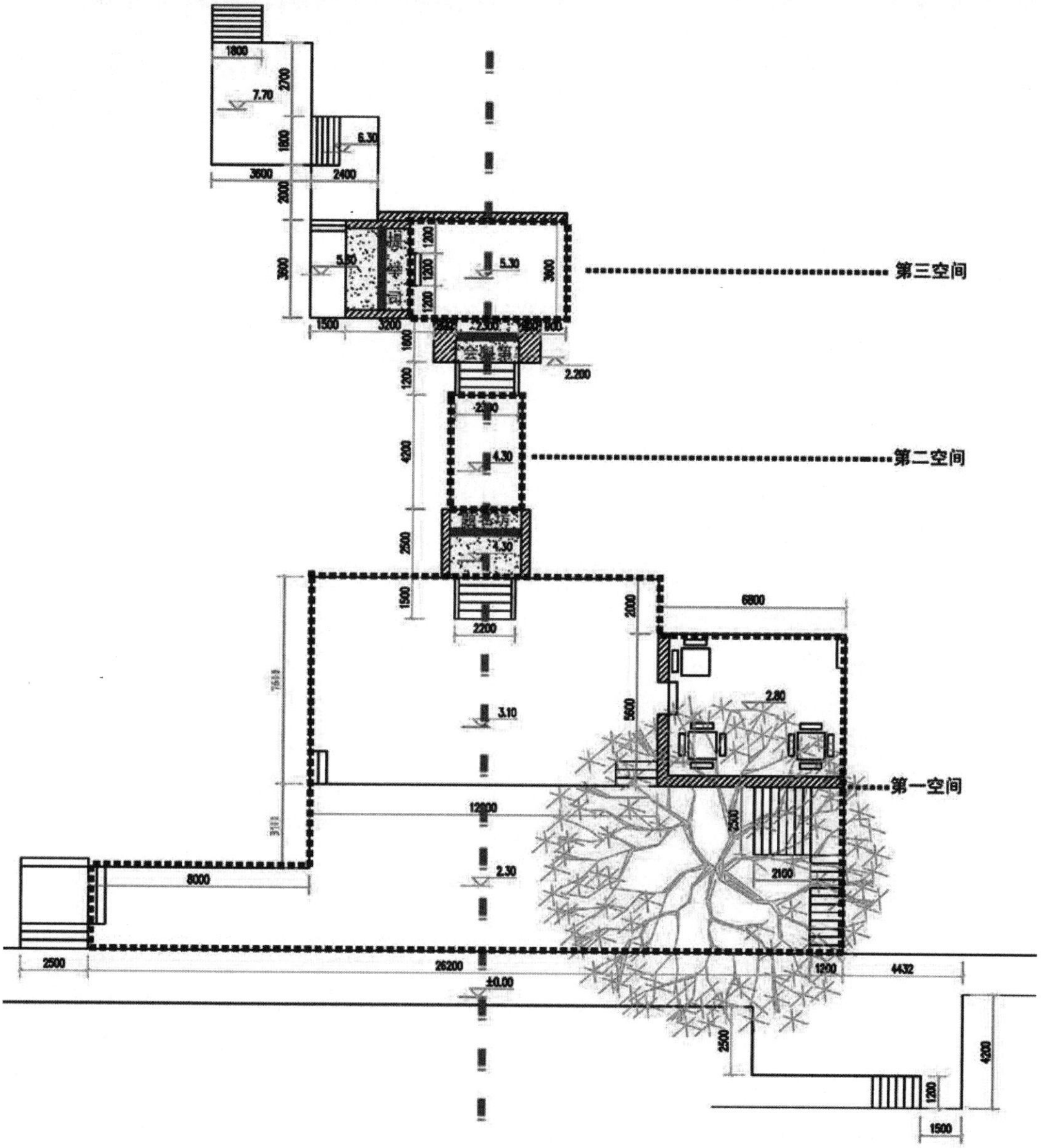

图 5-23　"大榕树"集散广场分析图

图 5-24 "大榕树"集散广场

第二空间是题名坊与"会魁第"木牌坊之间的过渡空间，该空间为一个矩形空间，进深为 4.2m，开间 2.3m，两侧以民居院落的墙体围合，呈现出一个规整的长方体三维空间；第三空间是"会魁第"木牌坊与提举司衙门之间由墙体围合而成的矩形空间，提举司衙门偏离了中轴线，处于轴线的焦点位置，提举司衙门为一个三岔口的过渡空间，与村内三个方向的街巷衔接。该集散空间的第一空间为开放式的休憩空间，第二空间为封闭空间，第三空间为封闭的矩形空间，三个空间串联成诺邓古村中一个较大的集散型广场空间。该集散广场空间镶嵌在周围密集的建筑簇群中，结合地形地势变化层层递进，形成了多元复合性空间（图 5-23）。

在该广场的三个空间中，第二、第三空间是作为流动性的暂留空间，路人很少在此间歇；被大榕树遮挡下的广场空间（即第一空间）是河西村民主要的集散活动中心，也是人们的精神文化中心，这里有宽敞的空地，也有诺邓人较为自豪的"题名坊"和"提举司衙门"，还有诺邓村最古老的风水树，就空间本身来说，它具有合适的区位、较强的领域感和可识别性；对村民来说，该空间具有亲切感和认同感。无论从哪个方面来说都是最具优势的村民集散活动中心，每到傍晚或是闲暇之际，老人、孩子、大人们都会聚集在此，聊天、乘凉、休息，是一个能够让村民长时间逗留的休闲空间（图 5-23）。

（三）集市空间

诺邓因盐业经济的兴盛促进了区域性盐业交易市场的形成，提升了诺邓在该区域中的地位，成为当时一定区域范围内的主要交易中心，因此，诺邓古村在很早就出现了集市，集市对诺邓的经济有着促进作用，在诺邓有着特殊的地位。集市空间是结合村内的节点空间形成的一系列公共集散空间，在经济的促进下逐步形成，是诺邓村内公共空间的一种特殊形式。

1. "台梯子"集市空间

"台梯子"集市是诺邓较为古老的集市，也是直接进行食盐交易的场所之一。名字的由来跟它所处的位置有关，所谓"台梯子"就是诺邓村的石台阶，而"台梯子"集市就是诺邓村西北山坡上的石台阶道路。以前的"台梯子"集市每个月农历初一、初八、十五、二十三都会集聚周围各地和外来商人到此赶集，[1] 如今，集市上的一些古老铺面还能辨认，仅作为诺邓村中普通的街巷在行使交通功能，不再具有集市功能。"台梯子"集市是与各"盐马古道"联系的要道，北接新山寺古道，东北接蛇岭古道，西接天池古道，东接温坡古道，南至诺邓盐井和盐地街集市。整个集市布置在河西聚落聚居区中部，通过天池古道将两条横向街道衔接构成斜"U"字形的集市，以台阶最多的路段作为集市中心。由于马帮是当时对外交流的运输工具，靠村落边界的道路上经常有马帮来往，集市是结合交通需求、顺应聚居地街巷而逐步形成，街道宽 1.3—2.5米。村民在民居的临街一侧开有店铺，作为集市的店面，集市上有食盐、火腿、草药、酒水等诺邓自产的以及马帮从外面各地带来的各类商品。

周围村落、乡镇上的人也会来诺邓的集市上买卖货物，形成诺邓及周边村落对外交流的窗口。"台梯子"集市空间实质上是利用了街巷空间、对外交通和聚落聚居环境在特定时间段作为集市空间使用，空间呈狭长形，供人们进行公共活动。狭长形的集市空间具有强烈的亲切感，村民在自己家里就可以开店铺，马帮把外地运输来的货物就地进行交易，比较方便。这样的集市空间是在街巷场地形成后才赋予集市概念，合理充分利用了街巷空间，也节省了聚居地空间。

"台梯子"集市与各支巷形成多个节点，使街巷的空间序列产生丰富的变化，这些节点既是大小线性空间的交汇点，也是集市空间序列的变换点。集市与簇群的关系呈现出斜"U"形放射状关系，整个集市以中心街巷为轴线，与周边建筑和支巷相互穿插、融合和分离，既能保证交通的四通八达，又能利用狭长的街巷空间，造就开敞而畅通的集市空间。

2. "盐地街"集市空间

"盐地街"集市空间是村落河东片区中心的一个封闭空间，以盐局为中心，南至盐井，途径万寿宫、龙王庙和戏台，形成一条集经济贸易、政治管理为一体的"带状"集市[2]；北至道长月台，与温坡古道相连接，东面连接香山古道和古岭寺古道。万寿宫至盐局地段的集市主要为商贸管理型集市，主要针对外来商品的贸易，而戏台至龙王庙区域主要是参与娱乐活动的集市地段。"盐地街"集市在盐业经济转为农业经济后还在使用，只是缺少了以前的商贸气息和繁华与热闹，每个周五还继续赶集，进行简单的村内部交易，交易的商品主要是日常所需及本地的蔬菜、大米和猪肉等。

"盐地街"集市是一个封闭的"带状"空间，通过衔接周边聚居区内的宅间小路，形成以公共贸易为主的空间节点，面积与周围建筑相和谐，由狭窄的街巷空间过渡到开敞的"多边形"空间，形成强烈对比，在视觉和感受上给人强烈冲击，从而不会感觉到空间的封闭。街巷空间成"带状放射型"，从北至南，形成"盐局—万寿宫—龙王

---

① 杨嘉利. 重生门 [M]. 成都：四川大学出版社，2018：62.

② 李海燕，张东强. 诺邓古村落空间形态研究 [J]. 山西建筑，2012，38 (36).

庙—戏台—盐井"的空间序列，集市西面是开敞的诺河景观，东面是香山上的一条箐溪，主要建筑院落聚居在集市的两边，形成一条以贸易为中轴线的带状聚居区。

第二节　聚落建筑形态

一、院落单元及组合

在诺邓村的实地测绘调查中发现，村中民居大都是"三合院"和"四合院"的布局形式，或在这两种形式的基础上进行增减组合房屋而形成的变体；公共建筑也是这两种布局形式的组合变体，因此，三合院和四合院是诺邓村建筑院落的基本单元。三合院是由三坊房屋和一面墙围合院落而成的布局形式，即在四合院的基础上去掉倒座。正房居中，两侧布置厢房，院落平面呈内向矩形，布局紧凑（图5-25）。

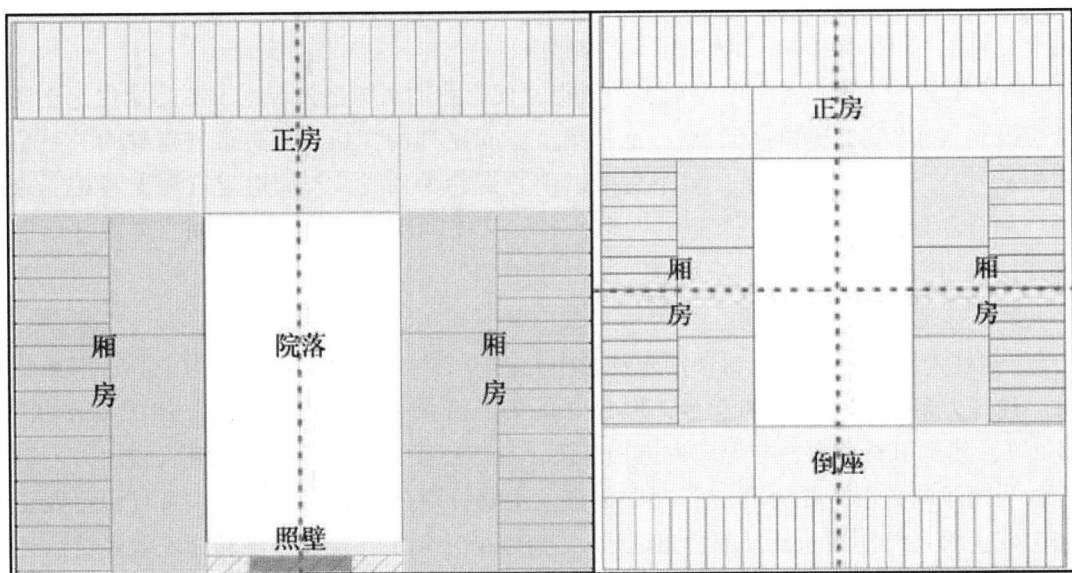

图5-25　四合院、三合院平面布局图

诺邓古村中的三合院继承了大理白族地区"三坊一照壁"的布局形式，把四合院中的一坊房屋转换为照壁，由"三坊"房屋和照壁围合中心院落而成。正房大都坐西朝东，三开间、两层，厢房三开间或两开间、两层，正房和厢房前设有檐廊。正房的明间（即堂屋）的开间尺寸、院落的开间见方和照壁等长，或比照壁稍长，照壁厚度跟墙体的厚度一样。诺邓村中的照壁有独脚照壁和三叠水照壁两种[1]，三叠水照壁居

---

① 　徐仁瑶. 民族研究文存［M］. 北京：中央民族大学出版社，2006：128.

多，照壁布置在院内或院外，院内照壁在厢房山墙上的延伸段上，院外的照壁独立建造。还有的村民充分利用前后建筑之间的高差，把前面一户人家的后墙稍作装饰后作为自家的照壁，充分利用原有条件，在视觉上扩大了院落内的空间，增加了空间的进深，实际上节省了空间，掩盖了墙体的生硬。"院落—正房—照壁"在同一轴线上，照壁是正房视线的主要视野范围及视线终点，通常在照壁上绘制山水彩绘或是雕刻花鸟山石、福禄寿喜等，装饰精美，前面砌有花台，种植花卉植物，美化了正房的视野，加深了正房的视线进深，增强了三合院院落空间的稳定性和向心型。

四合院是由东南西北四"坊"房屋围合中心院落而形成的合院形式，由于具体地理位置的差异，诺邓村中的各种四合院仅在平面上保持由四"坊"房屋围合布置的形式，具体的院落大小、正房、厢房和大门的开启位置各不相同。白族民居的典型平面布局形式"四合五天井"也是诺邓四合院建筑形式之一，该建筑类型除了有四"坊"房屋围合的一个大院落外，在四合院的四角上还各有一个"漏角天井"，四个"漏角天井"和中心的大院落组成五个天井。四合院是三开间、两层，房屋的布置纵横轴线明确，主要的房屋布置在主轴线上。功能分区清晰，流线主次分明，房屋沿轴线层层深入，空间遵循"公共空间—半公共空间—私密空间"的递进组织空间序列，空间过渡合理，室内外的交通联系方便。[①] 四合院内聚性、向心性较强，合院有很强的私密性和安全性。

除了单一的"三合院""四合院"及两种基本单元的变体外，诺邓村中还有一种组合院式建筑，即把"三合院"和"四合院"两种基本院落单元按一定的秩序组合而成的院落群，诺邓村中的组合式院落主要归纳为并列组合式院落和群体组合式院落两种。

并列组合式院落是由"三合院""四合院"两种院落单元横向或纵向并列组合而成。并列组合式院落在诺邓村主要表现为以下几种形式：两个"三坊一照壁"在横向上的组合，两个"三坊一照壁"共用中间的厢房；两个"四合院"在横向上组合，两个"四合院"共用中间的厢房；"三坊一照壁"和"四合院"纵向上的组合，该种组合方式中"三坊一照壁"的正房作为四合院的倒座。并列组合式院落在诺邓仅有几家，如今这些组合式院落几乎都是几户人共同生活的院落，一般情况下，每户人家都设立单独的入户口，共用一个总入口（图5-26）。

---

① 李海燕，张东强. 诺邓古村落空间形态研究［J］. 山西建筑，2012，38（36）.

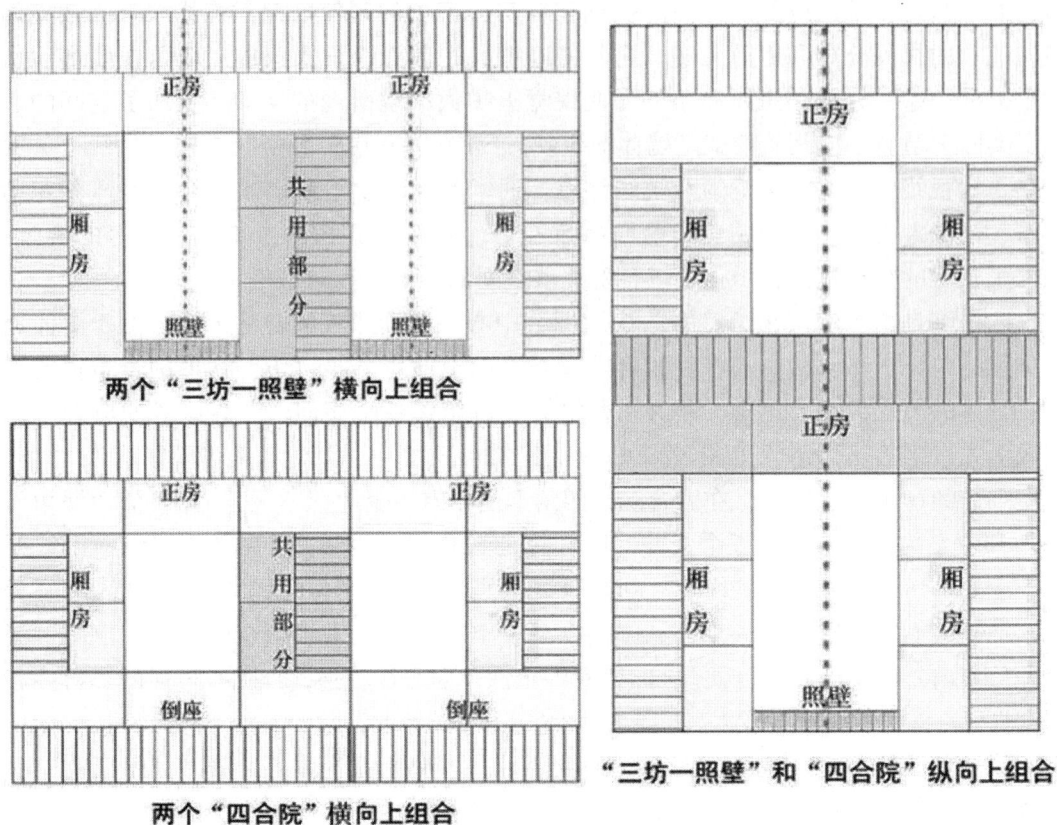

图 5-26　院落组合形式

二、典型民居

（一）台式四合院

"台式四合院"修建于清代，是"四合院"民居院落与当地山体环境相适应的结果，是诺邓民居依山就势的典型例子，也是诺邓村特有的民居形式。整个台式四合院坐落在临街 2 米高的台基上，平面呈封闭的矩形，正房三开间，两层，明间作为堂屋，两侧每边四间厢房，两层，与门楼围合院落。两个横向尺寸一致，纵向尺寸不等的大小两进院落与门楼、正房在一条中轴线上。为适应该地的高差，院落内部形成四个高差不等的平台，最低点与最高点之间高差 3m 多，平台之间的高差通过石台阶来处理（图 5-27）。

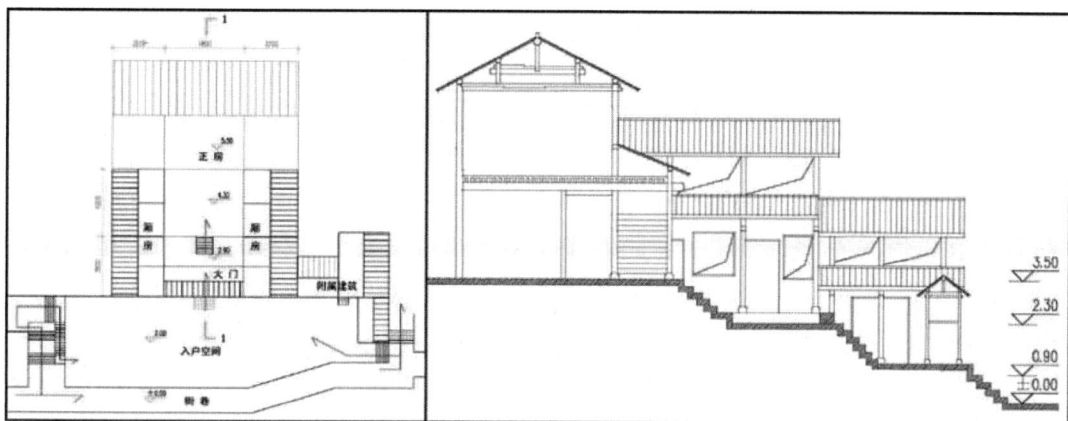

图5-27　平面布置与剖面图

　　"台式四合院"的正房、厢房和门楼的屋檐相互错开，互不交接，正房屋脊比厢房高约1米，两间独立厢房之间屋脊高差约1.5米，正立面上丰富了院落的垂直空间层次，沿着院落纵向中轴线层层递进，突出正房的重要位置，正房地势较高，视线十分开阔，正房和厢房的层高3米多，比一般民居层高稍高，正房二层作为一个大空间，无隔墙，堆放杂物，紧挨正房两侧各一间厢房的二层是通过与正房之间的木楼梯到达，厢房二层有走廊，一层有垂瓜柱；紧挨门楼的厢房二层通过自身内部楼梯到达，无走廊（图5-28）。

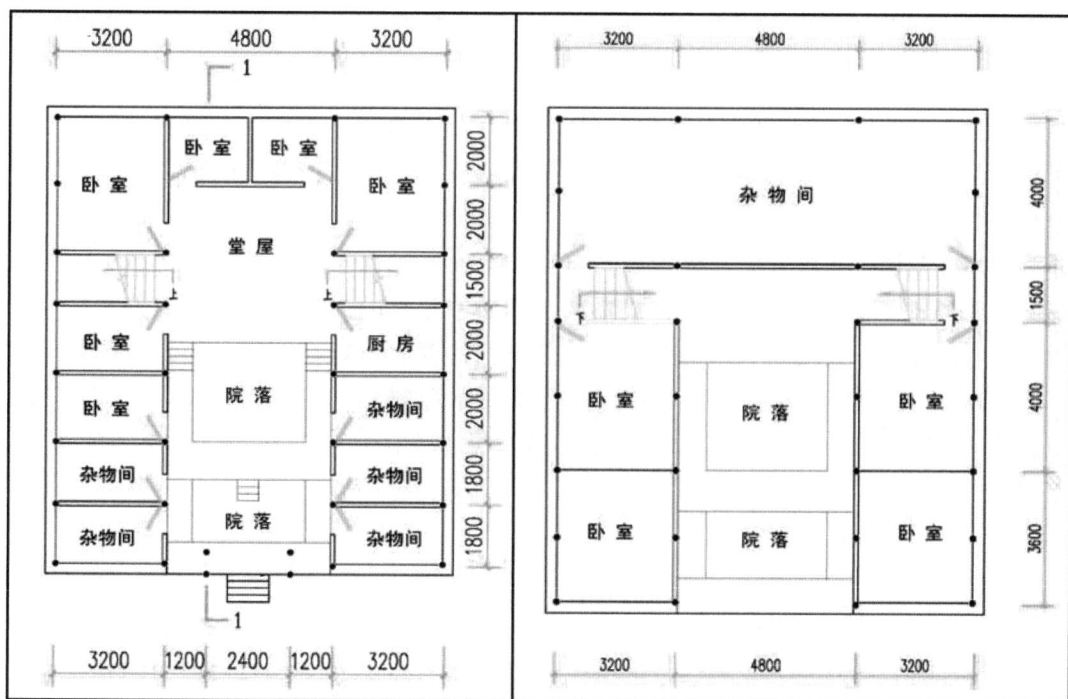

图5-28　"台式四合院"一、二层平面图

（二）五滴水四合院

在诺邓古村，受地势高差的影响，民居建筑内存在着"五滴水四合院"和"四滴水四合院"之说。"五滴水四合院"是四合院中的一种类型，与其他四合院所不同的是：正房、厢房和倒座不在同一个水平面上，正房在最高处，两侧厢房处于中间，倒座在最低点，之间高差也是用石台阶连接（图5-29）。由于这种高低不平，造成了瓦屋面明显的参差交错，下雨之时，雨水从上往下，可以流经五层檐面，因此成为"五滴水四合院"。①

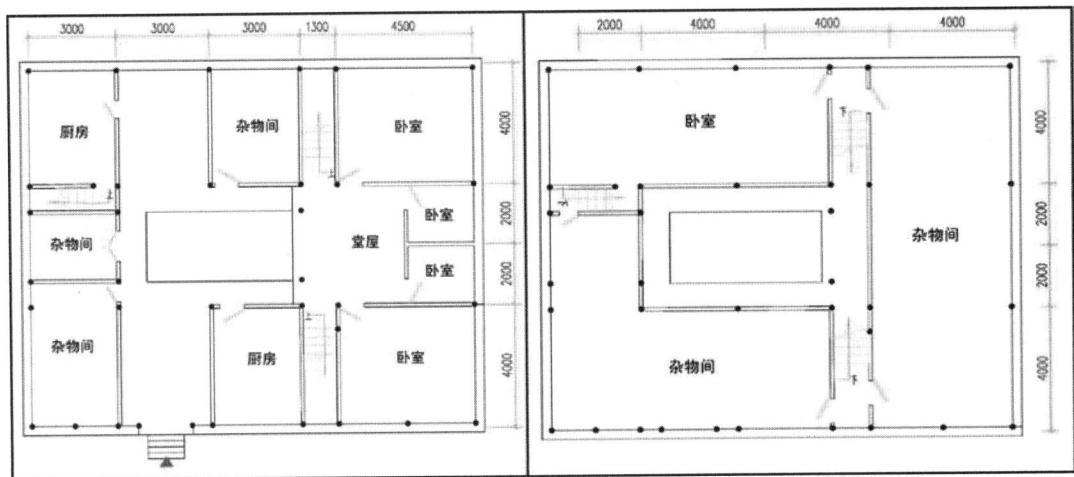

图5-29　"五滴水四合院"一、二层平面图

"五滴水四合院"院落内部的空间层次丰富，无论在静态的仰视还是在动态的行走过程中都给人不一样的感受，这样的构造格局适应了这里平地极少的地理环境，因地施材，因山就势，也创造了院落内部独特的错落景观层次。院落内三开间正房的明间作为堂屋，堂屋内布置五抽长桌、八仙桌和雕花长凳等古家具，是主人待客、休息活动的主要场所，这样的堂屋布置方式是诺邓民居中常见的，堂屋后部约四分之一的屏障房，它是家中辈分较高长辈的卧室。院落大门的开启位置在厢房一侧，占用厢房的一个开间。院落运用了大量木雕，特别是门头的木雕雕刻技艺精湛，较为精细，三层雕镂，三层自上而下呈阶梯状后退，上部最外层有避雨挡风的作用，采用砖雕形式，第二、三层是木雕动物、花草图案。

（三）一颗印

"一颗印"民居宅基地盘方整，由正房和厢房组成，瓦顶土墙，墙身高耸光平，窗洞很少，平面及外观都方正如印，平稳朴实。"一颗印"民居与四合院的空间布置非常

---

① 杨国才，等. 诺邓村［M］. 北京：光明日报出版社，2014：108.

相似，诺邓的"一颗印"民居充分利用有限的空间，结合地形，形成较为特别的民居形式，一种较典型的"一颗印"民居，被当地人称为"袖珍小院"。① 之所以叫"袖珍小院"是由于占地很小，天井上空面积仅一平方米左右。这样的院落空间聚集性很强，布置紧凑、亲切，是对建筑空间经济适用的处理、利用方法。"袖珍小院"平面呈方形，由正房、厢房与门楼组成，院落沿中轴线左右两侧对称，大门与正房、院落在同一中轴线上（图5-30）。正房三开间，两层，正房两侧厢房各一间，两层，正房、厢房都有檐廊，正房屋顶比两侧厢房高10多厘米，双坡悬山式瓦顶。院落外墙面封闭，无侧门或后门，仅二层楼上开很小的窗，墙体最下部分大卵石堆砌而成，上层用当地的土坯和夯土砌筑。

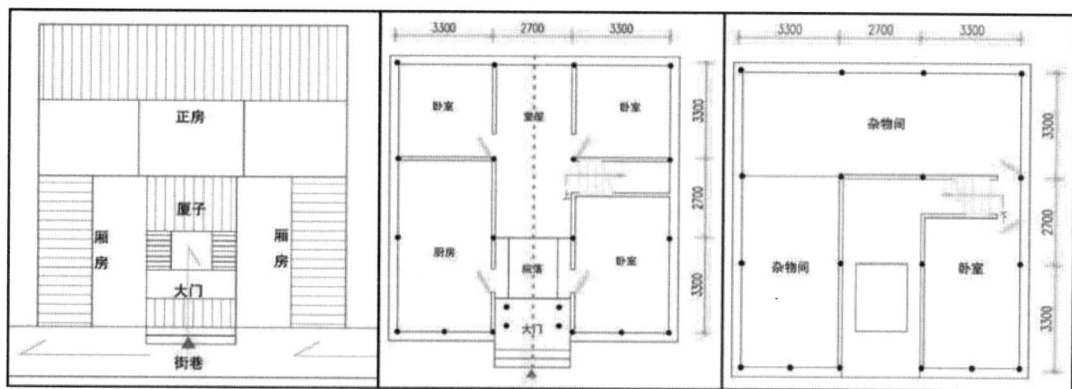

图5-30 "一颗印"平面图

院落内的地面用石板铺设，院落与正房之间40厘米的高差用石板铺筑的台阶调整。由于民居空间有限，整个民居仅有一把木楼梯作为一、二层的联系交通，楼梯设在一侧厢房与正房的夹缝中，坡度很陡，上8步到厢房，11步到达正房二层，无平台，楼梯下的空间作为厢房空间的一部分。正房二层通间，无隔墙，与另一侧厢房的二层之间设隔板，并作为通往厢房二层的通道。正房前的檐廊与正房的堂屋连为一体，形成典型的复合空间，既是室内空间也是室外空间，该空间是家居生活的主要场所。大门是有角有厦门楼，三叠水牌楼形式，有尖长的翼角翘起，檐下有斗拱装饰，处理精致、美观。

（四）三坊一照壁

"三坊一照壁"是白族典型的传统民居形式②，由于照壁位置不同，诺邓村形成各式各样的"三坊一照壁"民居布局形式。杨根奂院位于河西片区，坐东朝西，地势较陡，到达入户门口要上7级石台阶才能到达，单扇拱形木门，门头没有过多的装饰。

① 杨大禹. 云南少数民族住屋 形式与文化研究［M］. 天津：天津大学出版社，1997：63.
② 中华孔子学会编辑委员会. 中华地域文化集成［M］. 北京：群众出版社，1998：87.

照壁是院落的一面墙体，三叠水式，土坯砌筑，外墙面抹泥浆，墙脚的粉刷一段石灰，照壁两端低段上开设对称单扇拱形木门，该类照壁较为朴实，没有过多装饰，就其本身而言，作为墙体的功能性大于照壁的观赏性（图5-31）。

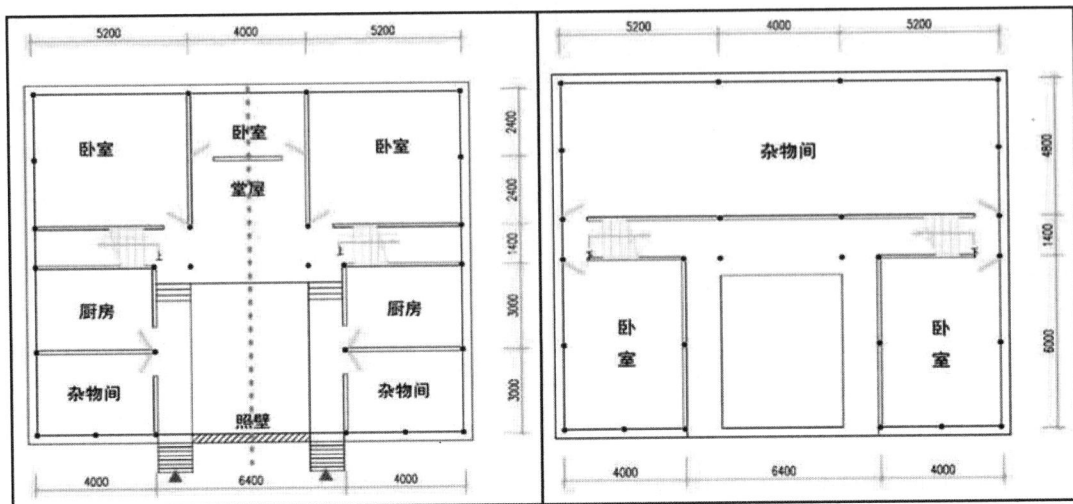

图 5-31　三坊一照壁平面图

院落中正房建于台基上，突出了正房作为主体的重要位置，正房三开间，明间作为堂屋，与前檐走廊相连，呈规整的对称空间，正房和两侧厢房都是两层，两侧厢房各两间。该院落的房屋较陈旧，其中一间厢房已重修成砖砌建筑。房屋除了外围是卵石、土坯或夯土砌筑的墙体，院落内部都是用木板作为墙体划分室内和室内外空间。院落内木制作的木构架、木窗、木门，保持木质的自然朴实，厢房两侧的垂瓜柱没有过多的雕刻装饰。一侧的厢房是跟相邻院落共用，形成共用厢房的院落组合形式（详见图4-14）。从整个院落构件和照壁装饰来看，空间组织上跟其他四合院民居并无太大区别，房屋构筑材料大都是木料，没有官宦人家的精雕细琢痕迹，从中可看出，早期该院落的住户是较为普通的人家。

（五）四合五天井

"四合五天井"是白族民居典型平面布局形式之一，诺邓村中一户典型的"四合五天井"是村中面积最大的民居建筑，位于河东片区平坦的中心区域，房屋中正房、厢房、耳房都设有堂屋，四面楼房相通，属于"走马转角楼"结构，[1] "漏角天井"很小，沿街巷的墙体上开侧门。房屋以院落为中心组织平面，有明确的纵向轴线，在主轴线上，布置群体院落中的主体建筑。室内外交通联系方便，流线主次分明，在空间组织上形成递进的层次。进入住宅院落之前，首先进入一个过渡性的前导空间，该空间削弱了院落内天井的室外活动功能，形成进入正房和厢房的一级过渡空间，它是整个

---

① 杨国才，王珊珊. 城市化进程中诺邓古村的保护与发展 [M]. 北京：中国社会科学出版社，2017：32.

"四合五天井"院落入口序列中轴线转折的场所。该前导空间通过一道普通大门与外面街巷空间相连，并由附属建筑围合，通过前导空间内一段转折变化的卵石铺路，引导进入院落真正的大门，门楼是有厦式三叠水门楼。牲口和杂物间等附属建筑都布置在前导空间内，层高较矮，人、牲口、杂物空间从功能上明确分开，整个民居建筑功能分区明确，保证了住宅房屋的主体地位和安静的院落内部空间（图5-32—图5-33）。

图5-32　"四合五天井"院落俯视图

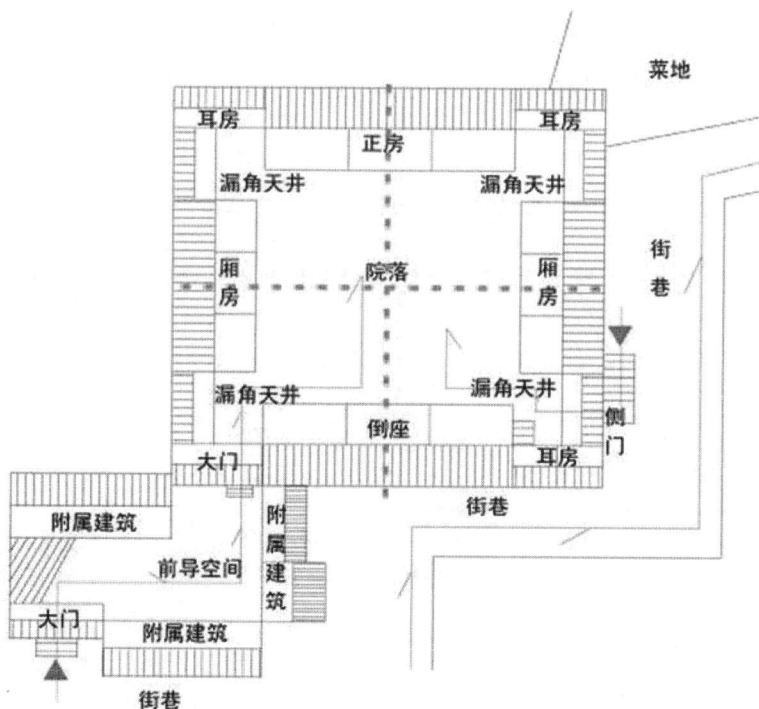

图5-33　"四合五天井"平面布置图

整个"四合五天井"院落经过几代人居住后,整体空间格局仍然保持,内部空间由于功能需要分隔、开门、堵门,成为开合、收放有序,多样变化的内部空间。院落外部规整封闭,一层外立面墙体上不开设窗子,仅在二层开小窗,高高的墙体与狭窄的街巷空间形成鲜明的对比,使墙体更显高大厚实,保证院落内部较强的私密性和安全性。

(六) 四合院组合

传说该院落内曾经住着一家四弟兄,四个弟兄均考上了贡生,当地人就尊称该院落为"贡爷院"。贡爷院是诺邓村中最大的群体式民居院落组合,位于河东片区盐局的北边,四个"四合院"纵横向拼接成一个规整的组团,建筑的外部布局形态以"四合院"的建筑单元"轮廓"为基础。目前,整个院落有一个主要出入口,各院落又有通往各住户的入户口。从主入口沿着狭长的石台阶通道层层而上进入每个院落空间,该通道是一个台阶小院,最低点与最高点之间有2米多高的高差。

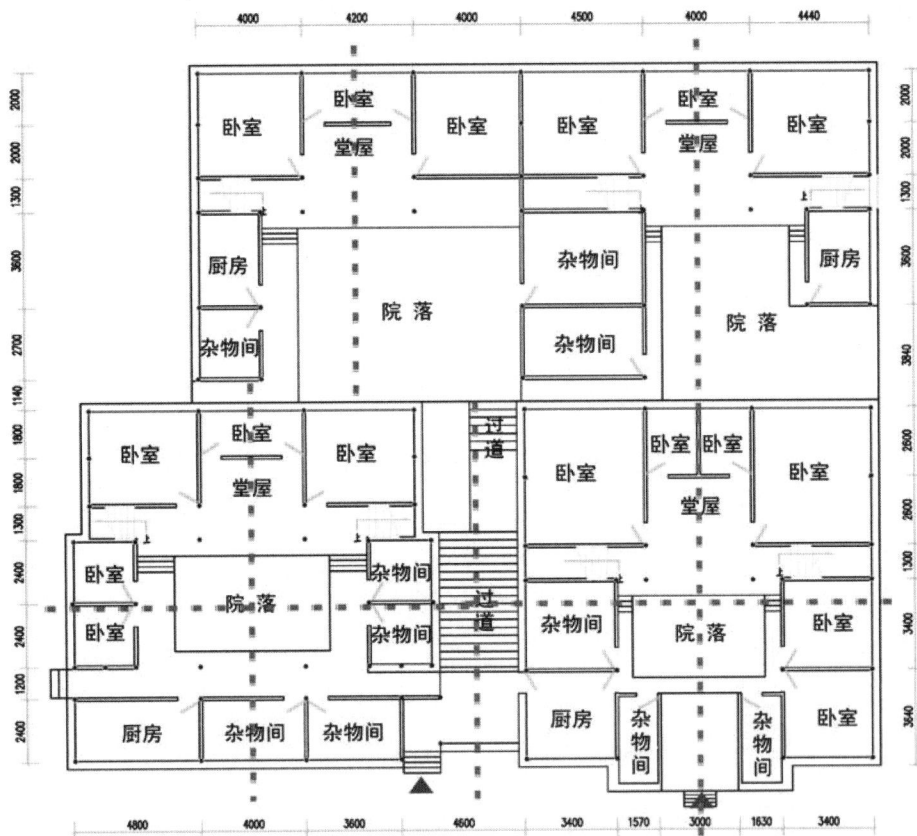

图5-34 "贡爷院"一层平面图
(作者自绘)

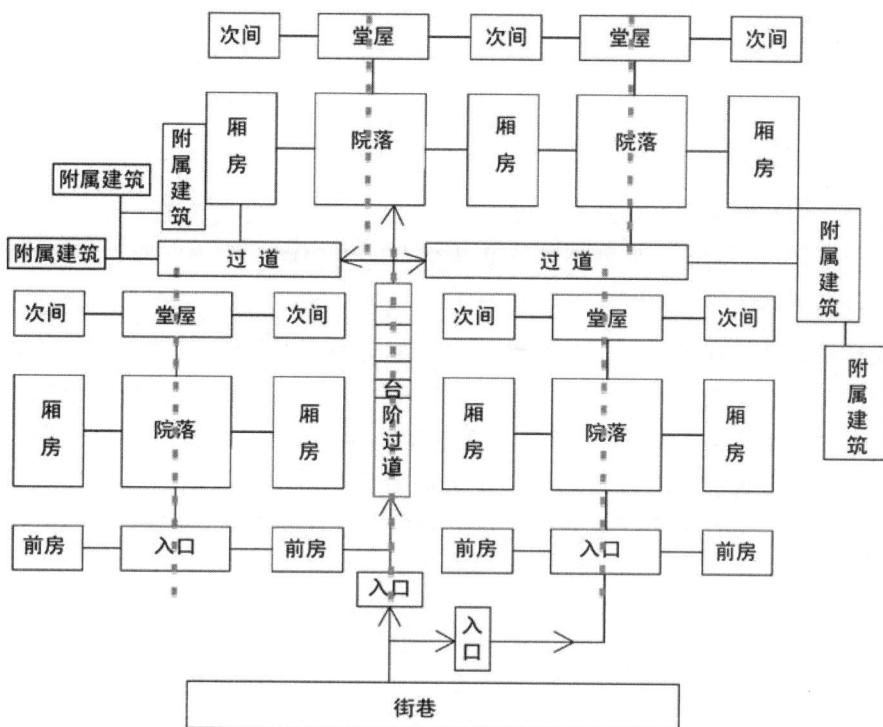

图 5-35 "贡爷院"空间序列图

（作者自绘）

院落规模巨大，由"四合院"单元构成院落的主干，加上附属建筑和通道，形成一个整体感和内聚性很强的群体式院落组合，连续的矩形四合院单元纵横向拼接成秩序感强烈的内部空间。房屋围绕院落形成三个层次空间，最上方由两个四合院并列拼接；中间部分也由两个四合院组合拼接而成，两个组合相对称，对称轴作为两个空间的通道；四个标准的四合院以各自院落天井为中心，各自有一条笔直的中轴流线，由于地势的原因，四合院呈现阶梯状布置，建筑内部的流线曲折；最下方的空间是入口空间和附属建筑空间的组合。三个空间之间联系的内部通道流线无序，根据使用者的需要而转变方向，形成一种外部形态和平面构图上有序，而内部有变化的空间布局形式。整个群体式院落的居住空间是一个有序而渐进的空间序列，内部的每个院落从大门到主房卧室，都有"大门—院落（天井）—檐廊—堂屋"这样一个建筑空间序列①（图 5-34）。

---

① 大理白族自治州白族文化研究所，杨世钰等. 大理丛书 建筑篇 卷 8［M］. 昆明：云南民族出版社，2015：45.

三、公共建筑

(一) 公共建筑空间分布

诺邓村中的公共建筑是使各民居院落之间产生联系的主要场所，能够反映古村内人们的主要精神文化所向。诺邓村内公共建筑主要有寺庙、祠堂、戏台、盐务建筑等，是诺邓古村的重要组成部分，也是诺邓古村聚落形态特色形成的主导因素之一。每座公共建筑都具有其特殊历史时期的特定意义，它是聚落内聚居活动的核心，处于聚落结构中的重要核心位置，对周围民居建筑有凝聚作用，村内建筑以公共建筑为中心形成大小不一的组团，每个组团都以公共建筑为中心向外圈层式放射发展，因此，公共建筑具有促进组团形成并引领组团朝一定方向发展的作用。公共建筑是诺邓村聚落形态形成的次级核心，对整个村落的形成及形态有着深刻的影响（图 5-36）。

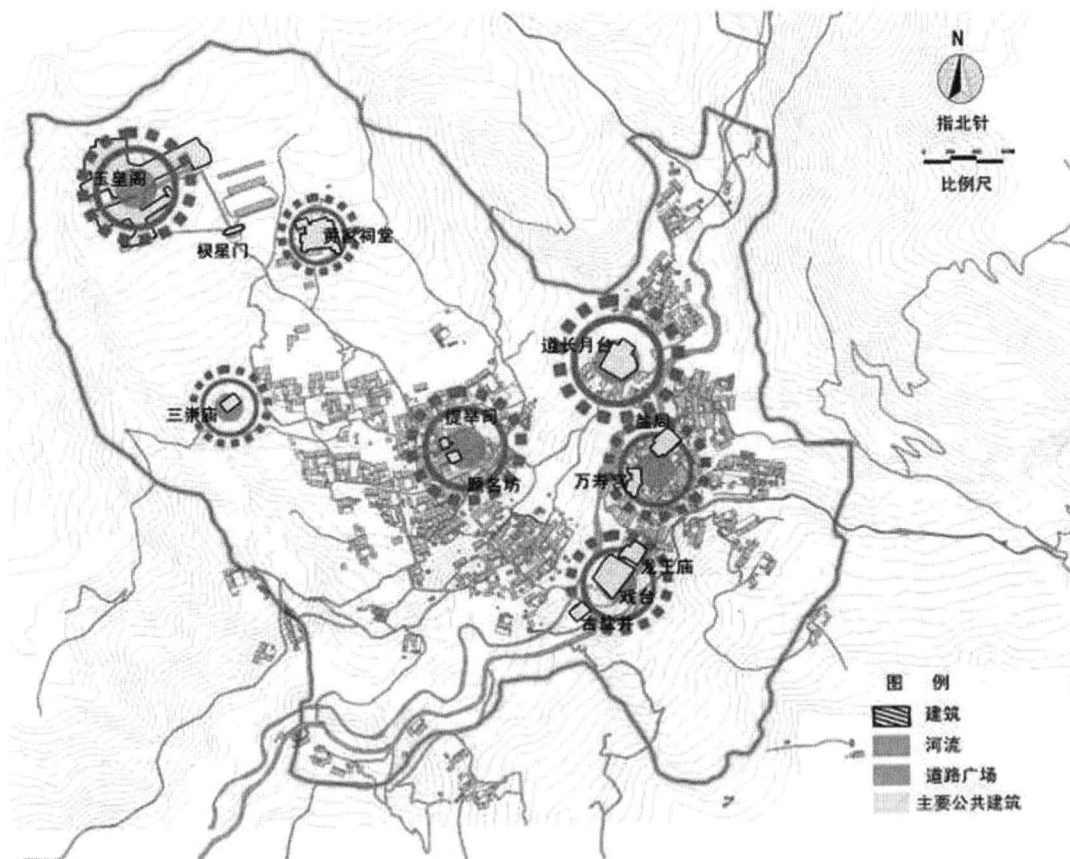

图 5-36 公共建筑分布图

（二）宗教建筑

玉皇阁是一组以道教为主、融儒释为一体的宗教建筑群，被誉为"五云首山"。它始建于明嘉靖年间，崇祯己卯年（1639年）维修并扩建，清道光七年（1827年）重修，咸丰七年（1857年）部分建筑毁于兵乱，光绪时陆续修复，民国又重修关帝庙，现存玉皇阁外，还有文庙、武庙和木结构牌坊。1988年大理州人民政府将诺邓玉皇阁古建筑群列为州级文物保护单位。建筑群以玉皇阁为中心，与供奉孔子、关羽的文庙、武庙以及"腾交、起凤"木牌坊组成整个建筑群。玉皇阁建筑群坐落于诺邓古村北部山坡之上，是全村最高海拔点。整个建筑群坐北朝南、背山面谷，正对"太极锁水"的八卦图形。周围二十多棵百年的黄连木，突显出玉皇阁建筑群的壮观。玉皇阁左腋是玄天宫，右腋是文昌宫，后院是静室，最东侧是文庙，又叫"至圣宫"，三开间、硬山、瓦顶，殿内中央供奉着孔子塑像，高2米，正殿室内与院落高差0.9米，由石台阶相连。文庙旁是武庙，一座高大的"三坊一照壁"建筑，门开在照壁的两侧，门外的台阶高2.4米，正殿中高大的佛盒里，有关云长的塑像，斗拱额枋木雕装饰技艺精湛，色彩艳丽，增强公共建筑的神秘性和标识性。

通往玉皇阁的道路垂直于等高线形成了两条明显的轴线，起点均为棂星门。一条是卵石结合石板铺筑的石台阶道路，终点是文庙。另一条是相对平坦的石板铺路，直通到主入口大照壁处。以入口大照壁为起点，玉皇阁的后院静室为终点，建筑院落坐落在台基上，层层向上，形成八层平台，串联着的七个形态与地势各不相同的院落空间，一院比一院高。八层平台分别为：第一层即主入口前大照壁处；第二层平台是两侧八字墙围合的场地，与第一层之间相差1.8米；第三层平台上是弥勒寺，中间塑有弥勒大佛，与第二层平台之间高差1.8米；第四层平台是"五云首山"下面的平整空间，与第五层有2.2米的高差；第六层就是"五云首山"所在平台，与第五层之间相差2米；第六层是"五云首山"和东西两侧厢房围合的封闭式院落空间，与第五层平台相差0.8米；第七个平台就是玉皇阁大殿的平台，第八层是静室，也是玉皇阁的后院，房屋较矮。八个平台由一条对称轴线串联，形成"开敞—半开敞—封闭—半开敞"的空间序列，依次渐进升高。玉皇阁院落是封闭空间，处于轴线的高潮上（图5-37）。

玉皇阁道教建筑群是以玉皇阁院落为主导空间，其余六个空间作为附属或是辅助空间与它并列布置或环绕它布置。这样的布置方式，使得主体空间十分突出、主从关系异常分明，另外，由于辅助空间都直接依附于主体空间上，因而与主体空间的关系极为紧密。[①] 玉皇阁大殿檐廊正中处是月台，月台长6.2米，宽3.9米，东西两侧布置对称石台阶，月台前有一对石狮，下面砌有花台，内种竹子，院内种有紫薇、柏树、梅和桂花。院落不大、亲切宜人，与高耸的玉皇阁形成强烈的对比，院落空间限定了近观玉皇阁的视线范围，视角只能是仰视，在心理上增加了玉皇阁高大、宏伟的印象。

---

① 顾琛，李蔚，傅彬. 节奏空间探究 [M]. 武汉：湖北人民出版社，2012：89.

玉皇阁斗拱飞檐，重檐歇山式人字屋顶上葫芦宝顶居中，两端鳌鱼吞脊，翼角高高地向上翘起，四方脊端白鹤亮翅。玉皇阁大殿中央顶上是井藻结构，由 32 块彩绘木板按八卦方位拼合，形成穹隆状的天花板，天花上绘制着二十八种不同的动物代表星宿，中间开了八个角形天窗。这样的绘画装饰是道教徒为了弘扬道教、扩展其影响与势力，以绘画艺术形式渲染并增加宗教的感染力和神秘感，同时，也是为了表现道教的美妙、空灵与超脱尘俗的情操。玉皇阁是诺邓道教鼎盛发展的见证，也是诺邓多种宗教信仰，多元文化兼并吸收的体现。

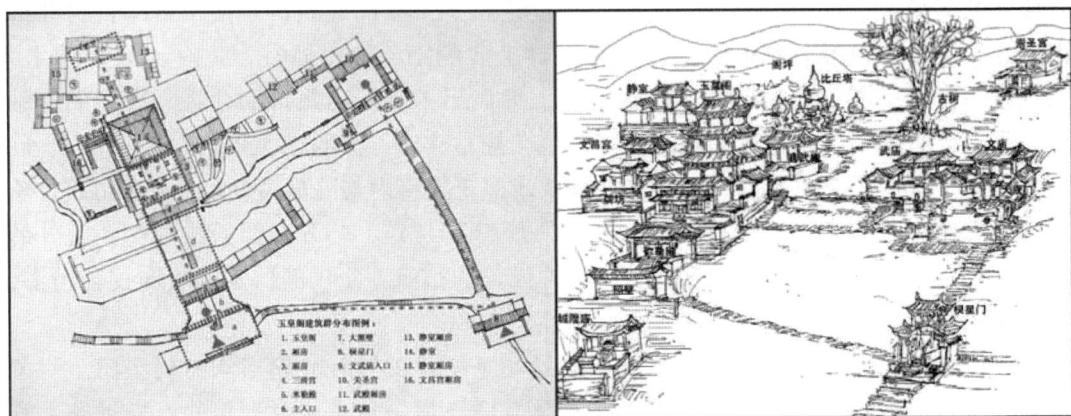

图 5-37　玉皇阁平面功能及复原图

（三）盐务建筑

1. 盐井房。盐井房距今已有两千多年的历史，位于村口戏台前诺河的西侧，是一间简易的土坯房，比一般房屋矮小，西北面开门，悬山瓦顶、木结构，墙体下部由红砂岩砌筑，上部用土坯砌筑，山墙面梁架位置在两侧山墙顶端透空，从而增加室内采光和通风。盐井房作为建筑本身没有什么特别之处，它是早期村民们为了保护盐井卤水免受雨水或其他杂物影响而修建的房屋，井房外围砌筑石堤，防止河水的淹浸，井房内部有卤水井和淡水井两口直井、井架及各种汲卤设备（图 5-38）。盐井曾是诺邓古村得以生存、发展的源泉，村落以盐井为发展源点，形成两个方向的发展轴，盐井作为主要内在动力，引领着诺邓古村的形成和发展，是诺邓古村形成的内隐因素，所具有的精神功能性大于作为建筑实体本身的功能性。在人们心中，诺邓的盐井房具有强大的统领力和内聚力，是诺邓古村形成的决定性要素。

而今，井房已经废弃，井房内部的井架和汲卤设备严重腐蚀，井内地面被卤水淹没，于 2010 年井房被拆除就地重新修建。盐井房虽然已经不能再创造曾经的财富和辉煌，但它仍然是诺邓村民精神文化生活上的重要标识，也是诺邓古村最具有广泛共识性的标志、识别物。

2. 盐局。盐局位于诺邓村河东片区的盐地街集市一侧，灶户们曾经把在自家煮制卤水生产的食盐统一交到盐局，官员们在盐局把这些盐盖上官印，再把盖有官印的官盐分发到各地进行交易，它是散盐形成官盐的手续办理地。盐局是一座比普通民居规模大的"四合院"建筑，四坊房屋围合一个院落空间，正房、厢房和倒座都是三开间、两层，[①]布局规整，正房三开间通透式的，无分隔，与檐廊相通，体现了公共建筑的公共开放性。

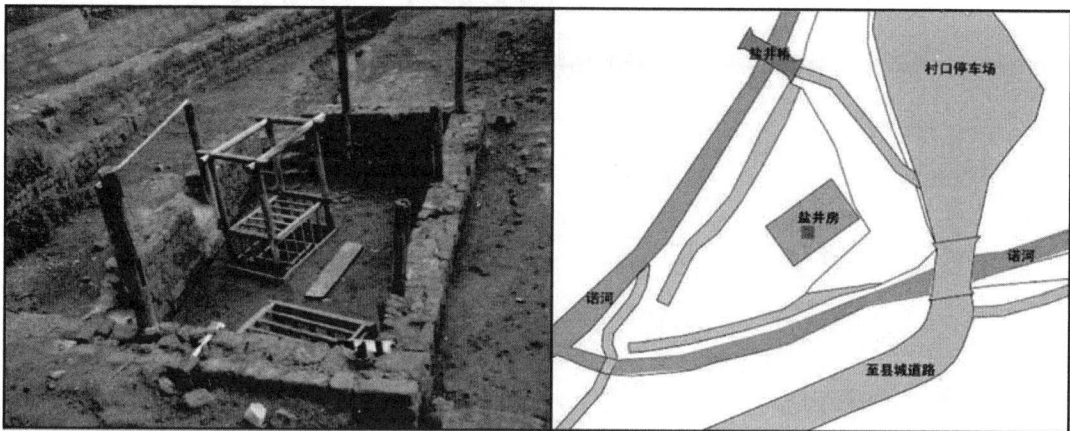

图 5-38　诺邓井现状及平面布局图

倒座三开间，中间一间作为大门通道，大门是有厦式三滴水门楼。两侧厢房有垂瓜柱，梁头、窗扇和正房的瓦当均做了雕刻装饰，但整个院落内没有过多华丽的装饰。盐局建筑已经过多次翻修，在盐局的西北侧增加了附属建筑，作为厨房，现在的盐局作为诺邓镇诺邓村的老年协会，是人们的休闲娱乐场所。曾经盐局作为官府管制地方盐业的场所，在今天诺邓村民心理意识上仍然具有重要意义。

3. 提举司

五井提举司衙门是专收五井盐税的场所，公元 1383 年，明初政府在全国设置了七个"盐课提举司"，云南就有四个，其中"五井盐课提举司"治所即在诺邓（所谓五井即指诺邓井、山井、师井、大井、顺荡井）。[②]"五井盐课提举司"不仅是诺邓盐业经济发展鼎盛时期的最好佐证，也是诺邓村丰富建筑类型的证明。提举司主体建筑已毁，在"大榕树"集散空间一侧有三进大门，第三进大门即提举司衙门，二层门楼的形式，比一般民居的大门高大、威严、厚重。瓦当和大门两侧精美的石雕，丰富了门楼的视觉效果。二层的门楼是通透的木格雕窗，从里面可以俯视门楼的前院空间。提举司是三进大门（题名坊、"会魁第"木牌坊和提举司衙门）的最后一道大门，对其他空间具有引领、过渡的作用，通过该门楼进入一个选择性空间，即从该空间可以进入不同大小、方向的空间。它延续了前院空间，又引导了后续空间，具有承前启后的作用。提举司当时是国家收缴盐税的部门，它也是中国古代朝廷权利的重要象征，具备中国古建筑中公共建筑的共性特征。

---

① 毛葛. 绘造老房子 [M]. 北京：清华大学出版社，2012：52.
② 中国民间文艺家协会组织编写，罗杨，赵敏. 中国名村 云南诺邓. 北京：知识产权出版社，2013：96.

第六章 "文化线路"视角下
滇盐古道聚落保护

第一节 盐道作为文化线路的保护体系构建

文化线路是指拥有特殊文化资源集合的线形区域内的物质和非物质的文化遗产族群。自 2008 年 ICOMOS 通过了《关于文化线路的国际古迹遗址理事会宪章》后，许多隐性文化遗产浮现于世，一系列无形的"文化线路"相继申遗成功，引发世界关注。2014 年，中国大运河在第 38 届世界遗产大会上获准列入《世界遗产名录》，是中国首条文化线路遗产，其他诸如丝绸之路、茶马古道、蜀道等均已排上了申遗议事日程。滇盐古道是典型的"文化线路"遗产，具备《马德里共识》中对"文化线路"的定义，是一种"陆地道路、水道或陆水混合类型的通道，其形态特征的定型和形成基于自身具体的和历史的动态发展和功能演变；代表人们的迁徙和流动，代表一定时间内国家、地区内部或国家、地区之间人们的交往，代表多维度的商品、思想、知识和价值的互惠和不断的交流，并代表因此产生的文化在时间和空间上的交流与相互滋养"。[①]历史上依靠牦牛和马帮踏出的南方丝绸之路通道是中国西南地区物资与经济发展的重要基础，今天通道建设仍然是经济交往与经济发展的重要保证。自 1992 年云南西部南部开放了瑞丽、畹町、猴桥和河口等边境口岸，并设立边境互市贸易点起，至 2015 年，亚洲博鳌论坛期间中国政府发布《推动共建丝绸之路经济带和 21 世纪海上丝绸之路的愿景与行动》，孟中印缅经济走廊建设将填补东亚、东南亚与南亚贸易与经济发展的断裂带，其核心是中缅经济走廊和中缅通道建设，它将给沿线国家和地区的发展带来前所未有的历史机遇，而滇盐古道遗产廊道并是一条具有重大价值的文化线路。滇盐古道从古至今，各条线路的产生、发展和嬗变显示其多元交融的特征，其演变过程的历史断面均是聚落景遗产积淀载体，最终形成文化线路遗产廊道体系。

乡村景观遗产，其概念和内涵的深化主要源于 ICOMOS 在整个 20 世纪对文化遗产

---

① 中共西藏自治区委员会党史研究室. 新中国的西藏 60 年［M］. 拉萨：西藏人民出版社，2011：84.

的关注。从《雅典宪章》（ICOMOS，1931 年）、《威尼斯宪章》（ICOMOS，1964 年）到《克拉科夫宪章》（ICOMOS，2000 年），各类遗产聚焦的重点从最初以建筑为主体的文物保护单位逐渐转到与日常生活相关的各类遗产对象当中（Goetcheus C，2014）。国内外关于乡村景观遗产的研究主要关注景观的遗产和文化价值、区域及国家层面的乡村景观实践、延续性的文化景观、将乡村景观作为遗产、生物—文化多样性和土地利用系统和景观等方面。特别是 20 世纪末，ICOMOS《关于文化遗产保护与修复的宪章》将景观作为文化遗产首次被提出，国内外专家们开始认识到园林景观和文化遗产对人类发展的见证，乡村景观遗产也随之得到重视。1984 年，法国代表团在布宜诺斯艾利斯举行的 ICOMOS 会议上提出了"乡村景观"概念："从历史上看，自新石器时代以来，人类的种植活动大规模地改造了土地，改变了原本的生态系统⋯⋯"（Lionella Scazzosi，2018），1987 年，在世界遗产大会上，"混合遗产地"概念被提出，其兼具"文化和自然属性"的定义认为乡村景观是其中的一部分。1992 年，《实施世界遗产公约操作指南》中将乡村景观归在文化景观的"有机演进的景观"类别中。《关于乡村景观遗产的准则》（ICOMOS-IFLA，2017 年）是文化景观专业委员会于 2011 年启动的一个名为"全球乡村景观倡议"主题研究工作的初步成果。《准则》定义乡村景观是多功能资源，指在人与自然之间的相互作用下形成的陆地及水生区域，通过系列资源的采集、狩猎和开采，生产食物和可再生自然资源。尤其是对乡村景观的界定做了大胆的拓展："all rural areas are landscapes"，这为生活在乡村地区的人和社区赋予其文化意义。乡村景观遗产是对过去一段时间的乡村景观遗产进行总结，为未来一段时间内乡村景观遗产研究和实践提供坚实的理论研究方法和实践指导方法。

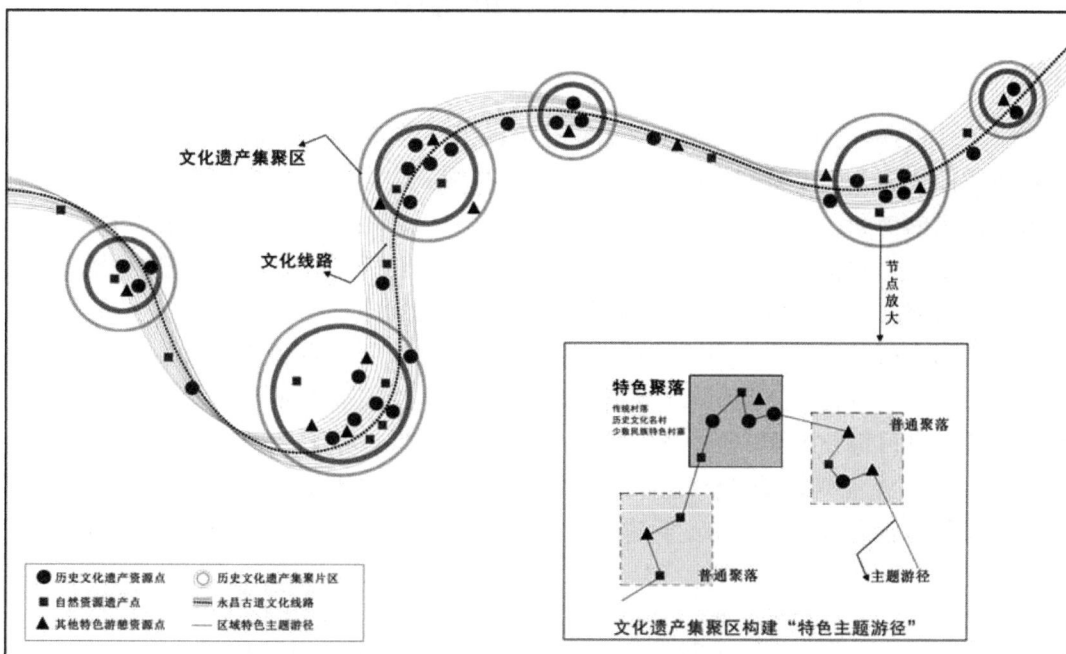

图 6-1 面向西南开放层面构建滇盐古道文化线路逻辑图

以滇盐古道线路为基础构建文化线路遗产廊道可以通过三个方面：编制文化线路建设和保护总体规划、构建面向西南开放层面的文化线路和构建文化遗产集聚区的特色主题游径（图6-1）。文化线路遗产廊道构建首先应以政府行为进行展开总体规划，编制文化线路保护和发展总体规划，将古道文保、传统聚落保护、文化遗产保护和区域经济社会发展进行综合研判，编制总体保护和发展规划。编制总体规划应充分分析线路沿线各个重点县镇、聚落集群、旅游区、自然保护区和文化遗产保护区的性质、规模、功能特性和发展方向。应根据需要编制单独的专项发展规划、城镇群规划和村落群规划，特别是村落集群体系规划应充分结合民族特性、地域特性、产业特色、区位条件和文化发展动力，制定文化遗产的整体保护和挖掘完善思路。

面向西南开放层面构建滇盐古道文化线路基于文化遗产集聚区，其包含历史文化遗产资源点（群）、自然资源遗产点，以及其他特色游憩资源点，通过古道线路网络进行串联，形成文化线路遗产廊道。[1] 构建过程中应梳理和挖掘文化遗产集聚群的典型特征，将文化线路遗产廊道这个"串珠"状桥梁的"珠"进行归类，基于总体规划进行分区、分段和分点（群）展开营建。文化遗产集聚区是文化线路发展的引擎和触媒载体，其实体主要是传统聚落。文化遗产集聚区构建特色主题游径以历史文化名城（镇）、历史文化名村、传统聚落、少数民族特色村寨为主题，以普通生长的聚落为外围，通过区域性的古道、水系、文化轴、商贸线路等线性通道为主体，建设特色主题游径，完善文化线路支线脉络体系。

第二节　文化线路建设助推乡村振兴策略

实施乡村振兴战略，是党的十九大对过去提出的重要农村战略的系统总结和升华，既涵盖了以往各个历史时期党的农村战略思想的核心内容，也顺应国情变化赋予了农村发展以新的内涵。充分体现了党中央对"三农"工作的高度重视和对新时代国情特征的准确把握，并将其作为决胜全面建成小康社会、全面建设社会主义现代化强国的七大国家战略之一。针对日益严峻的"乡村病"问题，全面实施乡村振兴，既是推进城乡融合与乡村持续发展的重大战略，也是破解"三农"问题，决胜全面建成小康社会的必然要求。乡村振兴基于人民日益增长的美好生活需要和不平衡不充分的发展之间的矛盾，其目标归结为"五大建设"："产业兴旺、生态宜居、乡风文明、治理有效、生活富裕"。[2] 产业兴旺是经济建设的重要基础，重在资源整合、产业培育、经济转型与收入增长；生态宜居是生态文明建设的首要任务，关键是农村景观优化、环境美化、

①　唐琦，沈中伟. 滇缅铁路工程及建筑遗产价值研究［M］. 北京：中国建筑工业出版社，2018：105.

②　广东省农业厅，华南农业大学乡村振兴战略研究院. 乡村振兴百问百答 乡村振兴战略口袋书［M］. 北京：中国农业出版社，2018：82.

人居环境质量改善，发展绿色生态新产业、新业态。乡风文明是文化建设的重要举措，关键是乡村文化传承、思想观念转变、和谐社会构建，增强发展软实力。治理有效是政治建设的重要保障，关键是基层组织建设、民生自治、科学决策与机制创新。生活富裕是社会建设的根本要求，关键是居民享有平等参与权利、共同分享现代化成果。

云南是脱贫攻坚大省，少数民族精准扶贫的重区。2020年春，习近平在云南考察调研期间强调"全面建成小康社会，一个民族都不能少。要加快少数民族和民族地区发展，让改革成果更多更公平惠及各族人民"。① 村落脱贫后能持续增力发展是乡村振兴战略推进的阶段性难题，也是各级政府继续探索和研究的重点。以传统文化承传为内生动力基础，规划构建滇盐古道文化线路遗产廊道，激活沿线传统聚落活力，基于乡村人居环境综合整治，依托沿线的各级历史文化名城（镇村）、传统村落、少数民族特色村寨和历史聚落，推进美丽乡村连片示范区建设，形成以点带线、带面的乡村经济发展带。通过文化线路乡村产业带，借助县镇（乡）产业发展思路与城乡扶贫致富计划，依托聚落自身及其周边资源特色，探索分类建设和精准扶贫致富策略有助于推进全面建成小康社会进程。滇盐古道文化线路建设助推乡村振兴主要是搭建传统聚落文化遗产与乡村振兴之间的桥梁，各个区域段的古道线路便是这个"桥梁"。

通过文化线路建设探索传统聚落资源要素与决策者之间的可持续发展关系，其一，分析盐道作为文化线路的保护体系构建，分析各个线路中传统聚落（群）功能类型、空间布局和文化特色等资源要素特色；其二，从战略谋划、发展规划和实施计划等决策者经营管理的视角分析乡村振兴战略推进过程中对传统聚落文化遗产的可持续开发利用途径和思路（图6-2）。

战略共生。共生是文化线路中各个文化遗产载体的发展目标，也是文化线路中所定义"混合类型的通道""迁徙和流动""交往""交流""时间和空间""滋养"等内涵价值的集中体现。面向西南开放层面构建滇盐古道文化线路是战略共生的一种融合机制，更多的体现乡村振兴的决策者经营管理工作思路。基于滇盐古道线路的战略共生主要分为国际、省级和区域三个层面。国际层面，滇盐古道主线的历史主要是蜀身毒道、闽盐古道、灵关道、五尺道和茶马古道、滇缅古道等南方丝绸古道的综合体。自1992年开放边境口岸至2016年中国政府发布《推动共建丝绸之路经济带和21世纪海上丝绸之路的愿景与行动》，② 孟中印缅经济走廊建设将填补和链接东亚、东南亚与南亚贸易与经济发展的断裂带，其核心是中缅经济走廊和中缅通道建设，它将给沿线国家和地区的发展带来前所未有的历史机遇。省级层面，滇古道线路北接川盐、西北接康藏沙盐、东接粤盐，而南接越盐和缅盐，这种省际至国际盐资源贸易线自宋代就基本形成，延续至今，已是云南传统聚落体系与外界交流的主脉络。区域层面来看，文化遗产集聚区即是传统聚落较为集中的城乡地区，传统聚落"靠山吃山"这种自力

---

① 习近平在云南向全国人民拜年 [N]. 文化艺术报，2020-01-22.
② 本书编委会. "一带一路"读本 [M]. 北京：时事出版社，2018：52.

更生的发展途径随着"空间生产"而逐渐转向共同体的发展,"全域旅游区"的建设便是较为典型的发展模式。聚落集聚区之间的产业、文化和生态发展共同体一旦形成,聚落的发展将依托聚落群的空间生产能力向外发展和对外交流。

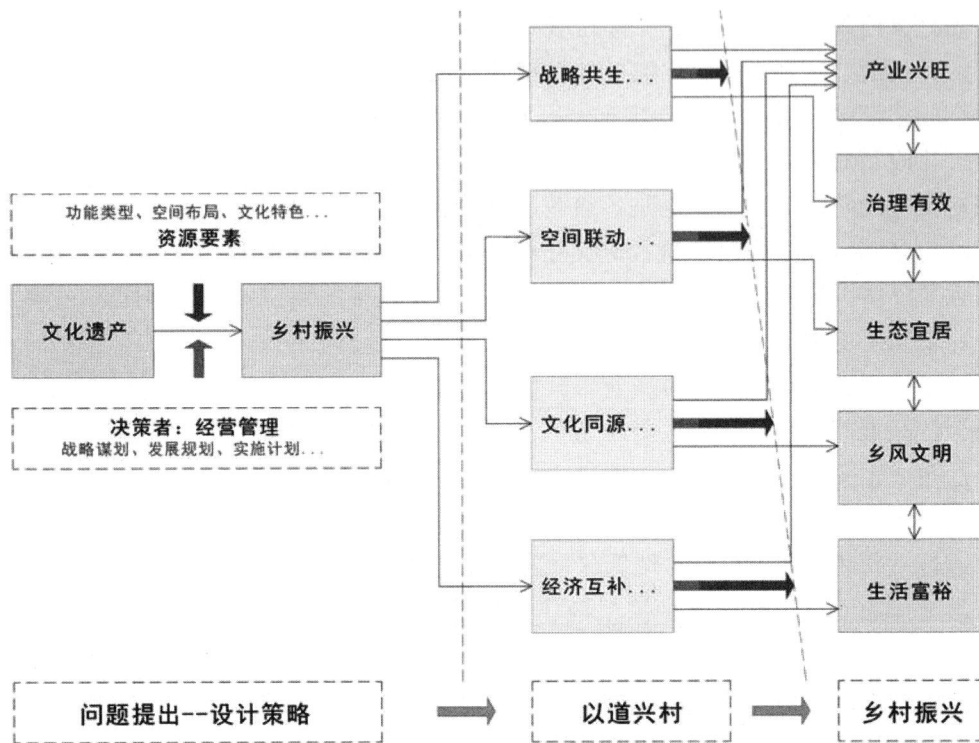

图6-2 文化线路建设助推乡村振兴策略思路

空间联动。文化线路的空间模式不同于传统的基于空间临近性来辨析空间关系和组织要素,而是以"关系空间"视角出发,将历史与现代中原本分散的文化遗产点(群)放到同一文化主题和历史发展链下来诠释,突出空间中事物间(遗产点/群)的关联性和相适应关系。滇盐古道文化线路遗产廊道上接孟中印缅经济走廊建设,下接区域内传统聚落连片集聚区之间的空间交流模式和发展关系。文化线路各城乡空间形态的生产由空间中事物的生产转向空间本身生产,基于空间生产这一关系来探索滇盐古道文化线路文化遗产集聚片区的发展关系,联动传统聚落保护和乡村振兴发展问题。产盐聚落的产生、发展和演变伴随着区域聚落体系的形成,一村一井或一村多井是聚落发展最为普遍的开始,随着盐井的壮大,一井多村的聚落体系基本形成,滇盐三个盐区产业聚落体系的生长模式主要为井村联动生长型和井镇联动生长型,其"井村"模式较为典型的有"弱井弱村"型,"强井弱村"型和"强井强村"型。"井镇村"联动发展主要有"强井强镇弱村"和"强井强镇强村"两种类型。不同类型的发展模式之间的联动除依托先天自然资源禀赋和自然规定性外,产业和文化发展所形成的联动机制是聚落体系演变的内生动力。这种联动机制被放到同一文化主题和历史发展链视角下进行分析，是探索区域聚落群体效应的有效途径。

文化同源：滇盐古道文化线路是跨地区线性文化空间，以盐资源开发和盐文化承传为主线，建在区域乡村景观遗产基础上，是一定历史时期中促进文化对话和推动文化产业发展的沉淀带。其整条脉线上的文化自信、文化传承与乡村振兴的发展问题，是探索空间构造物如何被创造和利用作为人类记忆和社会价值的固定标记①，进而推进区域聚落遗产保护和文化产业发展。根据盐"产与销"给聚落带来内生动力的强弱属性，滇盐古道传统聚落可以分为因产盐而生、因运盐而兴和因近盐而起三种类型。根据面板数据的分析，云南国家历史文化名城（镇村街）中产盐聚落 3 个，盐区聚落 4 个；省级历史文化名城（镇村街）中产盐聚落 6 个，盐区聚落 4 个；中国少数民族特色村寨中产盐聚落 14 个，盐区聚落 27 个；中国传统村落中产盐聚落 51 个，盐区聚落 99 个。从数据分析可以看出各级历史文化名城（镇村）和传统聚落空间分布格局等聚居特征来看，因盐资源开发与行销的聚落是较为典型的一种类型，其文化承传的载体以传统盐聚落为主，而文化交流则通过空间生产来体现。滇盐古道网上"一个地区不同民族"和"同一民族不同地区"的现象极为显著，这种不同民族文化在不同地区之间交流和承传共同构建了聚落文化共同体，形成较为集中的文化发展主题。

经济互补。产业兴旺是乡村振兴的源头和目标，是城乡经济建设的重要基础，重在资源整合、产业培育、经济转型与收入增长。滇盐古道文化线路建设可以通过"以道兴村"的发展途径助力线性传统聚落体系规划、区域连片示范特色聚落建设和传统聚落脱贫致富的乡村振兴战略推进。传统聚落脱贫后持续增力发展致富途径是乡村振兴规划的核心问题，一方面传统聚落集群内产业链的谋划发展是文化线路文化产业体系构建和形成共生的主题，可以从线性层面普查完善传统聚落保护体系和文化遗产集聚片区产业发展。另一方面可以从区域层面依托特色聚落建设示范点（群/面）来带动普通聚落发展问题。战略共生、空间联动、文化同源和经济互补是"以道兴村"文化线路建设助推乡村振兴策略的关键点和主要途径，分别与产业兴旺、生态宜居、乡风文明、治理有效、生活富裕五大乡村振兴建设形成有效对接。

---

① 刘学，黄明. 云南历史文化名城（镇村街）保护体系规划研究 [M]. 北京：中国建筑工业出版社，2012：91.

参考文献

[1] 刘学. 云南合院式民居地区传统聚落形态类型研究 [C]. 族群·聚落·民族建筑——国际人类学与民族学联合会第十六届世界大会专题会议论文集, 2009.

[2] 李海燕. 云龙县诺邓古村落聚落景观形态研究 [D]. 云南：西南林业大学, 2012.

[3] 吴丰. 良户古村聚落与民居形态分析 [D]. 太原理工大学, 2008.

[4] 周绍文. 云南传统聚落类型学研究 [D]. 昆明理工大学, 2004.

[5] 刘晶晶. 云南"一颗印"民居的演变与发展探析 [D]. 昆明理工大学, 2006.

[6] 冯楠. 龙门古镇古村落研究 [D]. 西安建筑科技大学, 2004.

[7] 魏欣韵. 湘南民居——传统聚落研究及其保护与开发 [D]. 湖南大学, 2003.

[8] 雍蓓蕾. 乡村聚落的旅游性更新改造设计研究 [D]. 重庆大学, 2008.

[9] 高琳. 柞水凤凰镇古村落研究 [D]. 西安建筑科技大学, 2008.

[10] 高远. 基于地域文脉的古村落旅游开发研究 [D]. 上海师范大学, 2008.

[11] 王亚华, 苏毅清. 乡村振兴——中国农村发展新战略 [J]. 中央社会主义学院学报, 2017, 210 (6).

[12] 刘彦随. 中国新时代城乡融合与乡村振兴 [J]. 地理学报, 2018, 74 (4).

[13] 李伟, 俞孔坚. 世界文化遗产保护的新动向：文化线路 [J]. 城市问题, 2005 (4).

[14] [意] 莱奥内拉, 王溪, 李璟昱. 国际古迹遗址理事会《关于乡村景观遗产的准则》（2017）产生的语境与概念解读 [J]. 中国园林, 2018, 11 (5).

[15] 林竹. 城市运营与城市经营的理论与实践辨析 [J]. 规划师, 2014 (9)：116-121

[16] 赵小平, 肖仕华. 八十年来云南盐业史研究综述 [J]. 盐业史研究, 2014 (3).

[17] 朱霞. 从《滇南盐法图》看古代云南少数民族的井盐生产 [J]. 自然科学史研究, 2004, 23 (2).

[18] 李兴福. 试论云南黑井盐业的兴衰 [J]. 云南师范大学学报（哲学社会科学版）, 2007, 39 (6).

[19] 黄培林. 云南盐史概说 [J]. 盐业史研究, 1996 (3).

[20] 谢本书. 滇盐发展的历史特点 [J]. 盐业史研究, 1996 (3).

[21] 杨卓如. 云龙：与盐马古道有关的那些事 [J]. 文化大理, 2010 (09).

［22］张长. 诺邓记 ［J］. 大理文化，2003（03）.

［23］谷成东. 白族民居建筑 ［J］. 住宅科技 2004（07）.

［24］陈蔚，丁武波. 盐道重镇 栖息胜地——大理诺邓村聚落与建筑研究初探 ［J］. 安徽建筑，2011（01）.

［25］杨云水. 诺邓玉皇阁藻井的绘画特点及历史文化信息. 大理文化 ［J］，2009（5）.

［26］王丽珠. 南诏文化浅析 ［J］. 贵州民族研究 2002（89）.

［27］李定攀，龙敏. 古村落旅游开发初探——以湖南高城马帮古寨旅游开发为例 ［J］. 经营与管理 2008（07）.

［28］李源. 云南盐业生产与生态、环境保护问题 ［J］. 中国井矿盐，1990，94（6）.

［29］赵小平. 南方丝绸之路上的滇缅食盐贸易研究 ［J］. 盐业史研究，2019（4）.

［30］贾磊. 滇盐史上的功臣——张冲 ［J］. 中国盐业，2016（16）.

［31］尹馨萍. 近代滇盐场产研究 ［J］. 民族论坛，2015（2）.

［32］赵小平. 北洋政府时期云南盐业生产研究 ［J］. 四川轻化工大学学报（社会科学版），2012（1）.

［33］赵小平. 民国时期云南盐业生产技术改进与生产关系演变研究（1927 年—1937 年）［J］. 四川轻化工大学学报（社会科学版），2011（3）.

［34］赵小平. 略论清代云南盐税及其变化 ［J］. 盐业史研究，2008（4）.

［35］刘建莉. 试论清初云南盐政制度的演变 ［J］. 盐业史研究，2018（2）.

［36］刘学. 云南省历史文化名城（镇村街）保护体系规划研究 ［M］. 北京：中国建筑工业出版社，2012.

［37］扬大禹. 云南少数民族住屋形式与文化研究 ［M］. 天津：天津大学出版社，1997.

［38］宋良曦，林建宇，黄健，程龙刚. 中国盐业史辞典：上海辞书出版社，2010 年.

［39］杨宇亮. 滇西北村落文化景观的时空特征研究 ［M］. 清华大学，2004.

［40］褚良才. 易经·风水·建筑 ［M］. 上海：学林出版社，2003.

［41］王铭铭. 西方人类学名著提要 ［M］. 南昌：江西人民出版社，2006.

［42］毛刚. 生态视野——西南高海拔山区聚落与建筑 ［M］. 南京：东南大学出版社，2003.

［43］周俭. 城市住宅区规划原理 ［M］. 上海：同济大学出版社，1999.

［44］蔡凌. 侗族聚居区的传统村落与建筑 ［M］. 北京：中国建筑工业出版社，2007.

［45］杨宗汉. 云龙县志（第一编）［M］. 北京：农业出版社，1992.

［46］彭一刚. 建筑空间组合论（第三版）［M］. 北京：中国建筑工业出版社，2007.

［47］刘沛林. 古村落：和谐的人聚空间 ［M］. 上海：上海三联书店，1998.

［48］蒋高宸，杨大禹、何俊萍. 云南大理白族建筑 ［M］. 昆明：云南大学出版社，1994.

［49］马建武，陈坚，林萍，张云. 云南少数民族园林景观 ［M］. 北京：中国林业出版

社，2008.

[50] 李晓峰. 乡土建筑——跨学科研究理论与方法［M］. 北京：中国建筑工业出版社，2005.

[51] 朱保炯. 明清进士题名碑录索引［M］. 上海：上海古籍出版社，1979.

[52] 蔡凌. 侗族聚居区的传统村落与建筑［M］. 北京：中国建筑工业出版社，2007.

[53] 陆元鼎，杨新平. 乡土建筑遗产的研究与保护［M］. 上海：上海同济大学出版社，2008.

[54] 王景慧，阮仪三，王林. 历史文化名城保护理论与规划［M］. 上海：同济大学出版社. 1998.

[55] 赵世瑜，周尚意. 中国文化地理概说［M］. 太原：山西教育出版社，1991.

[56] 彭一刚. 传统村镇聚落景观分析［M］. 北京：中国建筑工业出版社，1992.